JN291037

Modern SHINSAIBASHI Collection

モダン心斎橋コレクション

メトロポリスの時代と記憶

The times and memories of metropolis

橋爪節也 著

国書刊行会

目次

第五章 氾濫するGoods《グッズ》——モダン心ブラストリート 121

都市の〝標本箱〟を開く試み
—モダン心斎橋イメージへの大航海—

I

少年時代の記憶の底にたゆとう波模様。尾形光琳筆・国宝「紅梅白梅図屏風」の波を思わす二色の曲線パターンのタイルが、心斎橋筋の舗道に敷き詰められ、透視図法の彼方へ無限に続いていく。

戦前、大阪市中心標があった心斎橋筋・清水町の角。昭和四十年代はじめ、私の家は、そこから真っすぐ東に行った竹屋町にあった。日曜の午後、しばしば家族で心斎橋からミナミを散歩した。両親に手を引かれ、ほどなく心斎橋筋のアーケードに入ると、子どもたちは、決まって光琳模様の波パターンをなぞって歩きだした。

タイルの曲線をたどり、形を正確に踏みしめているだけなのだが、ゆらゆら千鳥足で進む姿は、駄々っ子が甘えていると見えたに違いない。S…SSS、S…s s、s…s s s……S字のステップ。光琳模様のウェイブのふくらみに、足の回転は速まり、進むほど左右の膝がからまりはじめる。

1990年まで心斎橋筋で用いられていた舗装模様。
実際の色は黒とクリーム色だった。

「巫山戯《いちびら》ないでまっすぐ歩きなさい」
転びかけた瞬間、親の腕に吊り下げられ、体操選手のように着地する。が、何度叱られても、足もとでは再び波形をなぞりだした。

戦後、高度成長期を象徴する模様。子どもたちは心斎橋筋でタイルを蛇行しつづけた。デザインは外国のショッピング街から移入されたらしいが、魔法陣や呪符のように子どもを誘惑し、縛りつける図形、形態《フォルム》であった。

II

心斎橋の街は都市の花である。江戸時代から現代まで、魅惑的なヴィジュアルに満ちていた。美しくパッケージされた商品、目を引く広告パンフレット、暖簾《のれん》や商標、凝ったディスプレイ、豪華な百貨店建築、橋や道路、地下鉄など都市基盤も含めて、形態《フォルム》、形象《イメージ》、記号《サイン》、図像《イコン》、文字《カリグラフィー》、活版《タイポグラフィー》の宝庫であった。

それらが万華鏡のように変幻自在に散りばめられ、街に氾濫し、時に気品に溢れ、時に媚薬のように酔わせた。

例えば明治六年（一八七三）、ドイツからトラスを輸入して架けかえられた鉄橋の心斎橋の形態《フォルム》。工事中、半円形のトラスを見た人々は、太鼓橋が架かると信じたが、落成した橋が水平で驚いたという。橋周辺は時計や貴金属など輸入業者も多く、鉄製トラスは文明開化の象徴となる。

石橋・心斎橋絵はがき

反対に明治四十二年（一九〇九）に完成した石造りの心斎橋は、鉄橋と異質な抒情を生む。淡い光を放つ瓦斯《ガス》燈、欄干のデザインに、大聖堂を思わす十字形が多用され、遠い欧州の古都を訪れた旅情にも似たエキゾチシズムを漂わせた。

ヴォーリズ設計の大丸、村野藤吾《とうご》設計のそごう。豪奢なアール・デコ調装飾と、ストライプを強調した洒脱な和風モダンの名建築が並ぶ姿も心斎橋を象徴する。御堂筋ごしに眺められる二つの巨大百貨店は、意匠の対比《コントラスト》で引き立った。

さらに心斎橋筋二丁目の丹平ハウス。一階は薬局にソーダファウンテン、階上に赤松洋画研究所と丹平写真倶楽部があった。丹平製薬の「健脳丸《けんのうがん》」のキッチュな商標と、印画紙に感光された、写真倶楽部のモダンな前衛作品の出会いは、ロートレアモンの有名なシュールレアリスム詩の一節を思い出させる。

III

大阪に関する書物は多いが、心斎橋に限定したものは案外少ない。触れていても商店街の歴史や街づくりに関する堅い内容が多く、心斎橋の街の殷賑《いんしん》の空気や波動を伝えるには、不十分な気がする。

心斎橋のヴィジュアルに私は惹かれる。強い磁力を放ち、人で溢れる心斎橋とその界隈は、〝心ブラ〟を楽しむ買い物客や市民の網膜にどう映じていたか？

戦前のモダンな時代を中心に、日本屈指の繁華街、心斎橋

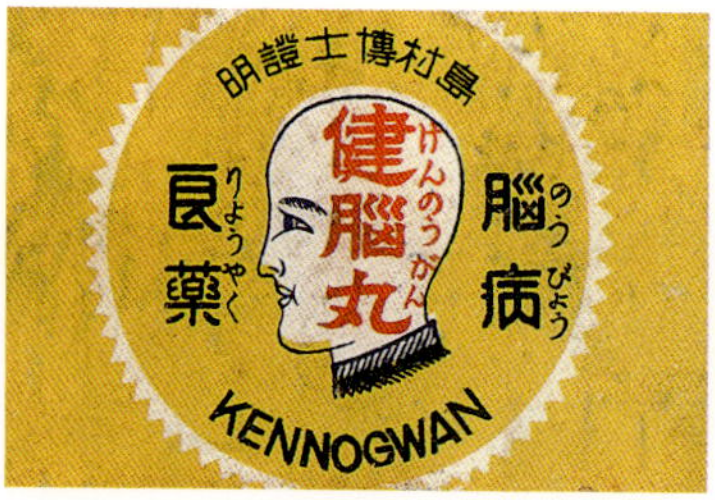

健脳丸 マッチラベル

の美しいグラフィック、つまり形態《フォルム》、形象《イメージ》、記号《サイン》や文字《カリグラフィー》、活版《タイポグラフィー》、図像《イコン》を蒐集《しゅうしゅう》してみよう。

大正十四年（一九二五）、大阪市は合併で人口も二百万を超え、〝大大阪《グレート・オオサカ》〟となり、東京市を抜き日本第一位、世界第六位のマンモス都市に膨張した。明治以来、首都東京を抜いた巨大都市は、実に〝大大阪〟だけである。その中心、心斎橋はモガやモボが闊歩《かっぽ》し、世界の様々な潮流も受けて新しい文化芸術も生んだ。

この時代が面白い。この時代の形態《フォルム》、形象《イメージ》、記号《サイン》……図像《イコン》をかき蒐《あつ》め、本という標本箱に収めて整理してみよう。色彩も蒐集する。蝶のように妖しい輝きを放つ曹灰長石《ラブラドライド》。私はこの石が好きだ。同じように歴史の地底に眠る鉱石を求め、変幻する都市の色彩群を探索しよう。

本書は、いわゆる歴史書ではない。美術のための書物、蒐集することの欲望から生まれた〝図《イメージ》〟のコレクションである。堀江の文人で博物学者の木村蒹葭堂《けんかどう》が旧蔵した標本のように、趣味的かつ博物学趣味で組み立てられた〝街の標本箱〟なのである。

モダン都市の醸《かも》す深い香りと味わい。蓋《ふた》を開けば、視覚の追体験にモダン都市の香りがただよいだす。嗅《か》ぎ煙草の如く、高貴な毒を嗅ぐ書物。それはまた、書斎にあって密かに時代を夢想するタイムトラベラーのための、愉悦に満ちた案内書となるのである。

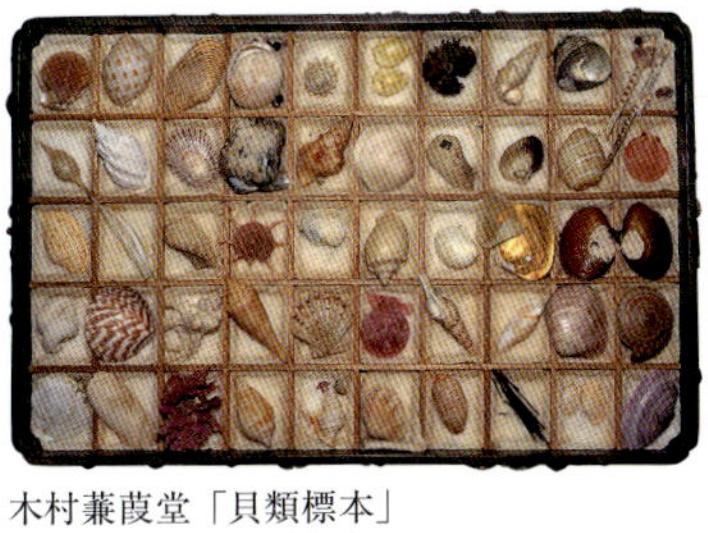

木村蒹葭堂「貝類標本」
大阪市立自然史博物館蔵

木村蒹葭堂（一七三六〜一八〇二）
本名・木村吉右衛門、大坂・堀江の醸造家で巽斎を号した。膨大なコレクションの閲覧を求めて諸国より学者、文人、画家などが来坂した。『蒹葭堂日記』（大阪歴史博物館所蔵）は有名。

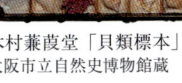

追記――

本書が対象とした地域は、北は本町、南は道頓堀に至る心斎橋筋を中心に、心斎橋筋から一丁東の畳屋町（柳屋など）ほか、二丁東の笠屋町など東西の地域を加えた。さらに特例として心斎橋上に望まれた四ツ橋の大阪市立電気科学館、文楽座も範囲に加えた。文楽座は四ツ橋と呼ばれるが、佐野屋橋に近い。また心斎橋筋に隣接しているが、宗右衛門町や戎橋筋、道頓堀などは、地域の個性が豊かで独立性が高く、別の機会に扱うものとして、原則的に本書ではあまり触れなかった。

次に呼称の問題だが、通常、橋梁を指して「心斎橋」、通りや商店街を指して「心斎橋筋」と表記するが、現在も繁華街全域、街を指して「心斎橋」という言葉が用いられている。そこで本書も「心斎橋」「心斎橋筋」の用語の使い分けを曖昧で揺らいだままにした。音楽ならばピッチの微妙なずれが生み出すモアレの効果、独特の響きが生まれるところだが、それと同じように、大繁華街の姿を効果的に浮き上がらせると考えたからである。

なお、心斎橋は昭和三十九年（一九六四）の長堀川埋め立てに際し撤去され、今はその場所に記念の欄干と瓦斯燈の複製が残されている。

各章冒頭のコラムは、序章～四章、七、八章は橋爪が担当し、五、六章は宮川享子氏にお願いした。図版の小解説は、五、六章は橋爪と宮川氏が分担、八章の236～247頁までは毛利眞人氏が執筆し、他はすべて橋爪が執筆した。付録CDの解説および監修は毛利氏が担当した。

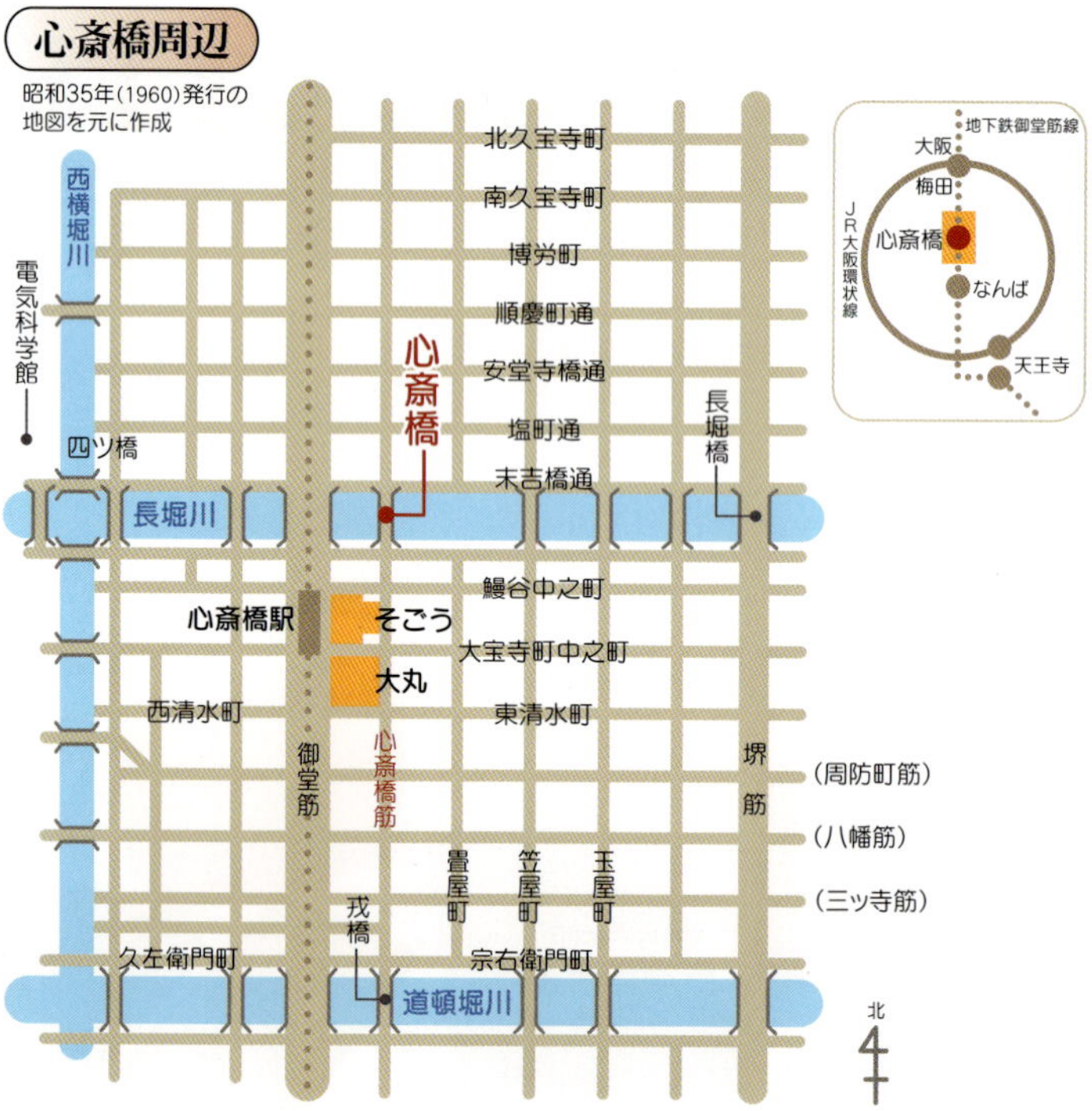

昭和35年(1960)発行の地図を元に作成

プロローグ

プレ・モダン

Pre-Modern

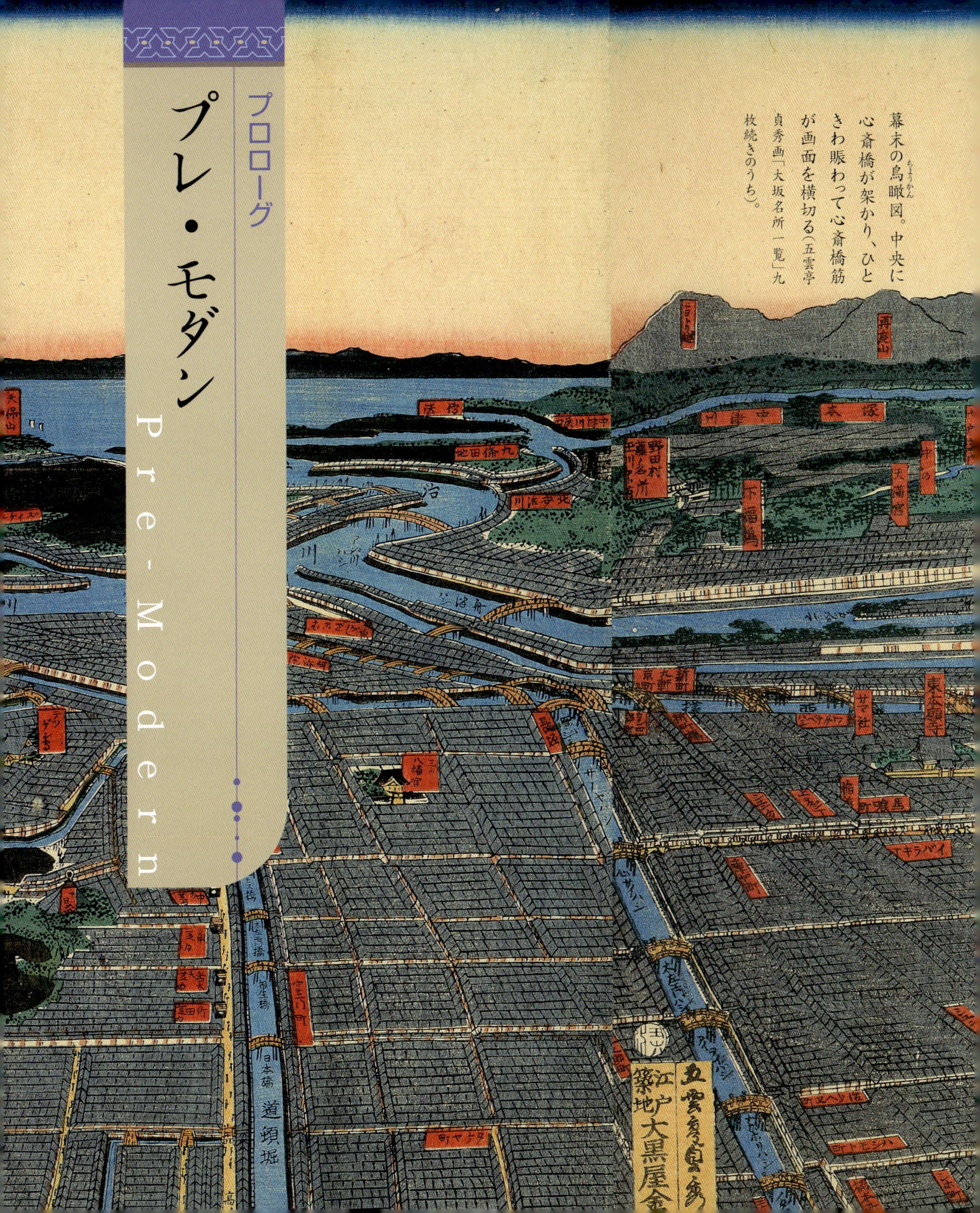

幕末の鳥瞰《ちょうかん》図。中央に心斎橋が架かり、ひときわ賑わって心斎橋筋が画面を横切る（五雲亭貞秀画「大坂名所一覧」九枚続きのうち）。

橋爪節也

大阪は〝水の都〟である。十八、十九世紀の古地図を広げ、架空の高塔を建てて街を鳥瞰《ちょうかん》すれば、運河を無数に張り巡らす黄金のヴェネチアにも似た、水上都市の姿が眼下に出現する。

蕪村の故園・毛馬《けま》を過ぎて澱河《でんが》は、大川となって市中に流れ込み、東横堀と土佐堀川、堂島川に分かれ、長堀、道頓堀、西横堀、さらに江戸堀、京町堀、海部堀、阿波堀、薩摩堀、立売堀、堀江川、百間堀川、天満堀川、蜆《しじみ》川、高津入堀川、難波新川に細分化し、再び安治《あじ》川、木津川、尻無《しりなし》川に合流して、楕円形をした茅《ち》渟《ぬ》の海、大阪湾へ注ぎこむ。

河川は各所で交差し、市街を整然と区画して、大阪をいくつかの〝島〟に分割する。四辺形の幾何形態を輪郭とする船場《せんば》、島之内、堀江などの人工島。抽象図形に湾曲した中之島、堂島、天満などの島の群れ。これが〝水の都〟大阪であった。地中に運河を葬り去った現代、古地図に焼き付けられた古き街の〝形象《イメージ》〟には、新鮮なエキゾチシズムが充ち満ちている。

心斎橋とは、このうち長堀川に架かる橋である。幕末は中央が高くなった木橋で、大阪の心臓部、船場と島之内をつなぐ重要な位置に架けられた。名称は元和八年(一六二二)、運河の開鑿《かいさく》に係わった美濃屋こと、岡田心斎《しんさい》が架橋したのが由来との説が有力である。江戸時代、橋の北側の順慶町に盛大な夜市が出るなど開けだし、遂には店の甍《いらか》が道頓堀に至るまで連なって心斎橋筋は大阪随一の繁華街に成長する。五雲亭貞秀《ごうんていさだひで》の鳥瞰図《大坂名所一覧》にも、人の往来でにぎわう心斎橋筋が浮き立って描かれている。

そんなPre-Modern《プレ・モダン》(近世)の心斎橋の印象を、最初に少し文化面から断片スケッチしてみたい。

『浪花雑誌 街廼噂《ちまたのうわさ》』が、江戸にはない「大荘《たいそう》書林のある処」と呼ぶように、心斎橋筋は書肆《しょし》の街だった。暁 鐘成《あかつきのかねなり》(一七九三

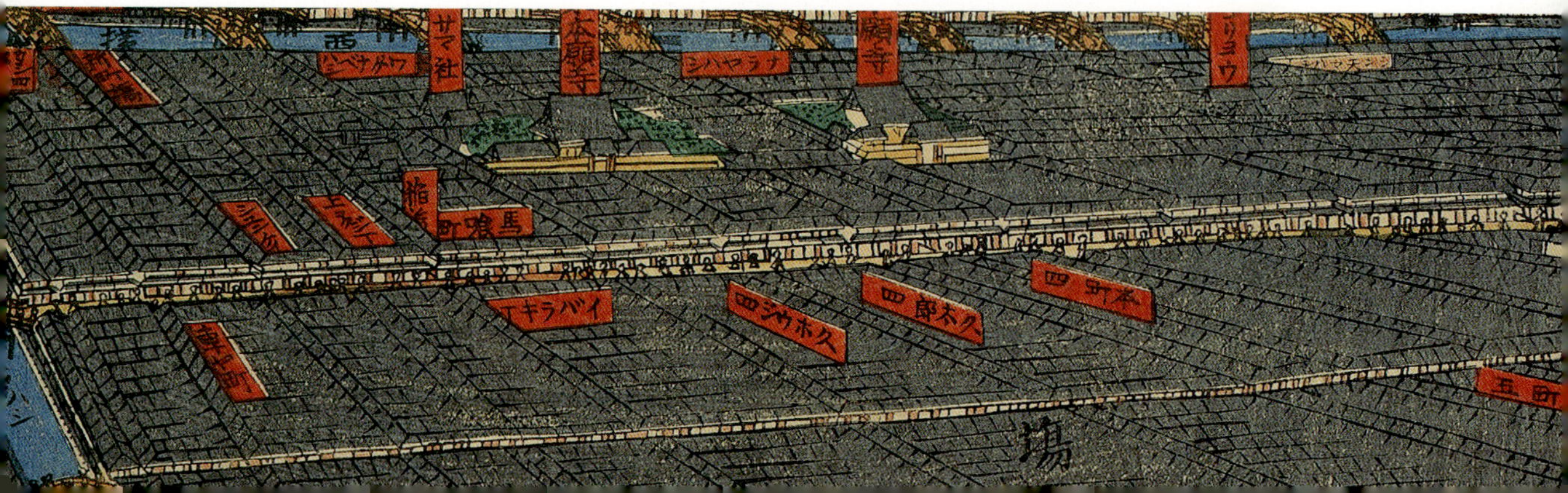

〜一八六〇)も『浪華の賑《にぎわ》ひ』(安政二年)に「就中書物を商ふ家多く、店に八新古の諸書をならべ、棚に八数万巻を山の如く積ミ、朝に八注文と世利《より》廻る僮僕《こもの》かまびすしく、板摺蔵《はんすりくら》に入こめバ、摺本《すりほん》背負て出る表紙屋あり、店に八諸国へ送る本櫃《ほんびつ》の荷ごしらへ、或《あるいは》紙の包《つづみ》する手代、帳合する番頭、帋撰《かみより》する新来《しんざん》あり、買客《かふひと》平日に絶る事なく求るにあらずといふことなし」と記す。ほぼ同じ文章が、未刊の稿本で終わった『摂津名所図絵大成』では「心斎橋通書肆」の題でさらに華麗に展開した。

十八世紀後半の大書林では、吉文字屋市兵衛、柏原屋清右衛門、秋田屋市兵衛、河内屋喜兵衛があり、「敦九《つるきゆう》」こと敦賀屋九兵衛が天保四年(一八三三)に出した尾崎雅嘉《まさよし》『百人一首一夕話《ひとよがたり》』は全国的なベストセラーとなる。

また心斎橋は、錦絵を制作販売する絵草紙屋の街で、上方絵の絵師と板元が犇《ひし》めいた。絵草紙屋が板行した錦絵に捺された【綿喜《わたき》】【天喜《てんき》】【本清《ほんせい》】【阿波文《あわぶん》】【冨士政】などの板元印(綿屋喜兵衛、天満屋喜兵衛、本屋清七、阿波屋文蔵、冨士政吉)。人気の役者絵とともに、心斎橋の名を付して板元印は諸国に発せられた。有名な芳瀧《よしたき》はじめ浮世絵師たちも多く居住していた。

そして異彩を放つのが暁鐘成である。先の『浪華の賑ひ』や『摂津名所図絵大成』のほか『澱川《よどがわ》両岸一覧』など名所記や、『和漢三才図会』の天晴《あつぱ》れなパロディ『無飽三財図会《あかんさんざい》』など機知に富んだ文筆家で、絵もよくした。

この才人が「摂都雅店」を標榜《ひようぼう》し、心斎橋筋博労町《ばくろうまち》北入る西側に土産物屋「鹿廼家《しかのや》」を開く。『浪華百事談』は云う。間口は二間半か三間、総檜造りで翠廉《すだれ》をかけ、床は高く御殿を模し、庭は敷き瓦、奥に枝折《しおり》門、階の高欄に真鍮の葱擬《ねぎぎ》宝珠《ぼし》をつけた。

「鹿廼家」の商品広告が『天保山名所図会』(天保六年)巻末にある。法隆寺、東大寺など古社寺の宝物の複製品から目薬、味噌に至る品揃え。恐るべきは「浪華御土産物雅器《がき》畧目《りやくもく》」に載る、押し照るや、難波津の澪標《みおつくし》の古木を加工したという各種グッズと、天保山を象《かたど》った「天保亀《てんぼうがめ》」なるフィギアの図。天保山の地形を亀に見立て(さしずめ大怪獣ガメラ)、菓子器や文鎮、熨斗鎮《のしちん》に仕立てた。

戯作精神全開の新機軸は、アイディアにつぐアイディアの商品群を生み出した。一癖一捻《ひね》りある浪花みやげがすでに幕末、心斎橋にはあった。洒脱《しやだつ》と奇抜さにおいて、心斎橋のModern《モダン》は、Pre-Modern《プレ・モダン》に予告されていた。

1. 五雲亭貞秀画 大坂名所一覧 (九枚続きのうち) 画面中央を横切る人通りの多い道筋が心斎橋筋。

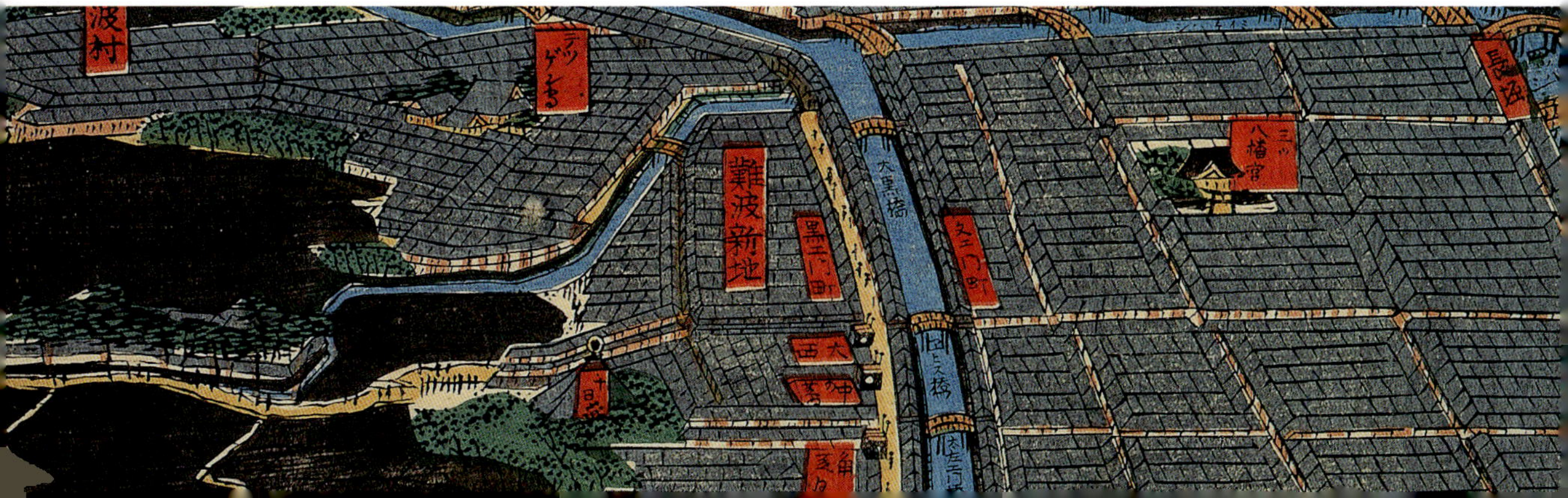

絵のなかにピリリと効いた
板元印は店の証

2. 板元印

幕末の心斎橋は出版の街、錦絵を制作販売する絵草紙屋の街であった。「綿喜」こと綿屋喜兵衛、「天喜」こと天満屋喜兵衛をはじめ、本屋清七の「本清《ほんせい》」、阿波屋文蔵の「阿波文《あわぶん》」、冨士屋政吉の「冨士政」が犇《ひし》めく。彼ら発行の錦絵は、絵の中になにやら印が捺されている。発行店を示す板元印《はんもといん》だ。結《ゆ》い綿に「木」の字の綿屋喜兵衛の印などデザインとしても優れる。板元印からそれが捺された錦絵の図柄を逆に想像してみるのも面白いかもしれない。

3. 上方絵いろいろ　書肆店先のように仕立ててみた。背後の和書もすべて心斎橋で発行されたもの。

上方絵
幕末の書店をのぞいてみると

江戸の浮世絵とは異なる上方の浮世絵、すなわち〃上方絵〃の世界。芝居を描き、美人を描き、浪花を描く。古くは流光斎如圭《りゅうこうさいじょけい》や松好斎《しょうこうさい》半兵衛、新しくは歌川国広や国員《くにかず》、芳《よし》瀧《たき》、芳雪に長谷川貞信ら。タッチや色彩感も独特。書肆《しょし》に絵草紙屋の並ぶ心斎橋は〃上方絵〃の有力な産地。

「店にハ新古の諸書をならべ、棚にハ数万巻を山の如く積ミ……」(『浪華の賑ひ』)。タイムトラベルのツアー旅行で、幕末の心斎橋の本屋の店先に立ち寄ってみた。よりどりみどり、今、より選びしている最中……。

なにわ土産なら〈鹿廼家〉にいらっしゃーい
暁鐘成は当代一の文筆家

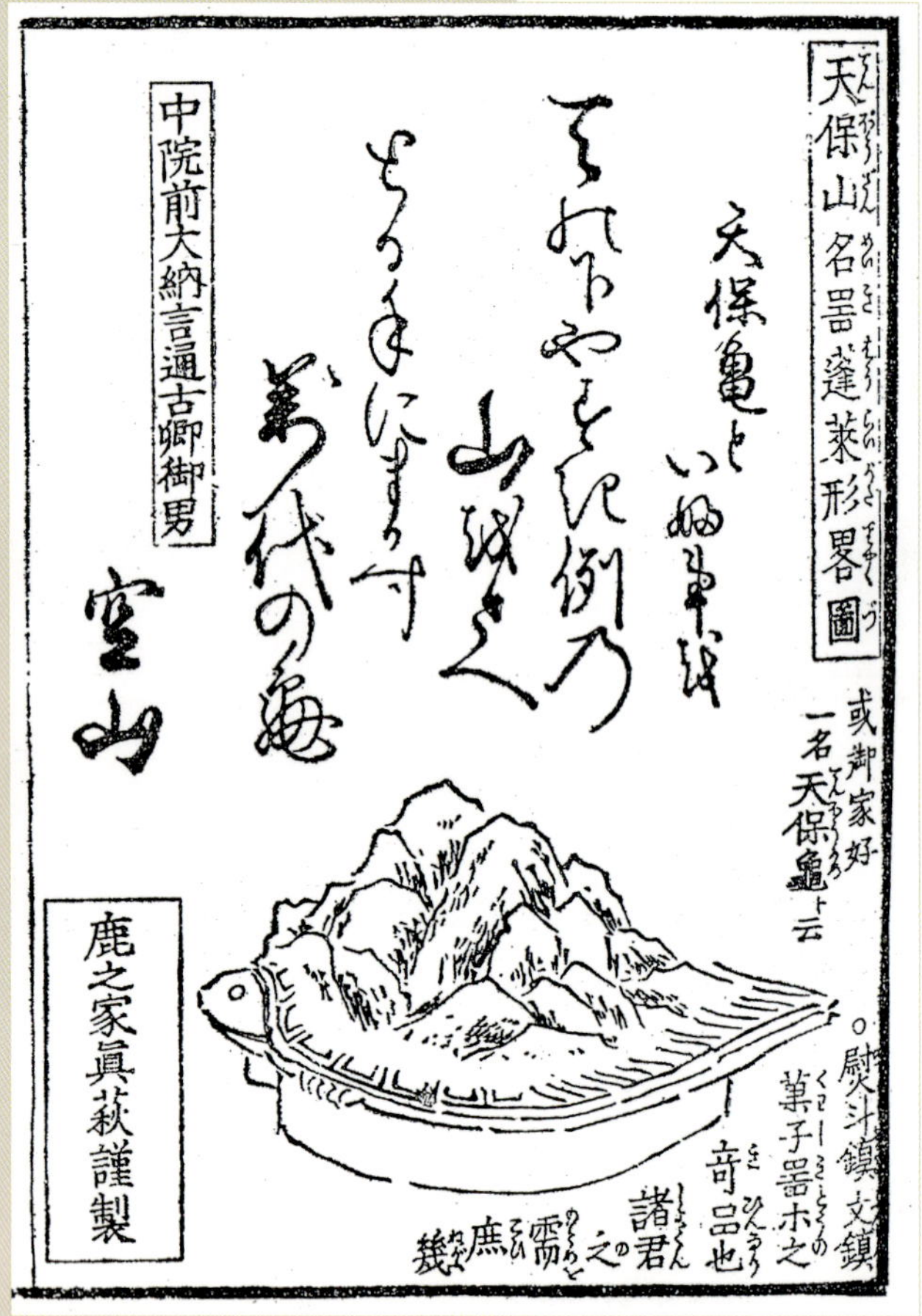

4．天保山名器蓬莱形畧図　『天保山名所図会』

『天保山名所図会』の巻末の広告から著者が試みに粘土をこね、天保亀を作成した。ポイントは底の形を当時の天保山と同じハート型（矢尻型）にすることだ。

5．天保亀の模型

暁鐘成《あかつきのかねなり》（一七九三〜一八六〇）は大坂で最も人気のあった戯作者。文政十三年（一八三〇）には心斎橋筋博労町《ばくろうまち》に移り、土産物雅器店の鹿廼家《しかのや》を営んだ。各種味噌をはじめ、天保亀《てんぽうがめ》の置き物や澪標《みおつくし》の古木を用いたグッズの販売。目薬を歯磨き粉ならぬ「良方清眼散　目《め》磨《みが》きの粉」と洒落たコピーの引札《ひきふだ》も冴える。心斎橋筋唐物町の書肆《し》・河内屋太助をはじめ河内屋と関係が深く著述は膨大。生け花の『生《いけ》花《ばな》早満奈飛《はやまなび》』、天文学書のパロディ『無飽三財《あかんさんざい》図会』、天神祭の『御迎船《おむかいぶね》人形図会』、『二千年袖鑑《そでかがみ》』続編、『絵本謎尽し』『役者早料理』『古今戯場話』のほか、金毘羅《こんぴら》参詣や淡路、小豆島に『花洛名勝図会』『澱川《よどがわ》両岸一覧』『摂津名所図絵大成』の名所図会も多い。賊に殺された愛犬を悼《いた》み、天保山に殉難の碑を建てたエピソードも、私は好きだ。上は甲羅が天保山となった亀の置き物の広告。

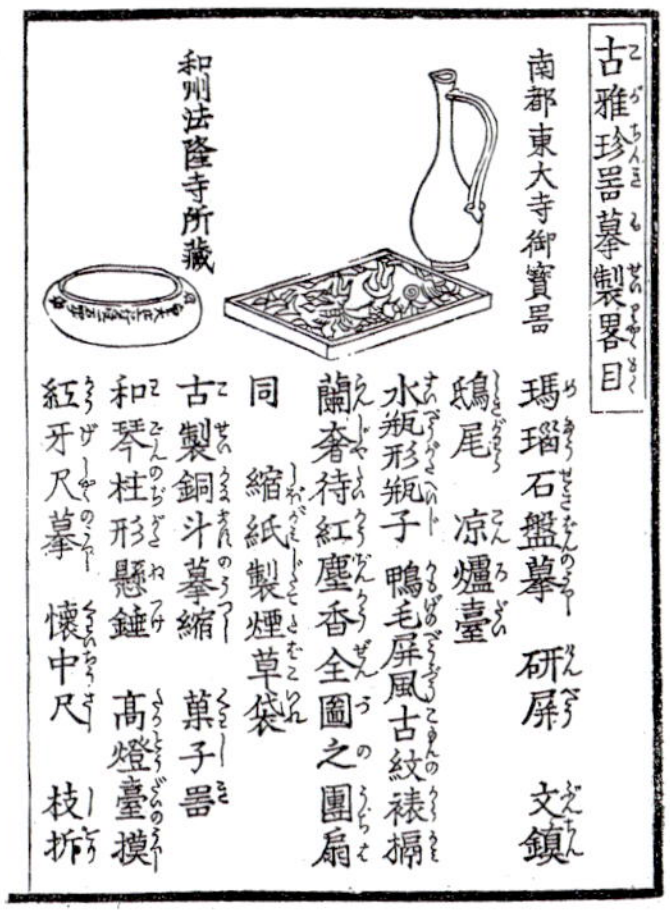

古雅珍噐摹製畧目

南都東大寺御寶噐　瑪瑙石盤摹　研屏　文鎮
鵄尾　凉爐臺
水瓶形瓶子　鴨毛屏風古紋裱揚
蘭奢待紅塵香全圖之團扇
同　縮紙製煙草袋
古製銅斗摹縮　菓子噐
和琴柱形懸錘　高燈臺摸
紅牙尺摹　懐中尺　枝折
和州法隆寺所藏

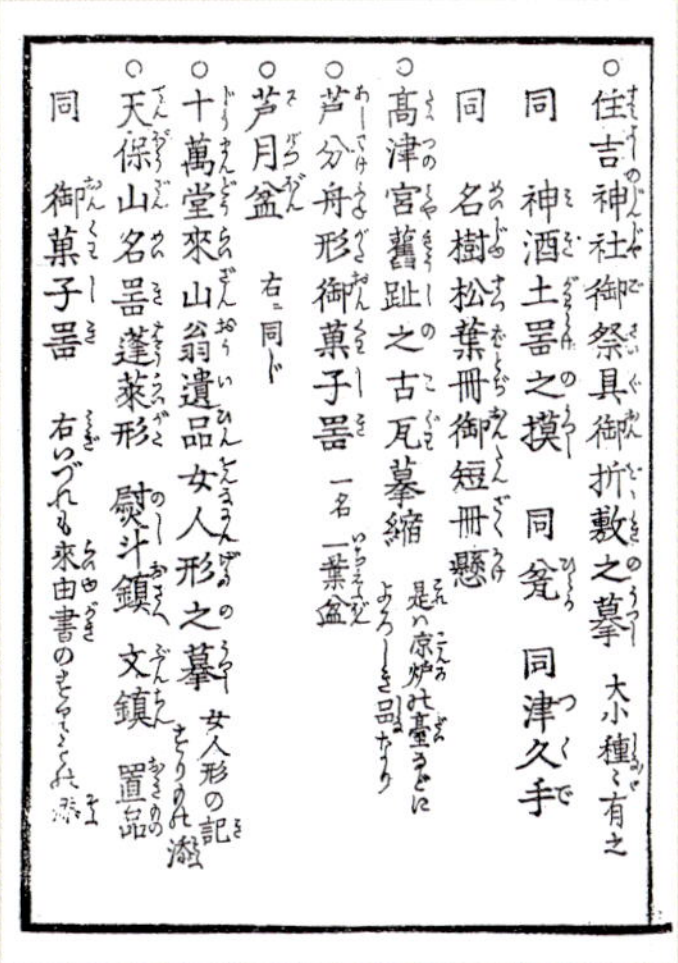

○住吉神社御祭具御折敷之摹　大小種〻有之
同　神酒土噐之摸　同瓮　同津久手
同　名樹松葉冊御短冊懸
○高津宮舊趾之古瓦摹縮　是ハ凉炉灰臺などによろしき品なり
○芦分舟形御菓子噐　一名　一葉盆
○芦月盆　右ニ同じ
○十萬堂來山翁遺品女人形之摹　女人形の記
○天保山名噐蓬莱形　熨斗鎮　文鎮　置品
同　御菓子噐　右いづれも來由書

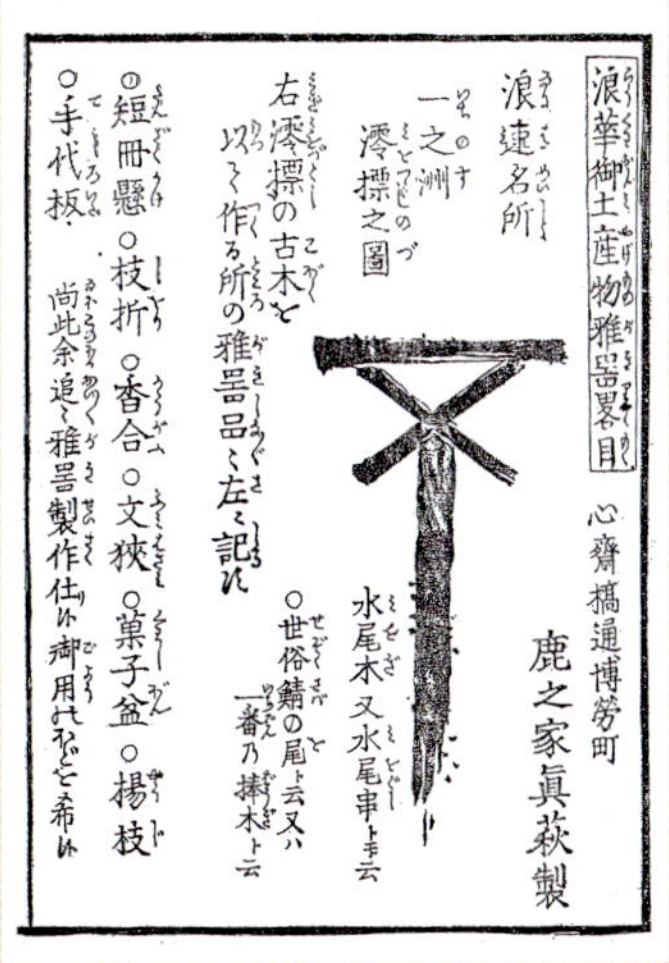

浪華御土産物雅器畧目
心齋橋通博労町　鹿之家眞萩製
浪速名所
一之洲　澪標之圖
右澪標の古木を以て作る所の雅噐品〻左に記ス
水尾木　又水尾串ト云
○世俗鯖の尾ト云又ハ一番乃捧木ト云
○短冊懸　○枝折　○香合　○文鋏　○菓子盆　○楊枝
○手代板
尚此余追〻雅噐製作仕り御用ひなど希い

6. 暁鐘成著「浪華御土産物雅器畧目」
澪標グッズの御案内。

7. 鹿之家店頭図　『浪華百事談』

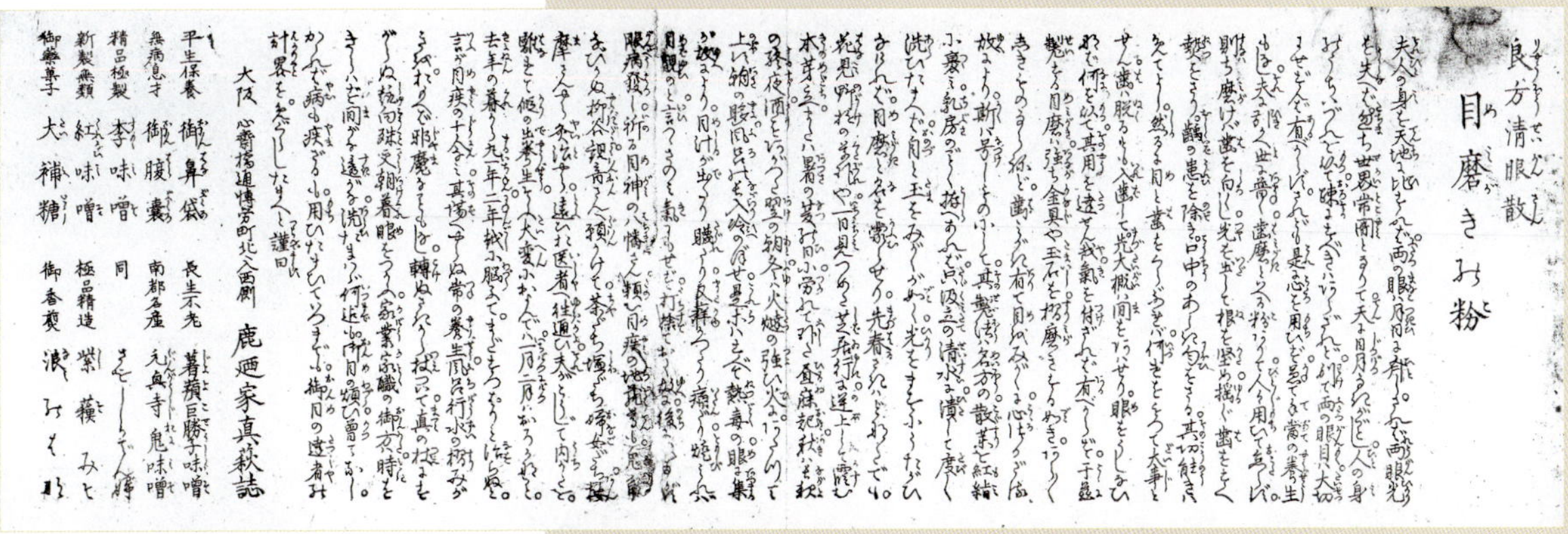

良方清眼散
目磨きの粉

大阪　心斎橋通博労町北入西側　鹿之家真萩誌

8. 良方清眼散 目磨きの粉 引札　歯磨き粉の洒落。

どちらも「ひょうたん」、プレ・モダンのお洒落デザイン

宿屋の引札と長唄稽古本

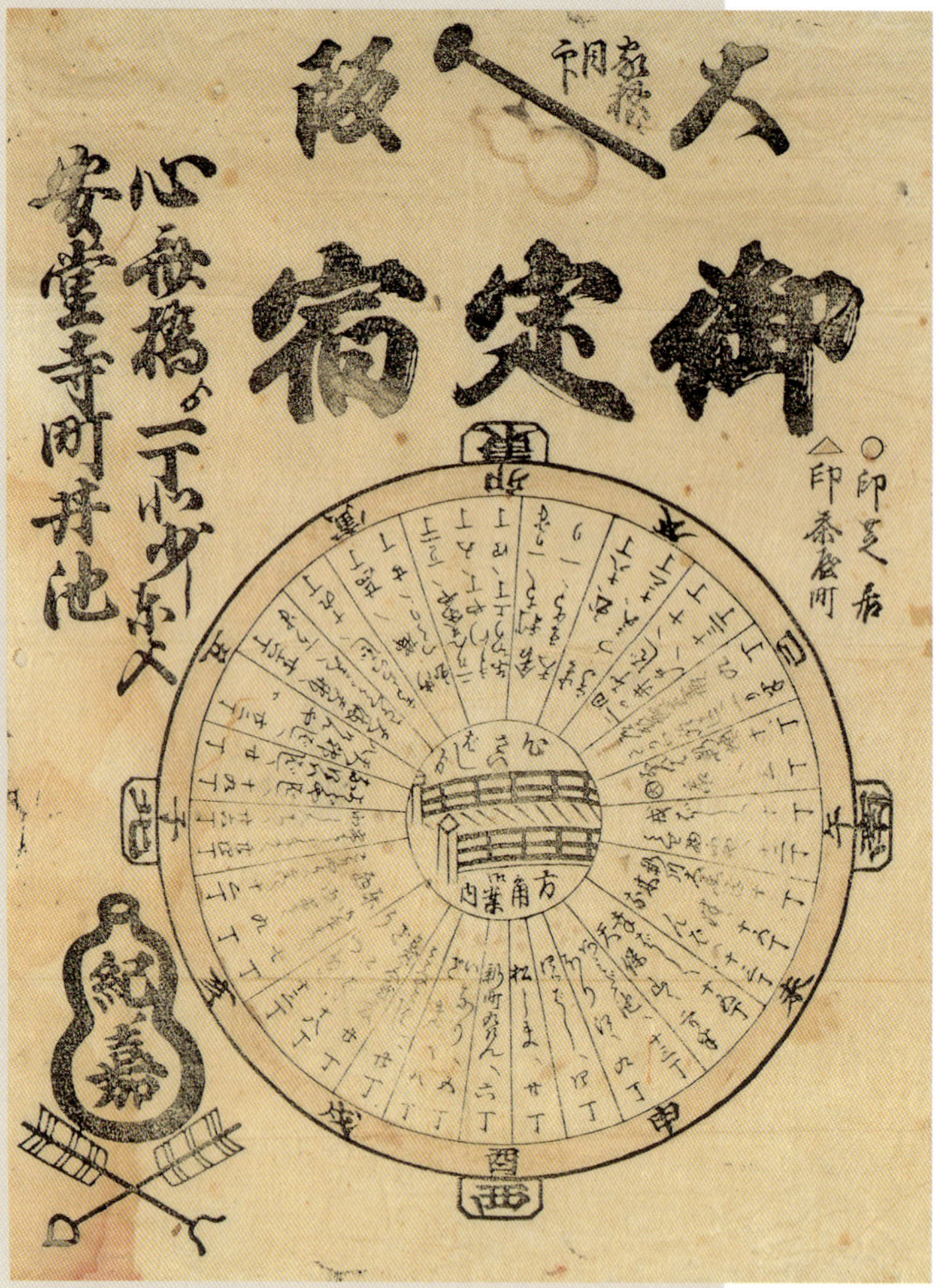

9．御定宿 紀ノ嘉 引札　幕末〜明治初年

「心斎橋より一丁北少し東入る」「安堂寺町井池《どぶいけ》」にあった宿屋・紀ノ嘉の引札。心斎橋を真ん中に描き、そこを中心に東西南北の主要目的地の距離が記されている。宿屋として「各地に出向くに至便。どうぞお泊まりを」ということをヴィジュアルで表現した広告だが、同時にこの図のデザインは、心斎橋こそ大坂のへそ、中心と訴えているようにも見える（実際の街の中心がどこかは別問題）。現に近代になると、心斎橋筋は大丸の東南角に「大阪市中心標」なるものが建てられた。

〈長唄の稽古本〉

近代の心斎橋は楽譜の出版がさかんだったが、江戸時代に先駆がある。例えばこの長唄本も心斎橋の書店より刊行された。瓢《ひさご》にツタのからむ図案は、そのままアール・ヌーヴォーにつながりそうなデザインである。

10・長唄稽古本『夕がほ』 幕末

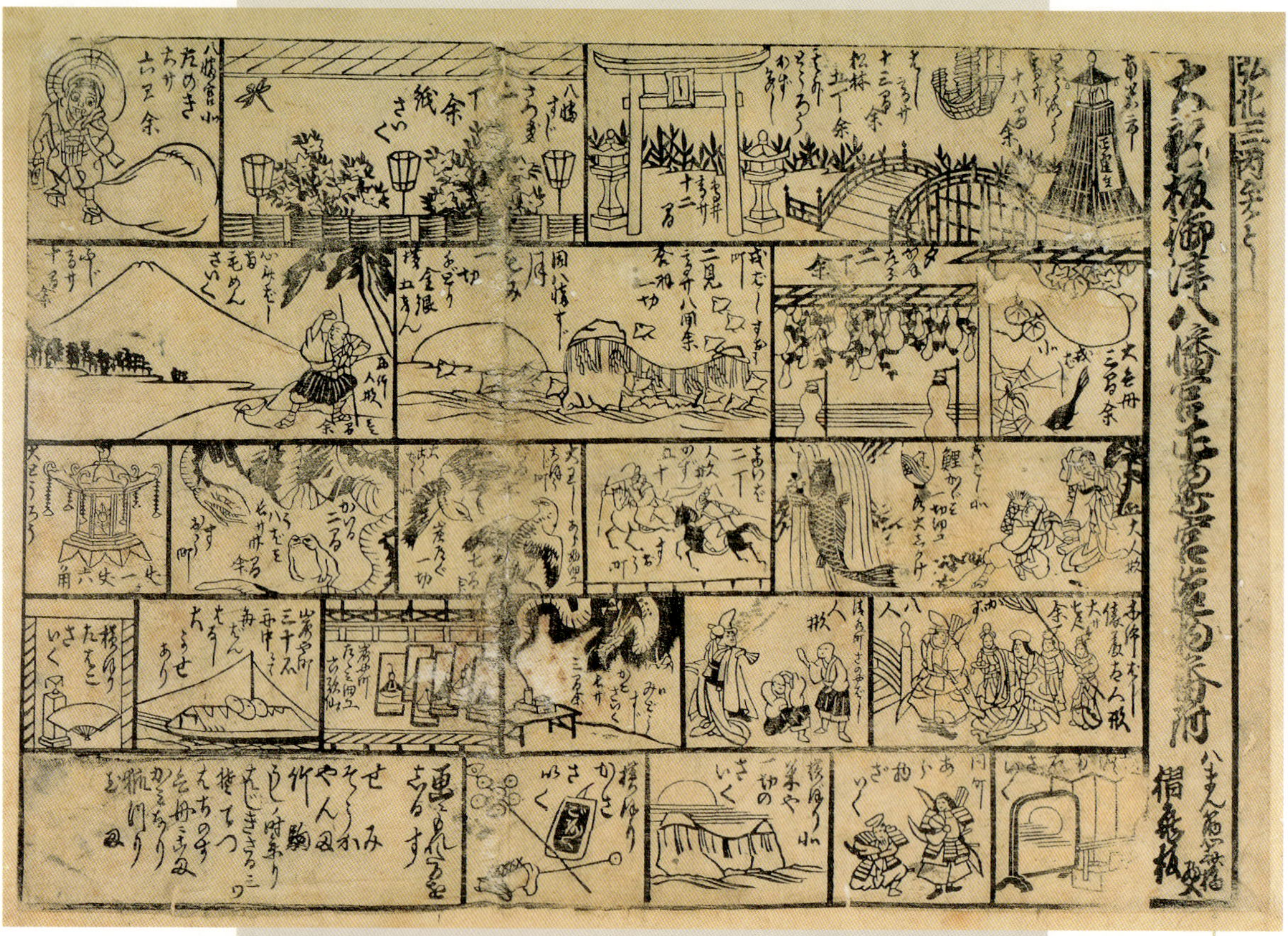

11. 大新板御津八幡宮正遷宮造物番附　弘化3年(1846)

御遷宮ではビックリさせまっせ
趣向こらした造り物

現在ではアメリカ村の若者向けショップに囲まれる御津《みつ》八幡宮(中央区西心斎橋)だが、八幡筋の名の由来でもある。弘化三年(一八四六)の正遷宮《しょうせんぐう》のおり、鐘《かね》・太鼓・三味線などの鳴り物に揃いの衣装で深夜まで街を練り歩き、氏地《うじち》の各町が「造り物」をあつらえて置いたという。心斎橋の町内からは「よどの城」『孔雀茶屋』『神功《じんぐう》皇后』『羽衣《はごろも》』『ハジキ猿』『絹の燈籠』『絹の孔雀」などが展示された。上はその時の様子を描いた刷り物である。「造り物」とは趣向をこらした巨大な人形などを作ったもので、大阪の夏を彩る天神祭では、貝殻を花に見立てた「しじみの藤棚」、昆布を袴《はかま》に見立てた「乾物の猩々《しょうじょう》」が近年、復活された。大阪市立住まいのミュージアムの夏の展示も、江戸期の本から復元した嫁入り道具でできた唐獅子、木魚だけでできた布袋《ほてい》などを展示する。

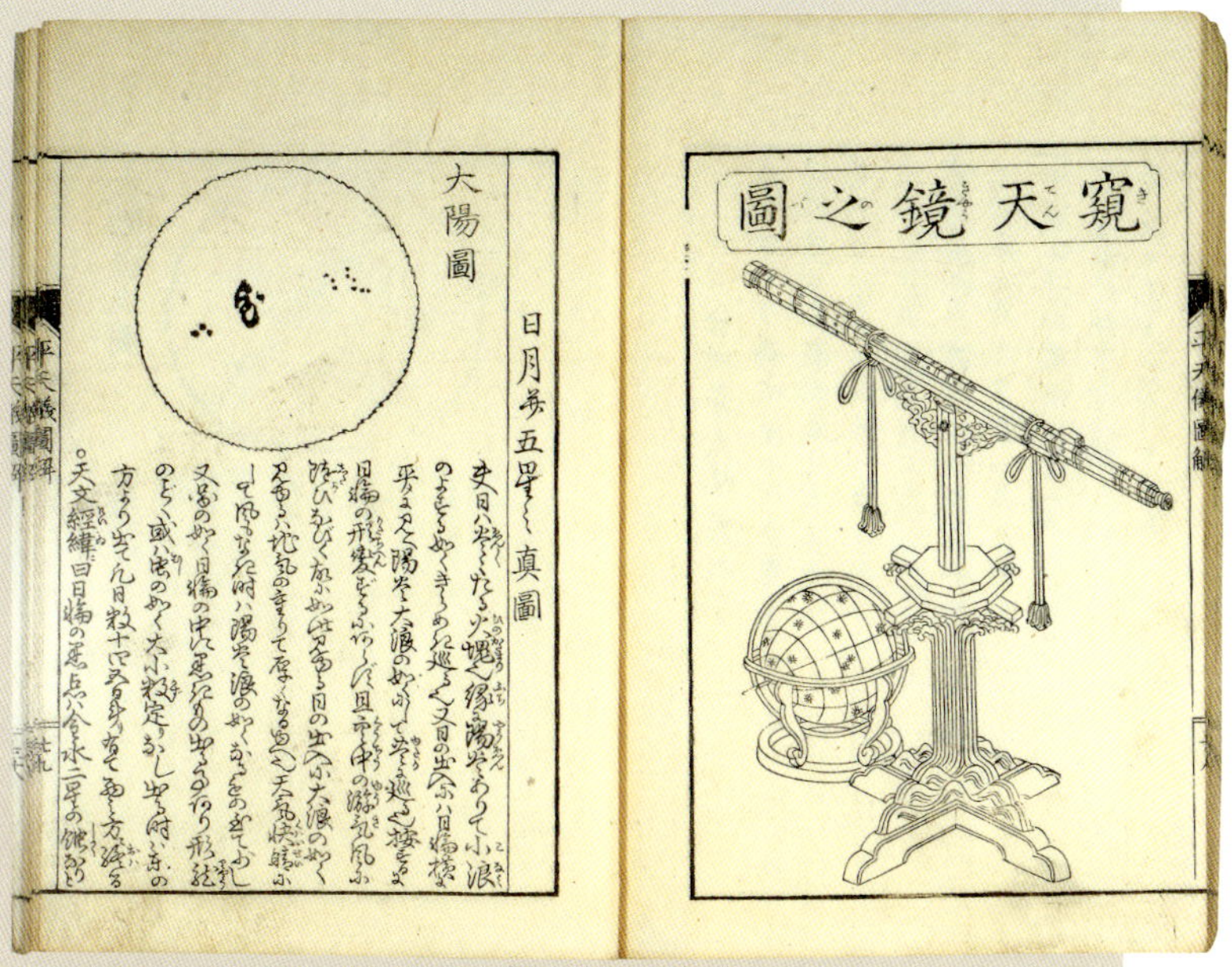

12. 岩橋善兵衛著『平天儀図解』より「窺天鏡之図」 享和2年（1802）

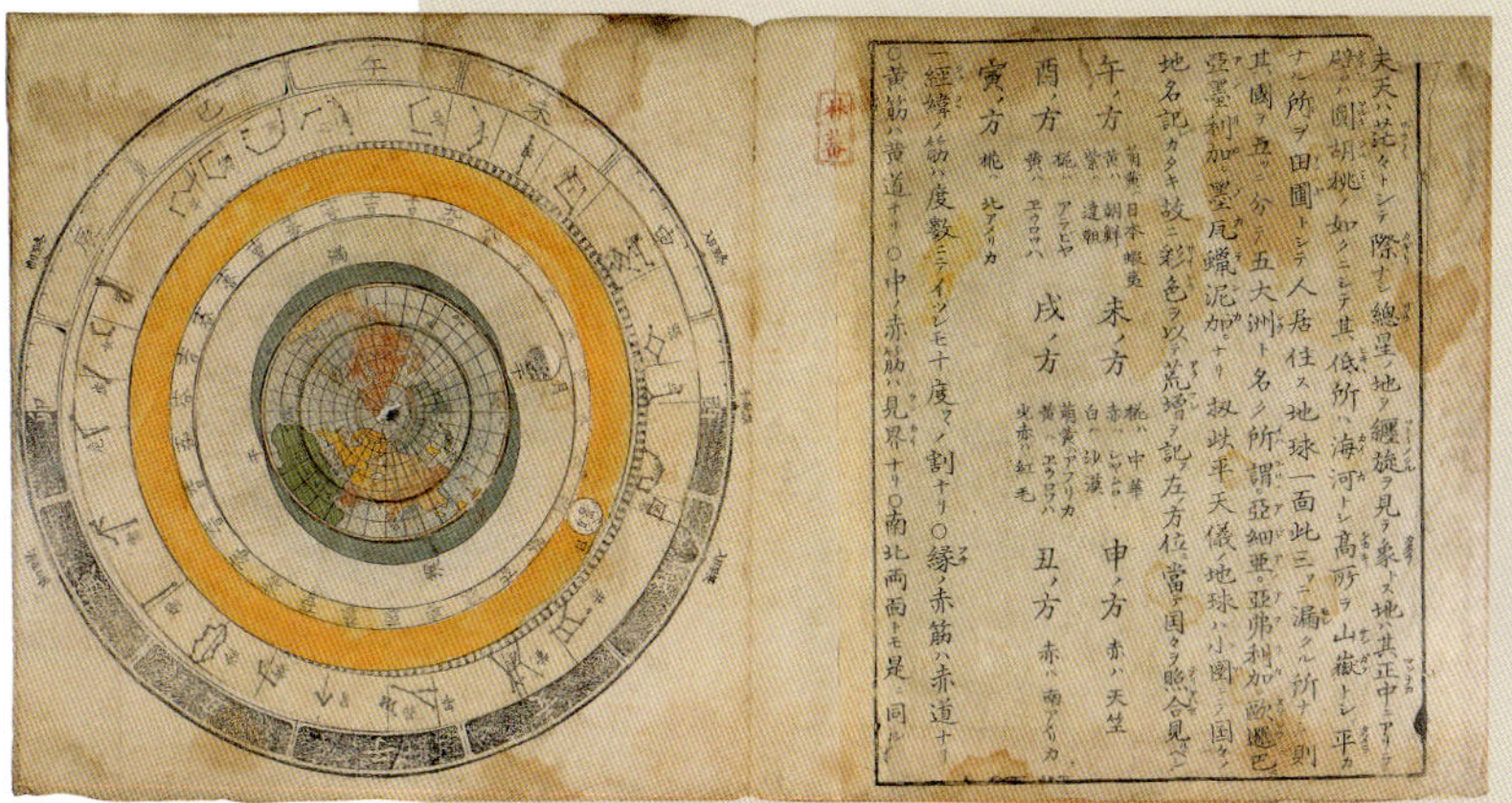

13. 同「平天儀」 享和元年（1801）

御先祖は天文学者
「平天儀」は星座盤

眼鏡のレンズを磨く眼鏡職人でありながら蘭学者となり、優れた望遠鏡を作った岩橋善兵衛（一七五六〜一八一一）。寛政の改暦では幕府天文方に用いられた。実は心斎橋筋の宝石・貴金属店の「岩橋」のご先祖である（心斎橋に店舗を開いたのは明治二十三年）。享和元年（一八〇一）刊の「平天儀《へいてんぎ》」は、現在の星座早見盤に似た物で、五層に重ねた円盤からなり、それらをまわすことにより、月の位相と出没の様子、潮の干満、南中星座などを知ることができる。『平天儀図解』は天文学の基礎の概説書。

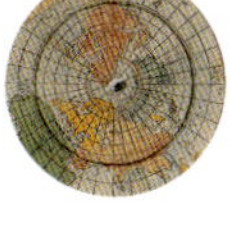

空にかかる虹か、はたまた心斎橋か……

未完の名所図絵

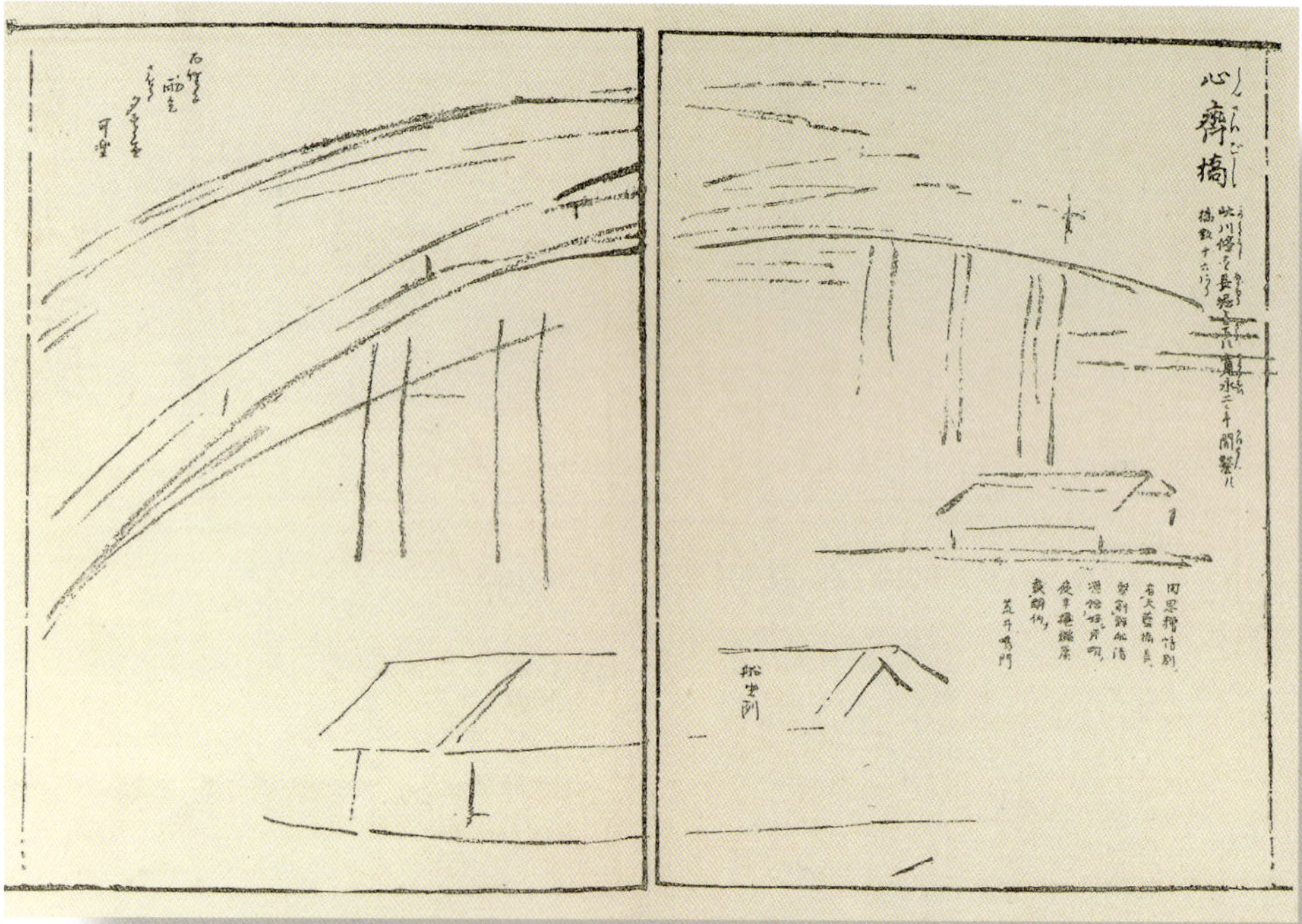

14. 暁鐘成著『摂津名所図絵大成』　幕末

未完に終わった暁鐘成の『摂津名所図絵大成』にある心斎橋の図。手前の船に記された「船いけす」とは、二艘の船をつないで川魚料理を出す船料理屋で、この船に勝る納涼はないという大坂名物であった。しかし私が興味を持つのは、挿絵の草稿として描かれた木製の心斎橋だ。荒いラフ・スケッチであり、歴史資料としては価値のない図だろうが、そりあがった橋の形をなぞる反復された曲線が、夢想の世界、別世界に架橋する虹に見えて、詩心がくすぐられるのである。

第一章 ハイカラ心斎橋 high collar

鉄橋・心斎橋での記念撮影。通行人を止めてまでの撮影とは、完成直後の記念撮影か。

橋爪 節也

ハイカラの語源は〝high collar〟、明治に西洋文物を好む人が着用した、ちょっと気どった丈の高い襟からきているという。

文明開化の象徴である鉄橋として、ハイカラな心斎橋が登場するのが明治六年(一八七三)。旧幕時代の木橋からの架け替えに、ドイツから鉄製トラスが輸入された。工事を見た往来の人々は、トラスの弓形の形に太鼓橋が架かるものと信じたが、あに図《はか》らんや、完成した橋が真っすぐ平らで驚いたという。

橋は全長三六・七メートル、幅員三・九メートル。錦絵や銅版画による大阪名所案内に好んで描かれたし、南北の御堂の巨大な甍《いらか》を背景に、写真などにも記録された。

鉄橋・心斎橋を題材に、変貌する新時代の活写に精力を傾注したのが、初代長谷川小信《このぶ》(一八四八～一九四〇)だった。造幣局を描く《浪花川崎鋳造場の風景》や、《阪府高麗橋之図》《浪花川口伝信機局之図》などの開化絵を得意とし、鳥羽伏見の戦いや西南戦争の取材、「大阪日々新聞」や、心斎橋塩町の百事社発行の「錦画百事新聞」など錦絵新聞で大活躍した。二代目貞信を襲名する明治八年(一八七五)までの三年間、小信落款《らっかん》で、実に多数の心斎橋鉄橋図を描いて世に問う。

心斎橋を捉える小信の視線は徹底する。橋を東から西へと見る、西から東を見る、南から北、北から南……小信の錦絵は心斎橋という鉄橋の三六〇度の総ての視覚を網羅しつくす。飽くなき追求心は、錦絵を立体化させ、平安時代以来の伝統あるペーパークラフトの立版古《たてばんこ》にも挑戦した。

それにしても、組み上がった立版古で橋の南東の天辺に赤い宝珠のある三階建ての高層建築や、アルファベットが書かれているらしい看板のある北東の建物はなんだろう。テラスを廻らした洋館として、これらもまた文明開花

1

2

の象徴《シンボル》か。板元は「綿喜《わたき》」こと綿屋喜兵衛、その店頭付近より鉄橋心斎橋を捉えた構図である。

これらの明治の錦絵の華やかな色彩に導かれ、明治前期から中期の心斎橋の街を見てみよう。銅版画の街の案内記に描かれた心斎橋の街。明治十五年（一八八二）の『商工案内　浪華の魁《さきがけ》』には、西洋時計商や蝙蝠傘《こうもりがさ》商など、なるほどハイカラな時代の心斎橋の店舗が描かれる。一方、魚のかたちの看板をつり下げる蒲鉾《かまぼこ》商、店頭に販売用の巨大な樽を置く酒道具売捌所なども登場し、いまの心斎橋からは意外な業種も盛大に営業していたことが分かる。

そして多種多様な引札《ひきふだ》の登場。大阪は全国的な引札の生産地であった。心斎橋の商店が配った引札の明治らしい刷りの色調にも、どこかハイカラな気分がただよう。

心斎橋を象徴する一つの業種に注目しよう。前章でも述べた書店である。幕末から明治にあっても心斎橋は書店の街であった。明治三十三年（一九〇〇）の『大阪営業案内』は、大阪市中の通りごとに克明に店舗を記載したものだが、心斎橋の通りには、松村九兵衛、前川善兵衛、青木嵩山堂《すうざんどう》、駸々堂、秋田屋ほか、多数の書店が軒を連ねた。丸善もある。

青木嵩山堂が出した『万国名所図絵』——おやおや、世界名所の一つに心斎橋筋をあげ、イラストに描かれているのは嵩山堂自らの店頭ではないか。これも御愛嬌。また金尾《かなお》文淵堂《ぶんえんどう》も重要な心斎橋を代表する書店であった。

明治のハイカラ気分を象徴する鉄橋心斎橋は、やがて石橋に架け替えられ、撤去された後は、港に近い境川橋や新千舟橋に転用された。後世、その橋を渡っていた人たちは、転用されたトラスがあの心斎橋と分かったろうか。

数奇な運命を経た後、鉄橋心斎橋がどうなったかと云えば……実は市内（鶴見緑地）に保存され、まだ明治の夢をまどろみ続けているのです。

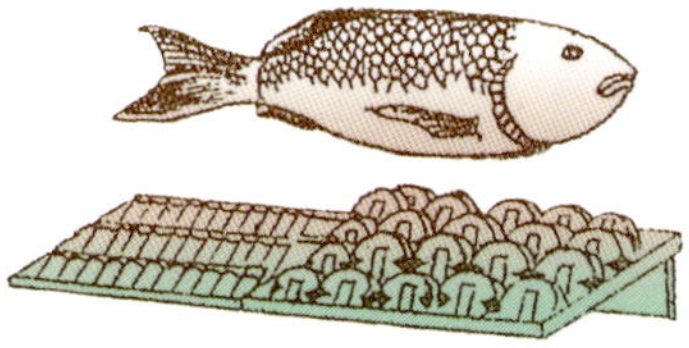

1. 金物商 重留藤兵衛
2. 酒道具売捌所 久米九兵衛
3. 蒲鉾商 和田嘉七
4. 時計商 角利助　以上『商工案内　浪華の魁』1882年より

これぞ明治の色彩――

鉄橋心斎橋

初代長谷川小信《このぶ》は大阪を代表する浮世絵師で、初代長谷川貞信の長男。開化風景や錦絵新聞、西南戦争の取材での大活躍は、現代ならば超売れっ子ジャーナリスト。さぞ忙しかったろうと敬服する。小信の落款《らっかん》で心斎橋を描いた一連の錦絵も、鉄橋が架かった明治六年（一八七三）から、二代目貞信を襲名した明治八年の三年間に描かれたはず。画面は強烈な赤と空の藍《あい》の対比。心斎橋南詰から北を見たもの。精力的な活動と同様に、明治の浮世絵らしい色彩が阪府の賑《にぎ》わいを活写する。

5. 長谷川小信画「大阪府新築造西洋製鉤橋 心斎橋真写之図」

小信の錦絵ヴァリエーション

東西南北、描き尽くすタフな腕

鉄橋心斎橋を角度を変えて何点も描く小信。スケッチは一時にしたかもしれないが、視点を変えての心斎橋図を何種も出すのはマニアック。そのおかげで鉄橋心斎橋とその両岸の様子を知ることができる。

6. 長谷川小信画「浪花十二景之内 心斎橋」
南から北を見たもの。下図とほぼ同じアングル。

7. 長谷川小信画「浪花鉄橋 心斎橋賑之図」
南から北を見たもの。向こうには次頁の立版古にある海老の飾りが屋根についた料理屋がある。

8. 長谷川小信画「浪花名所 心斎橋真写之図」
川の上、西から東を見たもの。

立版古・心斎橋

鉄でも石でも、紙一枚で立てましょう

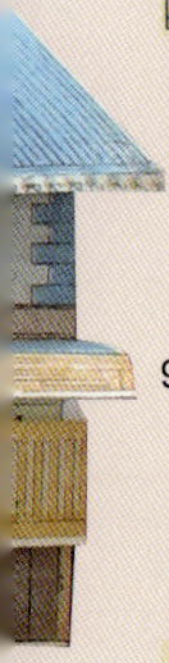

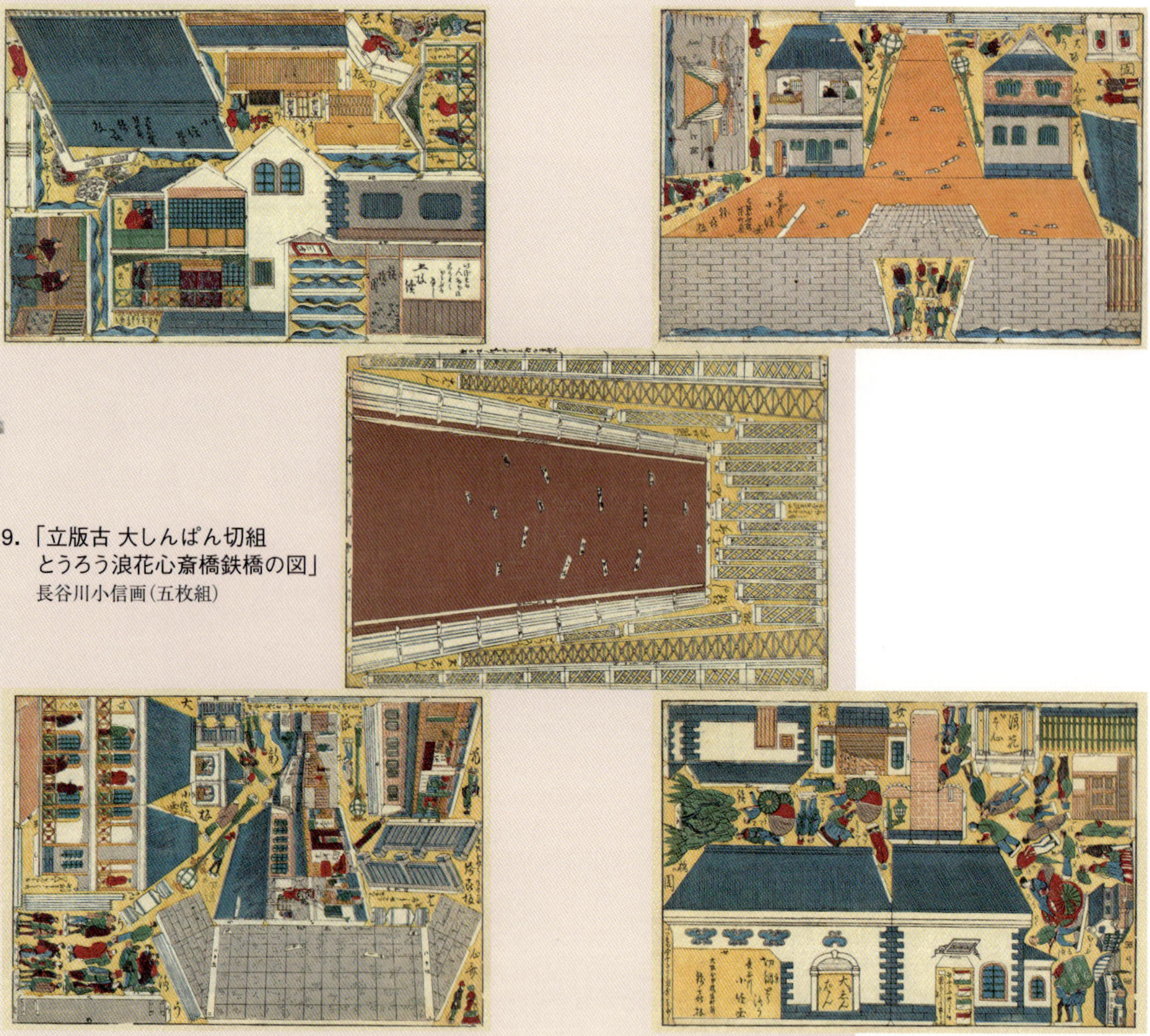

9.「立版古 大しんぱん切組
とうろう浪花心斎橋鉄橋の図」
長谷川小信画（五枚組）

立版古《たてばんこ》は現代風に言えばペーパークラフト。盂蘭盆《うらぼん》のときに燈籠を飾る行事が起源だという。江戸時代に錦絵の発達とともに玩具化して普及した。芝居の名場面、四季の行事に市井の風俗、名所絵図をとりあげ、大正時代まで子どもの夏の遊びとして流行する。ろうそくの燈で立版古を照らし、夢のごとく浮かびあがる小世界を楽しんだ。さて開化絵を描いてエネルギッシュな小信。心斎橋の錦絵を何種も出し、ついに紙細工で鉄橋心斎橋を極めた。

こちらも苦心惨憺、組み上げてみた。橋の上には丁髷《ちょんまげ》の親爺、洋装の親子づれ、大阪見物のお上りさん、人力車に乗る女将、喧嘩している男、清朝の貿易商。商人が背負う風呂敷には発行元の綿屋喜兵衛のマークがちゃっかり入っている。鉄橋を渡る明治人の歓声が波の音か松風のようにざわめき聞こえて消えた。

組み上げられた立版古の心斎橋。

ナント賑ヤカナ

橋下ノ構造ガ大事

橋ヲ渡ッテオクレヤス

橋のむこうにダイヤモンド
静かなる銅版画・写真絵はがき

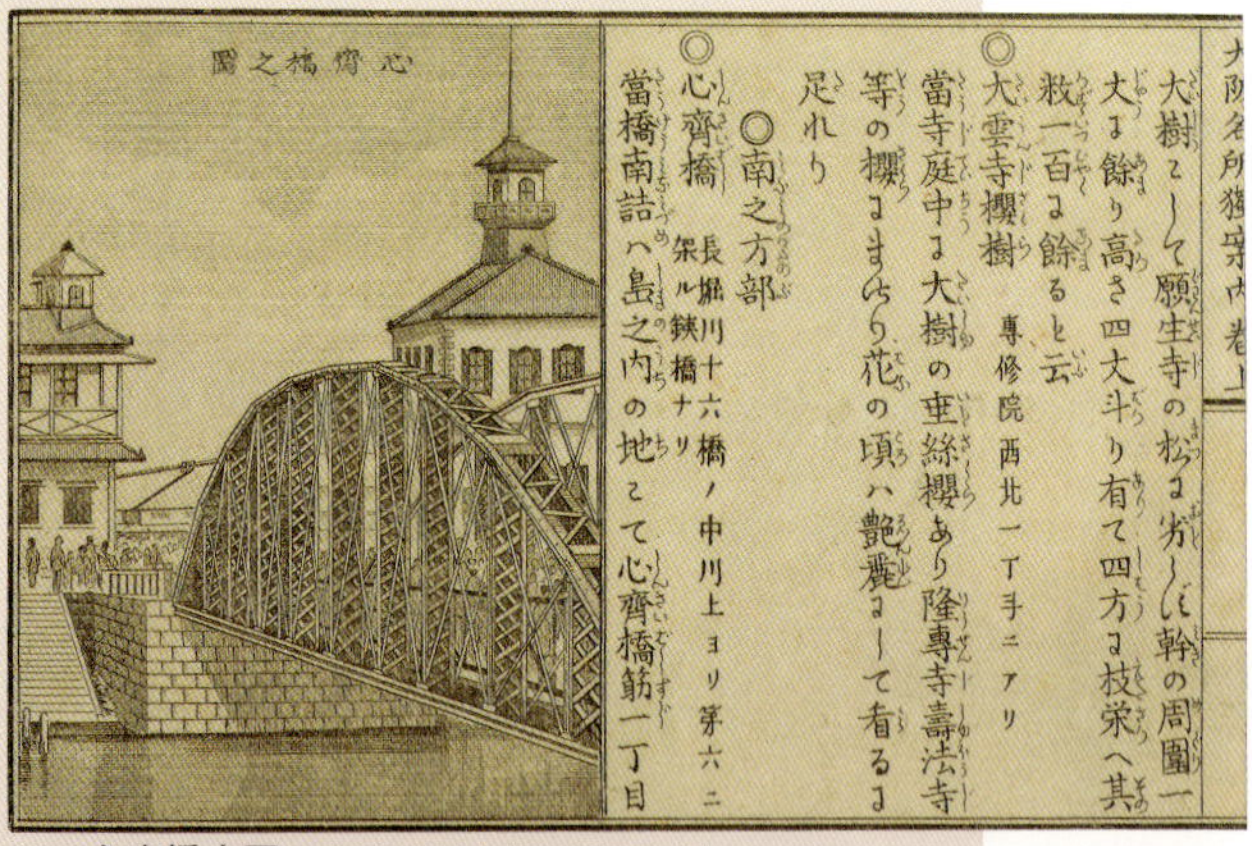

大阪名所獨案内巻上

大樹《たいじゆ》として願生寺《ぐわんしやうじ》の松《まつ》に劣《おと》らぬ幹《みき》の周圍《めぐり》一丈《じやう》に餘《あま》り高《たか》さ四丈《ぢやう》斗《ばか》り有《あり》て四方《しはう》に枝《えだ》栄《さか》へ其《その》數《かず》一百《いつぴやく》に餘《あま》ると云《いふ》

◎大雲寺《だいうんじ》櫻樹《さくら》　専修院西北一丁手ニアリ

當寺《たうじ》庭中《ていちう》に大樹《たいじゆ》の垂絲櫻《いとざくら》あり隆専寺《りうせんじ》壽法寺《じゆほうじ》等《とう》の櫻《さくら》にまさり花《はな》の頃《ころ》ハ艶麗《えんれい》にして看《み》るに足《たれ》り

◎南之方部《みなみのかたのぶ》

◎心齋橋《しんさいばし》　長堀川十六橋ノ中川上ヨリ第六ニ架ル鉄橋ナリ

當橋《たうはし》南詰《みなみづめ》ハ島之内《しまのうち》の地《ち》にて心齋橋筋《しんさいばしすぢ》一丁目

10．心斎橋之図　伴源平編『大阪名所独案内』1882年
森琴石の銅版画による。

11．心斎橋之景『万国名所図絵』1886年 青木嵩山堂

華々しく、騒々しくもある錦絵とは異なり、銅版画や古写真の鉄橋心斎橋は、どこか静的である。この古写真は心斎橋の南詰から北を望んだもの。向こうの大きな建物は時計店の時計台である。対岸の電信局の建物は銅版画にも描かれ、絵はがきの古写真と照合して、正確に形を写していることが分かる。私は学生時代、自分で焼き付けたモノクロ写真に色を着けて遊んだことがある。モノクロ故の迫真的なリアリズムが、色を塗ることで夢のような風景に変質していく。この写真も全体の青い調子がどこか幻想的で、静寂感ただようこの世の物とは思えない情景に変わっているのが面白い。

12. 心斎橋 絵はがき

南詰から北をのぞむ。右の『万国名所図絵』の銅版画とほぼ同じ風景。レンガ造りは電信局、中央奥の洋館は堀米時計舗。なんと橋の向こうに「ダイヤモンド」の文字。

豪華引札アイディア賞

心斎橋最古の老舗〈仁寿堂〉

13. 仁寿堂 引札

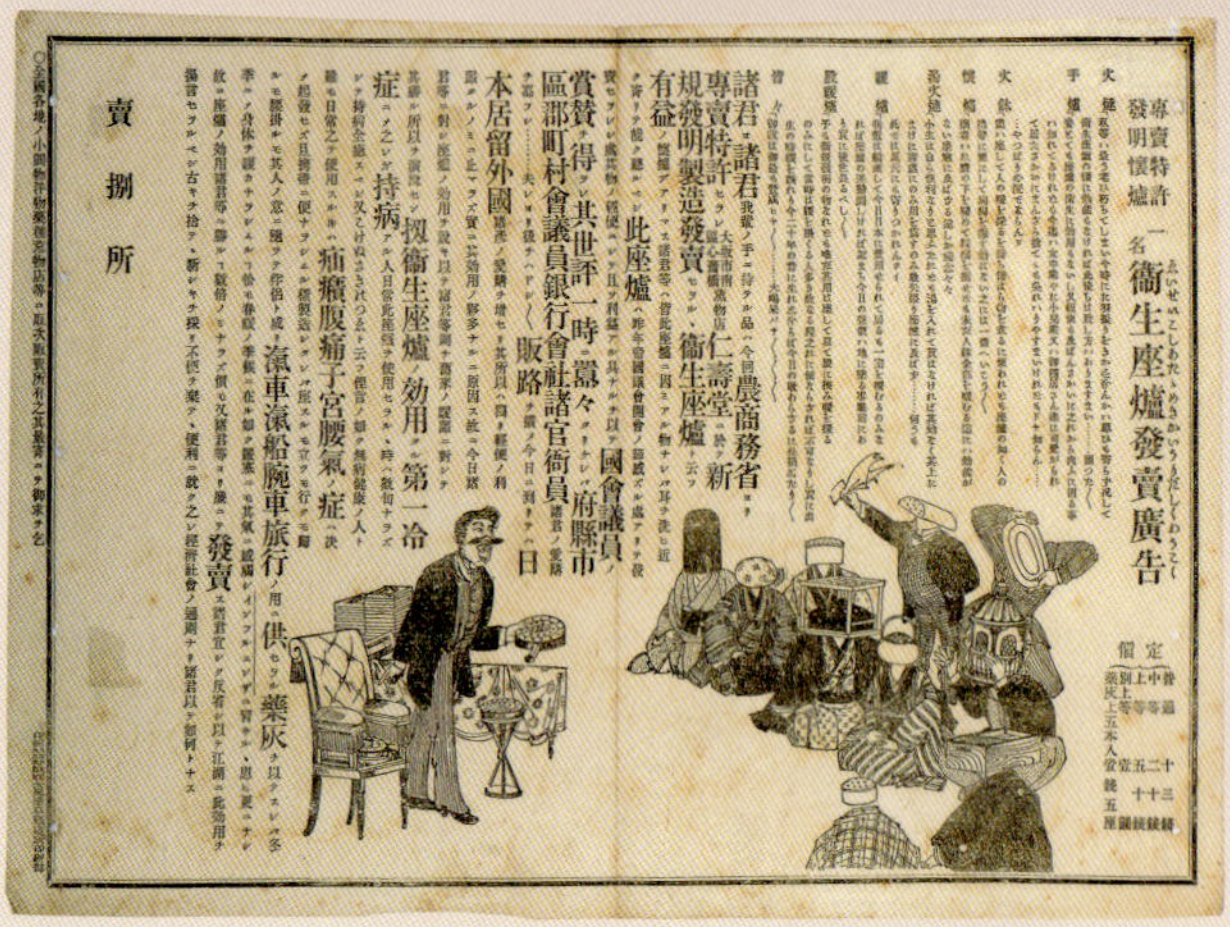

14. 仁寿堂 広告
「衛生座爐発売広告」

近代の大阪は印刷業の盛んな都市で、証券など精巧な印刷物や商品ラベル、引札などの印刷において全国的なシェアを握っていた。

お香の店、伊藤仁寿堂は、延宝年間（一六七三〜八一）から業績を残す心斎橋で現役、最古の老舗《しにせ》である。引札によると明治には白粉《おしろい》なども商ったらしい。面白いのが「衛生座爐《こしあたためきかい》発売広告」の引札。擬人化された炬燵《こたつ》、火鉢、懐炉《かいろ》、湯たんぽ、暖炉などが一同に会合して、ボヤいているのに対し、髭《ひげ》を生やした紳士が新製品の「衛生座爐」がどれほど進んでいるか演説をぶっている。この宣伝広告、「心斎橋物語」とでもいう戯曲を書く脚本家がおられたら、かぶり物をかぶった劇中劇として上演して欲しい気がする。

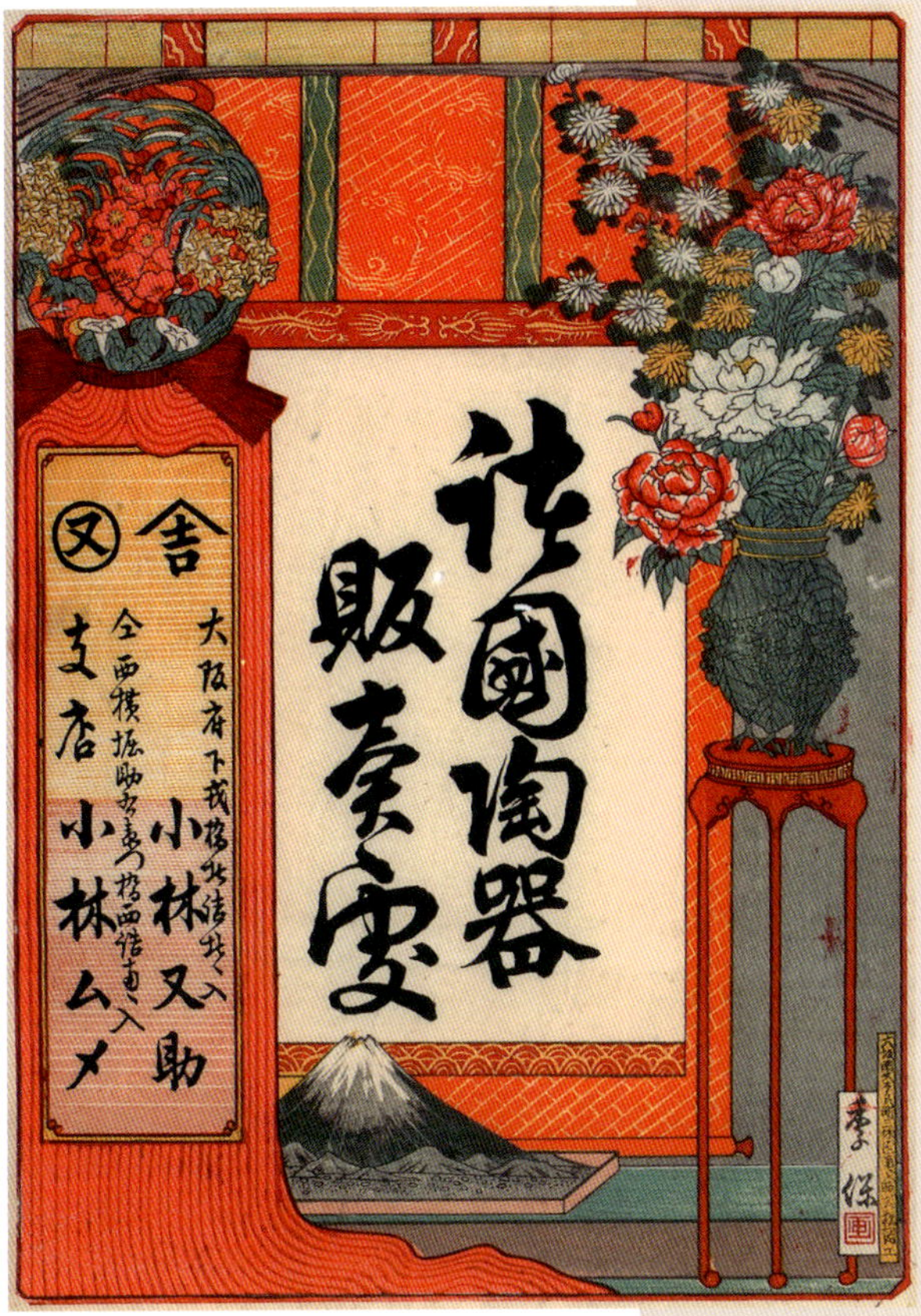

16. 諸国陶器 小林又助 引札

15. 旅館 増田支店 引札

この二枚の引札も華やかで立派。ここで地理的な解説をいれておくと旅館の増田支店は心斎橋北詰にあり、つまり船場《せんば》の南端に属する。他方、諸国陶器の小林又助は戎橋北詰北入で、道頓堀に架かる戎橋の名が用いられているが、心斎橋筋そのものである。心斎橋筋の店舗でも、道頓堀に近い店は、広告で戎橋北詰を用いることが多く、実際、そのほうがわかりやすかった。

書肆の街は本だらけ

世界名所は〈青木嵩山堂〉

明治三十三年（一九〇〇）刊行の『大阪営業案内』は、「全市の繁栄なる街衢《がいく》、忽《たちま》ち眼前に現れ、不案内の地方客は謂《い》ふまでもなく、大阪在住の人に取りても、至便至宝の珍本なり」と云うように、克明に大阪の街路と建ち並ぶ店舗を写しとる。本書から心斎橋界隈をとりあげ、書店関係に印をつけてみよう。大阪が本屋の街であったことを、今はどれだけの人が知っているのだろう。

青木嵩山堂《すうざんどう》も大阪の有力な書肆であった。明治十九年（一八八六）の『万国名所図会』にある店頭図。本書の宣伝も画面に入れたり、自らの店を世界の名所にするのも微笑ましいが、しかしそれにしても、天井にまで平積みで積み上げるなど、すさまじい数の書籍である。

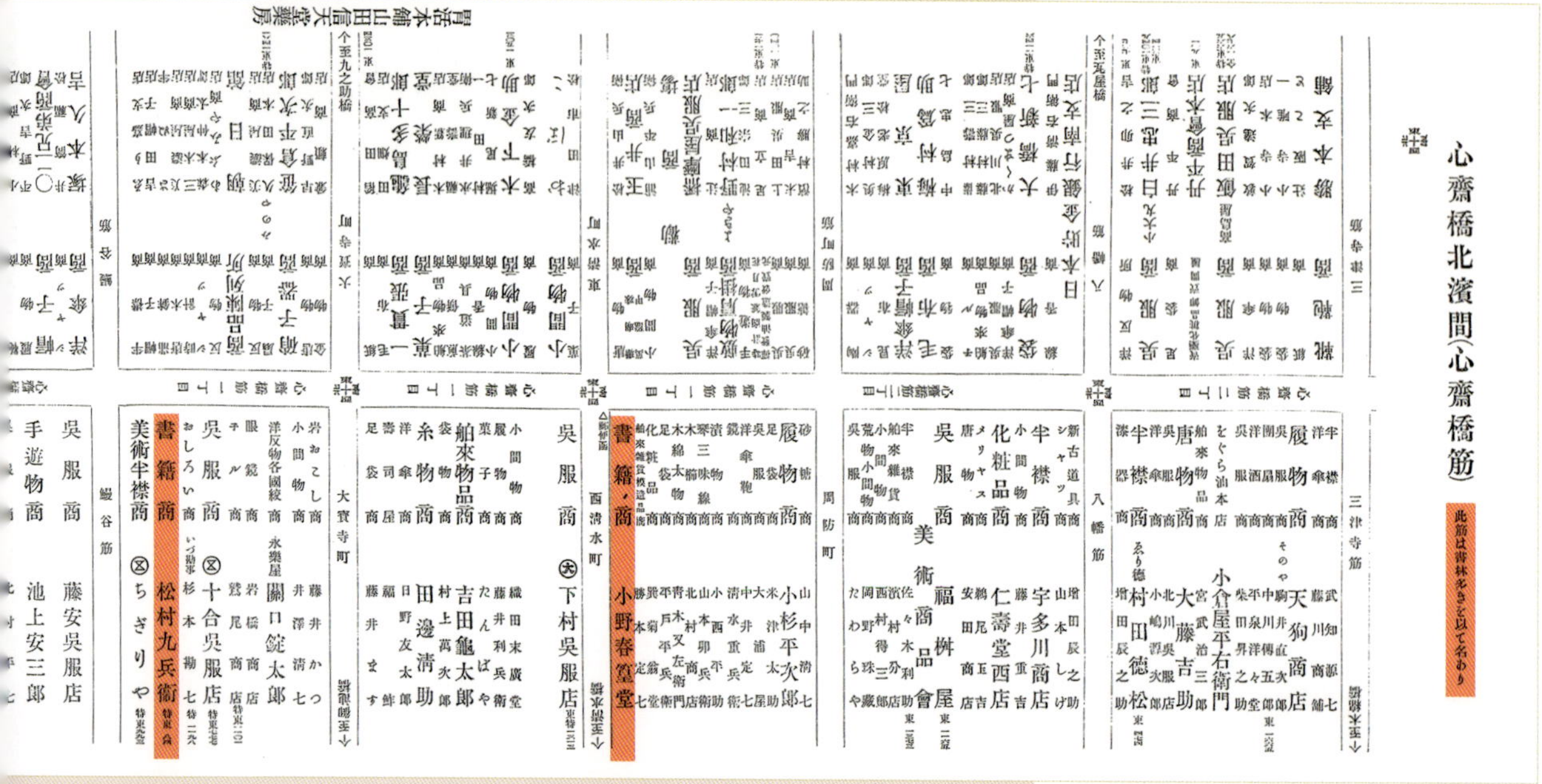

17. 青木嵩山堂店頭 『万国名所図絵』1886年

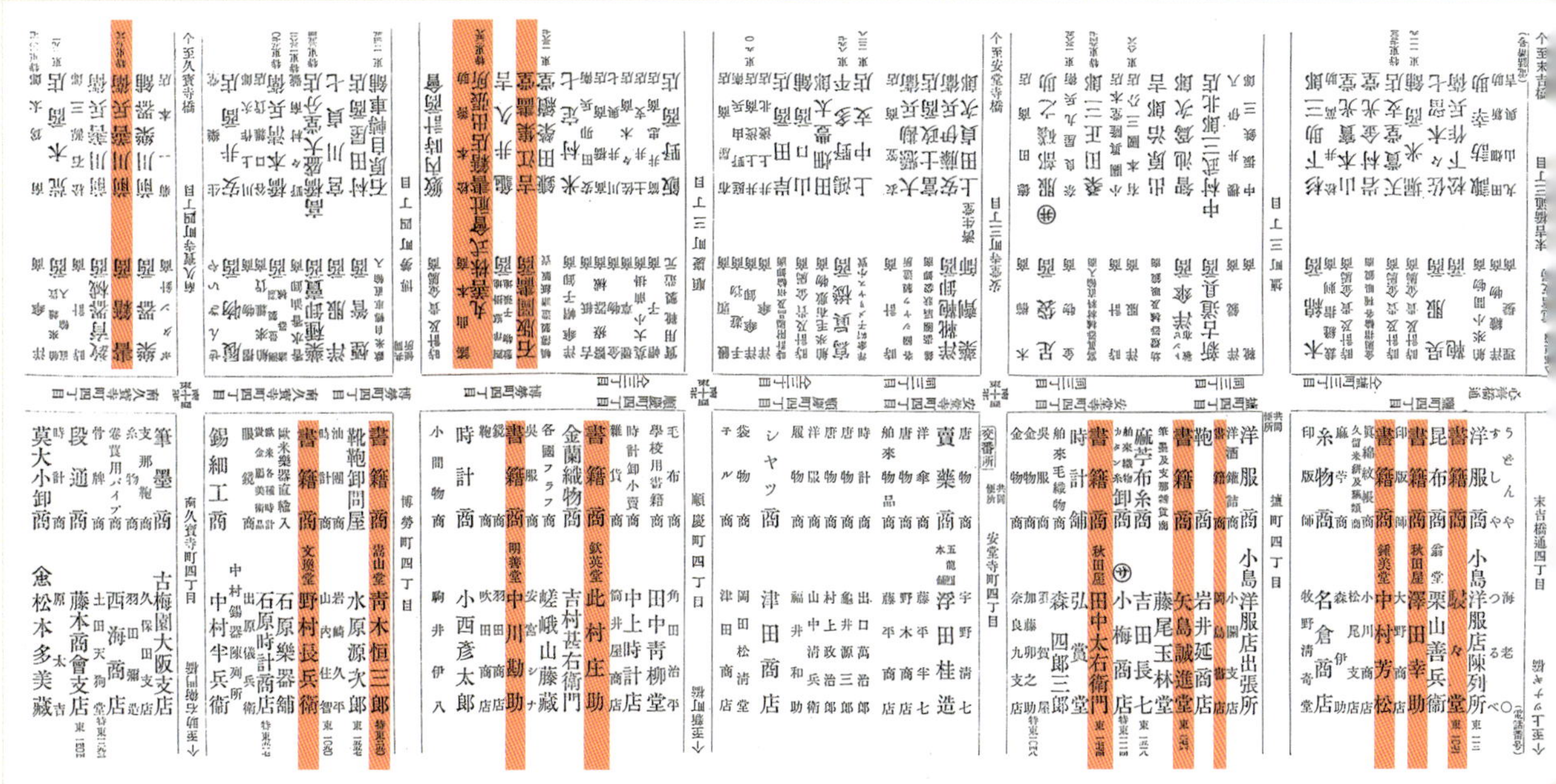
東心斎橋通四丁目
洋服商 小島洋服店陳列所 東三一
うどんや すしや 海老つるべ〇
書籍商 駸々堂 東一〇九一
昆布商 粂堂 栗山善兵衛
書籍商 秋田屋 澤田幸助
印版師 大野商店
書籍商 鍾美堂 中村芳松
小川商店
松尾伊助
麻苧商 森支店
糸物商 名倉商店
印版師 牧野清寄堂
塩町四丁目
洋服商 小島洋服店出張所
洋酒缶詰商 小園支店
書籍商 岡島書店
鞄商 岩井延商店
書籍商 矢島誠進堂
筆墨及支那雑貨商 藤尾玉林堂
麻苧布糸商 吉田長七 東一三六八
舶来織物カタン糸卸商 ㋚ 小梅商店 特東二一三
書籍商 秋田屋 田中太右衛門
時計舗 弘賞堂
舶来毛織物商 森四郎三郎
呉服商 賀屋
金物商 加藤卯之助
金物商 奈良九支店
交番所 共同便所
安堂寺町四丁目
唐物商 宇野清七
賣薬商 五龍圓本舗 浮田桂造
洋傘商 藤平半七
唐物商 野木商店
舶来物品商 藤平商店
時計商 出口萬治郎
唐物商 亀井源三郎
唐物商 村上政治郎
洋服商 山中清兵衛
履物商 福井和助
シャツ商 津田商店
袋物商 岡田松清堂
ル商 津田商店
順慶町四丁目
毛布商 角田治平
學校用書籍商 田中青柳堂
時計卸小賣商 中上時計店
雑貨商 筒井屋商店
書籍商 欽英堂 此村庄助
金蘭織物商 吉村甚右衛門
各國フラフ商 嵯峨山藤蔵
呉服商 安宮シナ
書籍商 明善堂 中川勘助
鞄商 羽田商店
鏡商 吹田商店
時計商 小西彦太郎
小間物商 駒井伊八
博労町四丁目
書籍商 嵩山堂 青木恒三郎
靴鞄卸問屋 水原源次郎
油商 岩崎久平
時計商 山内住智
書籍商 文榮堂 野村長兵衛
欧米楽器直輸入 石原楽器舗
舶来各種時計金銀美術品 石原時計商店
出原儀兵衛
中村錫器陳列所
錫細工商 中村半兵衛
南久宝寺町四丁目
筆墨商 古梅園大阪支店
支那物鞄商 久保田支店
糸物商 羽田彌造
巻煙草用パイプ商 西海商店
骨牌商 土田天狗堂
段通商 藤本商會支店 東一四四
時計商 原太吉
莫大小卸商 松本多美蔵

18. 心斎橋筋 『大阪繁昌誌・大阪営業案内』1990年（復刻）1975年 新和出版社　色をつけた店が書店関係。

待ち合わせはこの前で

大時計のある引札〈堀米時計舗〉

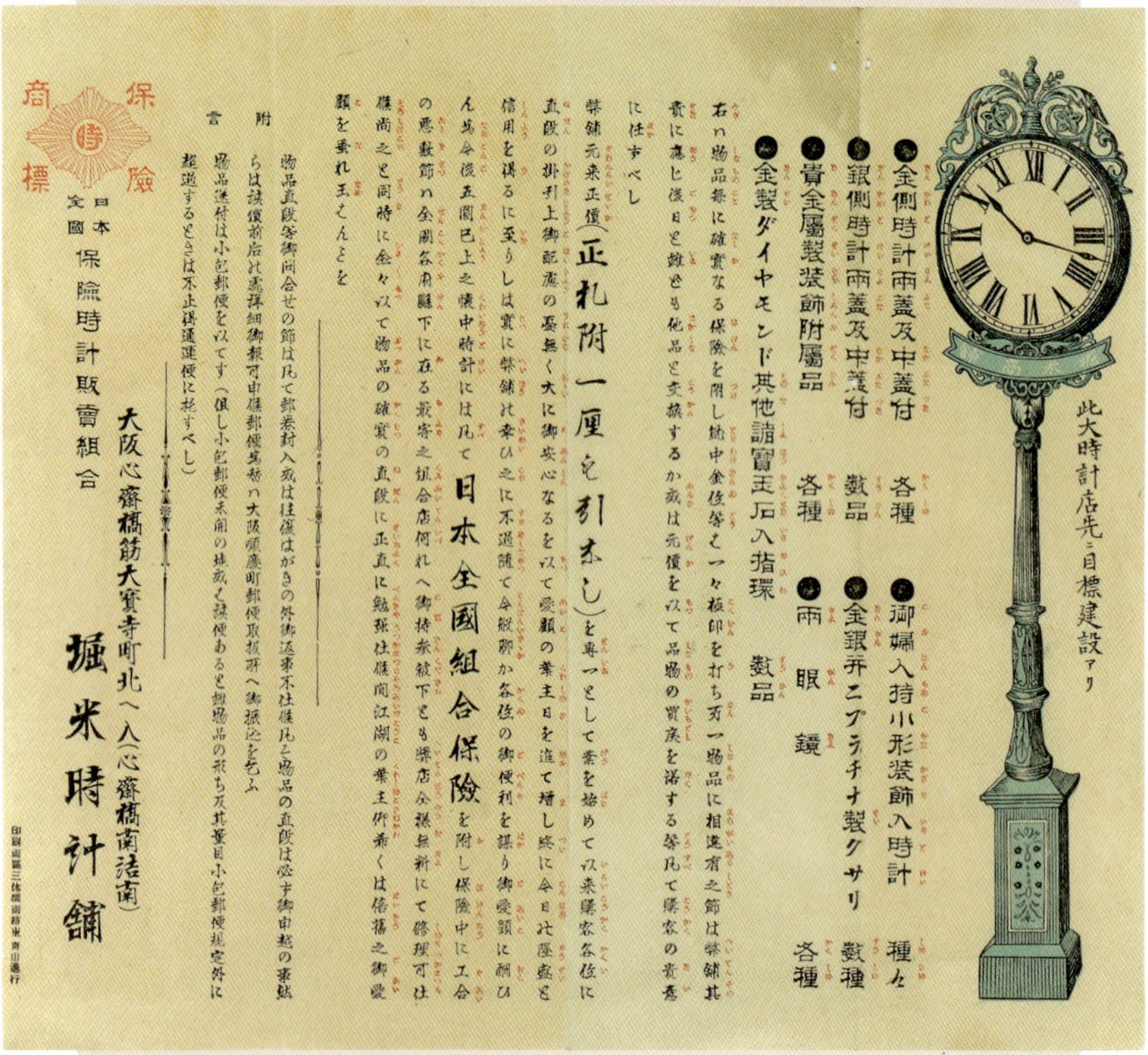

19．堀米時計舗 引札

心斎橋筋大宝寺を北に入ったところの時計店（33頁の絵はがきにある時計台とは別）。目印に図にある大時計が置かれていたという。大時計には優美な色彩が施されているが、まさに超現実主義《シュールレアリスト》の画家たちがコラージュの素材に好んで使いそうなクラシックで端正な広告である。時計は、直接、見ることのできない〝時間〟という概念を象徴的に視覚で確認するための機械であり、人間生活に秩序や規則性を与えるものである。それが超現実主義の作品にコラージュされることにより、本来とは違う意味で人間を縛りつける魔力を発揮するのだ。

第二章

石橋心斎橋と「暖簾の王国」

Stone Bridge and the Realm of "Noren"

セットになった絵はがき。一九〇九年。連続シーンを上から続けて見れば四コマ漫画であるが、それにしても最後の雑踏のモノスゴイこと。

大阪心斎橋渡初式 絵はがき

橋爪 節也

ハイカラな明治の鉄橋は、明治四十二年(一九〇九)にモダンな石橋に架け替えられた。現代人はどちらの心斎橋にノスタルジックな感情を抱くのか。

答えは石造りの心斎橋ではなかろうか。文明開化の時代精神そのままに、鉄骨の構造を剥《む》き出した鉄橋に比べ、石の心斎橋は、重厚な素材に、欧州の古都に見まごうデザインが採用され、独自の抒情性を醸《かも》し出した。

丸い十字形の文様を刳《く》りぬいた欄干の石材、瓦斯《ガス》燈の先端の形が、王冠や十字架を連想させる。劇場やカフエで賑《にぎ》わう道頓堀が〝青い燈、赤い燈〟のイルミネーションで輝くならば、心斎橋の瓦斯燈は、しっとりした雰囲気を演出し、新しい心斎橋の象徴となった。

明治四十五年(一九一二)、金尾文淵堂《かなおぶんえんどう》刊行『畿内見物 大阪の巻』の挿絵に中澤弘光は、宵闇にともる瓦斯燈の下、星が瞬く薄明遠く輪郭が浮かんだ生駒山を望む橋上の人々を詩情豊かに描いた。鉄橋の渡り初め式より三年、石の心斎橋は、瓦斯燈の明かりとともに、抒情性のシンボルとなったのである。昭和十年代には、織田作之助が随想集『大阪の顔』(昭和十八年刊)で瓦斯燈を「心斎橋の七不思議」と呼ぶ。この橋だけが仄暗く、「電燈の光では見られれぬそのあえやかな美しさ」に懐古的でノスタルジックな感情を揺り動かされた。

しかしまた四コマ漫画形式の渡り初め式をはじめ、「ドーダス、ニンヤカダツシヤロ」と大阪名所を伝える面白言葉シリーズなど、無数の心斎橋絵はがきも出現する。特に南詰の石原時計店の時計台を背景にしたアングルは好まれ、レイアウトを僅かに変えながら、なんども刊行されつづけた。旅の便りに一枚どうですか。

＊＊＊

石橋を渡ってモダン心斎橋の通りへ入る前に、もう一つのテーマがある。心斎橋の記号論、商都を支えたエンブレム、

1. 石橋・心斎橋(絵はがき)

商人の〝魂〟を形象化した商標《トレードマーク》である。

幕末、何種も刊行された大坂の商売案内。業種別に店を紹介して屋号住所を記し、商標がずらりと並ぶ。例えば『商人買物独案内』(文政三年刊)や『浪花商工名家集』(弘化三年刊)。体裁はコンパクトだが、字体、製本、摺り、紙質など実に堂々たる冊子で、商都を解析した街の元素記号表ともいえる小宇宙である。

江戸時代の大坂のタウンガイドに、大名の家紋が並ぶ「武鑑」や信長や秀吉時代の合戦図屏風を連想した。屏風一杯に極彩色で描き込まれ、林立する武将の旗指物。家紋や文字、図案記号を染めぬいて、敵味方の区別や役割を視覚的に伝達するとともに、士気を高め自らを麗々しく飾るヴィジュアルであった。

心斎橋に甍《いらか》を連ねる店の商標も、暖簾《のれん》を守る商人《あきんど》には武将の家紋や旗指物と同じ意味をもつ。職種の誇り、信用の象徴《シンボル》、暖簾分けの進化論の痕跡。いまを生き抜く店の個性やセンスがデザインに問われる。

呉服商・下村家大丸は「松屋」の丸に「松」と、「大文字屋」に由来する丸に「大」のマークを併用したが、後に「大」の撥《は》ねの先端を、七・五・三に統一したデザインとなった。丸に「大」の店は他にもあり、屋号「大和屋」の小大丸も、丸に「大」と、白井家の「白」字を井桁《いげた》で囲む商標を併用した。道頓堀が本店で、心斎橋に支店があった石川呉服店も、包装紙を見ると丸に「大」を用いていた。

一方、そごうも屋号は「大和屋」だが、商標は、呉服店らしく糸巻きの形を抽象化して図案化する。「の」を三つ重ねた「みの屋」、店名がそのまま一筆書きで顔になった「てんぐ履物店」、パレットに絵筆を持つ河内洋画材料店の「画人印」も特色ある。

欧州の古都を思わす石橋は、歴史と伝統を継承する船場《せんば》、島之内の〝暖簾の王国〟を結んで架けられたのである。

3. 絵はがき　工事中の珍しいもの。

2. 『大大阪橋梁選集』第2輯 1929年 創生社出版部より　遠くのビルは長堀橋・高島屋。

オモシロ大阪弁絵はがき
石橋心斎橋

「コ、ガ大阪ノマーマン中デ一番人通リノ多イ橋ダン子《ネン》」「一日ニ何百万円ト云フ売上ゲガオマス子《ネン》、サアコチラヘオイナハレ」。面白大阪弁絵はがきの心斎橋。微妙な違いでも蒐集《しゅうしゅう》し尽くすのがコレクター魂。背後の時計台は石原時計店だ。文化三年（一八〇六）に南久宝寺町四丁目で創業し、和時計を扱った。明治二十二年（一八八九）に大阪時計製造会社を設立して、翌年から柱時計の製造を開始。その後、心斎橋南詰に大きなビルを建設し、宝飾品、楽器、蓄音機、測量機、自転車なども輸入販売した。

5．（御大典記念奉祝の大阪）心斎橋の装飾（絵はがき）

4．心斎橋（絵はがき）

7．心斎橋（絵はがき）

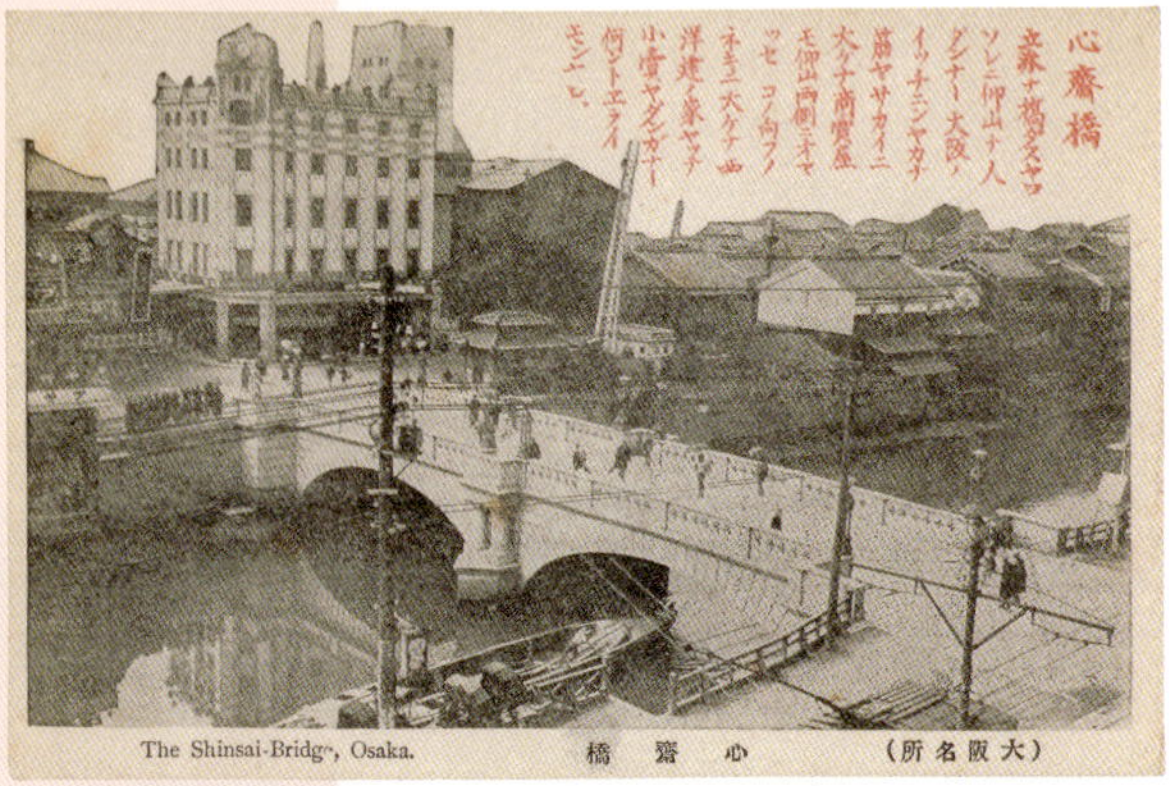

6．心斎橋（絵はがき）

すべて心斎橋北側から南を見たもの

8. 心斎橋中央張出及燈柱詳細図 『大大阪橋梁選集』第2輯 1929年 創生社出版部　東を望む。向かいは三休橋。

ヨーロッパの古都に架かる橋を思わせる堂々たる石造りの橋梁。心斎橋を写したこの写真も、ただの写真ではない。昭和四年（一九二九）に刊行された『大大阪橋梁選集』（大阪・創生社出版部）、水の都・大阪の近代的な橋梁美を集めた三巻の写真集に収められた一枚である。橋にまとわりつく街の匂いや抒情味を廃し、徹底的に構造物としての橋梁の形の記録に徹している。石造りの心斎橋は、橋自体がフォルムとして美しい。

ノスタルジックに♪星は瞬きぬ

描かれた心斎橋

9. 赤松麟作「心斎橋」 「大阪三十六景」のうち 木版 金尾文淵堂

金尾《かなお》文淵堂《ぶんえんどう》より刊行された版画集。戦後に刊行され、空襲で失われたグレート・オオサカ（大大阪）への郷愁もただよわせる。特製の帙《ちつ》におさめられ、題句は赤松麟作《りんさく》の久宝小学校の同級生で俳人・青木月斗《げつと》。心斎橋を望む佐野屋橋河畔にも住んだことのある画家の心斎橋への愛着がにじんだ一点である。

11．中澤弘光『畿内見物 大阪之巻』挿絵　1912年 金尾文淵堂

10．心斎橋中央橋脚詳細図
『大大阪橋梁選集』第2輯 1929年 創生社出版部

『畿内見物 大阪の巻』は明治四十五年（一九一二）、心斎橋筋南本町の金尾文淵堂から刊行された。高安月郊《たかやすげつこう》、吉井勇、木下杢太郎《もくたろう》、薄田泣菫《すすきだきゅうきん》、浩々歌客《こうこうかきゃく》、須藤南翠《なんすい》、与謝野晶子らが随筆を寄せる。中澤弘光が描く挿絵は実によい。宵闇に心斎橋の瓦斯《ガス》燈がともり、星が瞬く薄明に遠く生駒山の輪郭が浮かび上がる。欄干にもたたれてジャズの〃スターダスト〃を聴いていると云うには、まだ時代は少し早いが……。

美しき商標《トレードマーク》たち
『商標切り抜き帖』より

12．大丸

誰が蒐《あつ》めたのか黒い台紙に貼りつけられた百貨店の商標の切り抜き集。大正から昭和初期のものだろう。大丸、そごう、高島屋、白木屋、阪急など、有名店のマークが並んで、簡潔だが力強い独特の光を放っている。現在のデザインとプロポーションは異なるが、特に目立つのが「大丸」「そごう」の二店。

13. そごう

14. 小大丸

15. てんぐ履物店

16. 三木楽器

17. 小大丸

18. 河内洋画材料店

19. 丹平

大和屋・白井家である小大丸《こだいまる》の商標は、丸に「大」と、「白」を囲む井桁《いげた》。江戸時代の家紋の雰囲気が漂う。一方、西洋から入った楽器や画材を扱う三木楽器や河内洋画材料店の商標は近代的。三木楽器が大正年間に用いたマークは、ハープとアルファベットの「M・I・K」で構成したロマンチックなもの。河内の「画人印《がじんじるし》」は地元で「ホリトラさん」の愛称で親しまれた堀寅造のデザイン。現カワチ社長はパレットに筆を持つ姿が槍《やり》に楯《たて》をもつ姿に揶揄《やゆ》された笑い話を語る。どちらも立派な愛嬌《あいきょう》あるデザインだ。「画人印」は、心斎橋近くにアトリエを構えたデザイナー中村眞が戦後、胴体の輪郭を垂直に整理した。店名が顔になった「てんぐ」の一筆書きも、鳥羽絵など江戸時代の大坂の戯画の伝統を思わせ、洒落て面白い。

左頁の芝《し》翫《かん》香《こう》は文化十年(一八一三)創業。初代中村芝《し》翫《かん》好みの香料「梅ヶ香」や小間物を販売し、芝翫香を店名とした。

20．芝翫香 包装紙

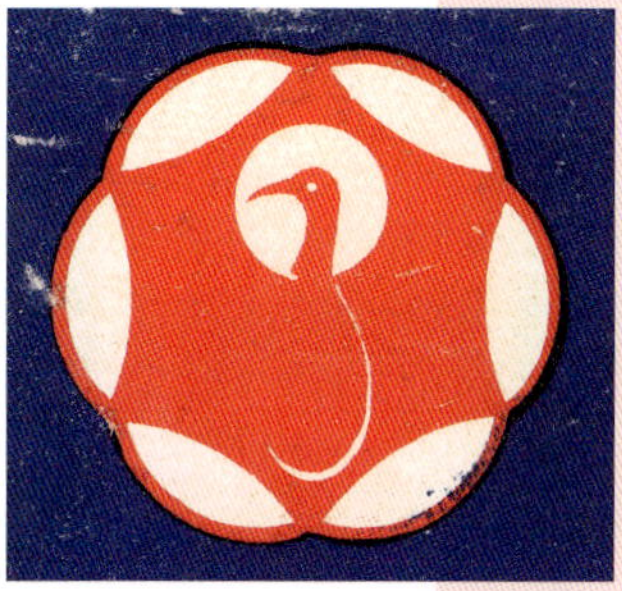

22．つる家食堂
歴史ある料亭つる家の心斎橋店。

21．心斎橋食堂 マッチラベル
丸に心斎橋の「心」をデザイン化。

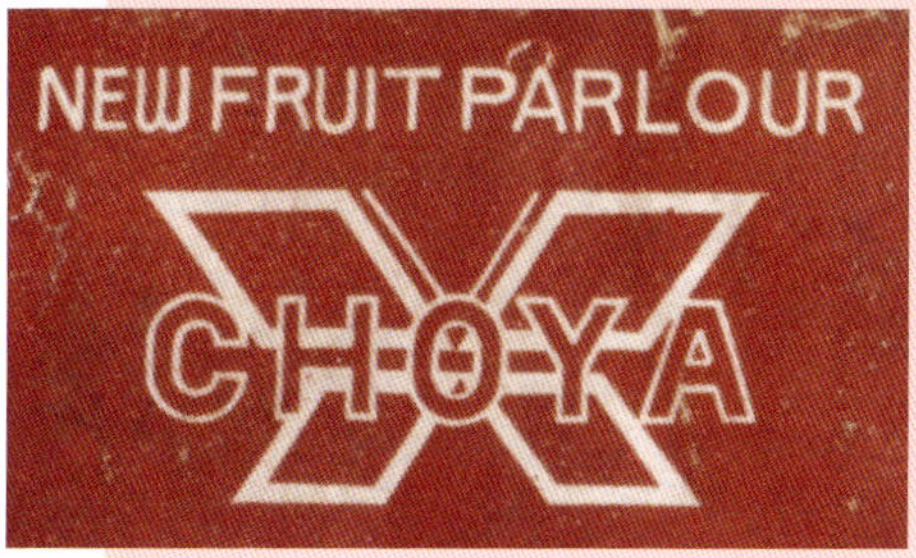

23．CHOYA マッチラベル
銀幕の大スター長谷川一夫が経営した店。

暖簾の王国、ルーツはここに

堂々『浪花商工名家集』は街の集大成

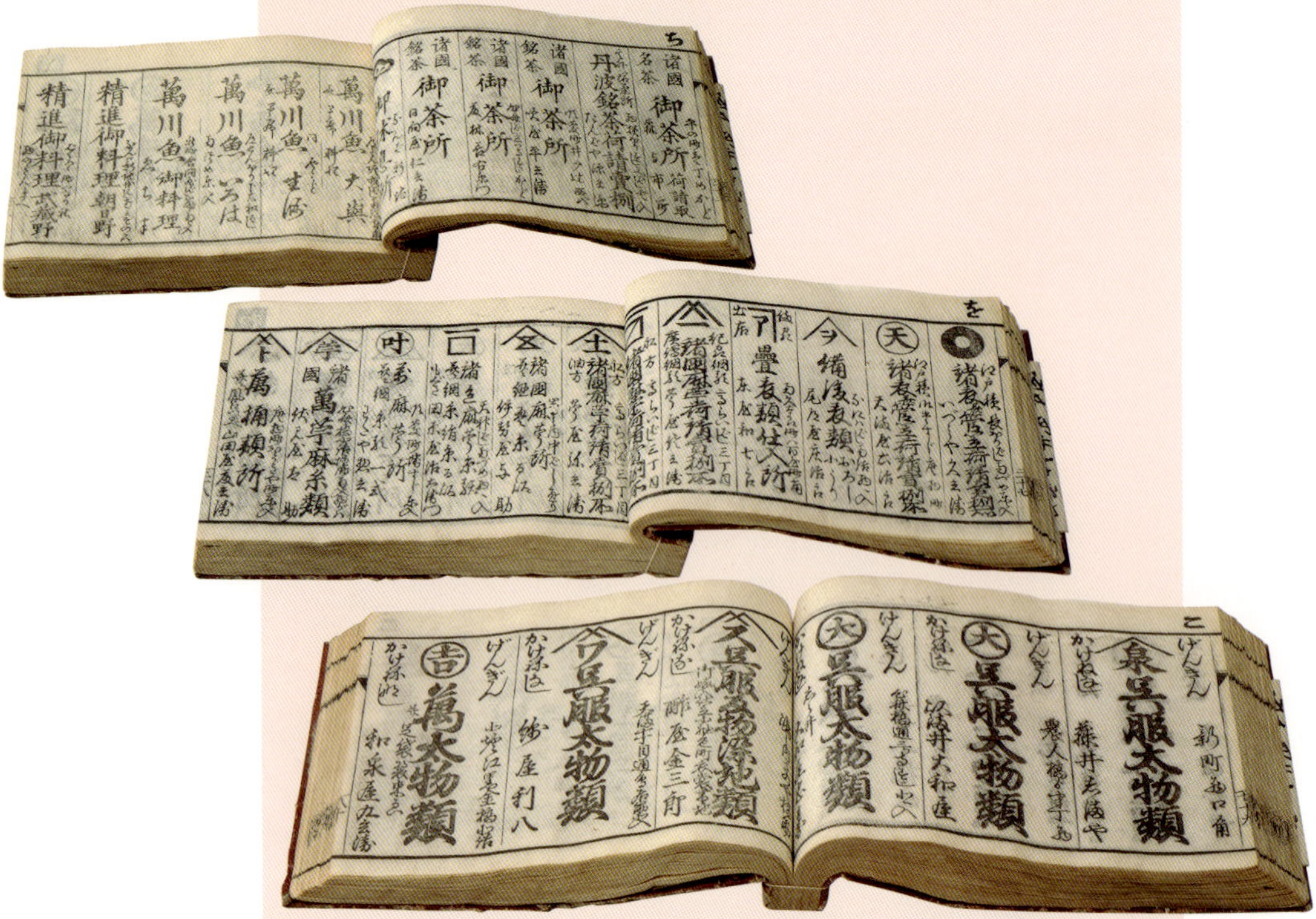

右から三番目が小大丸。

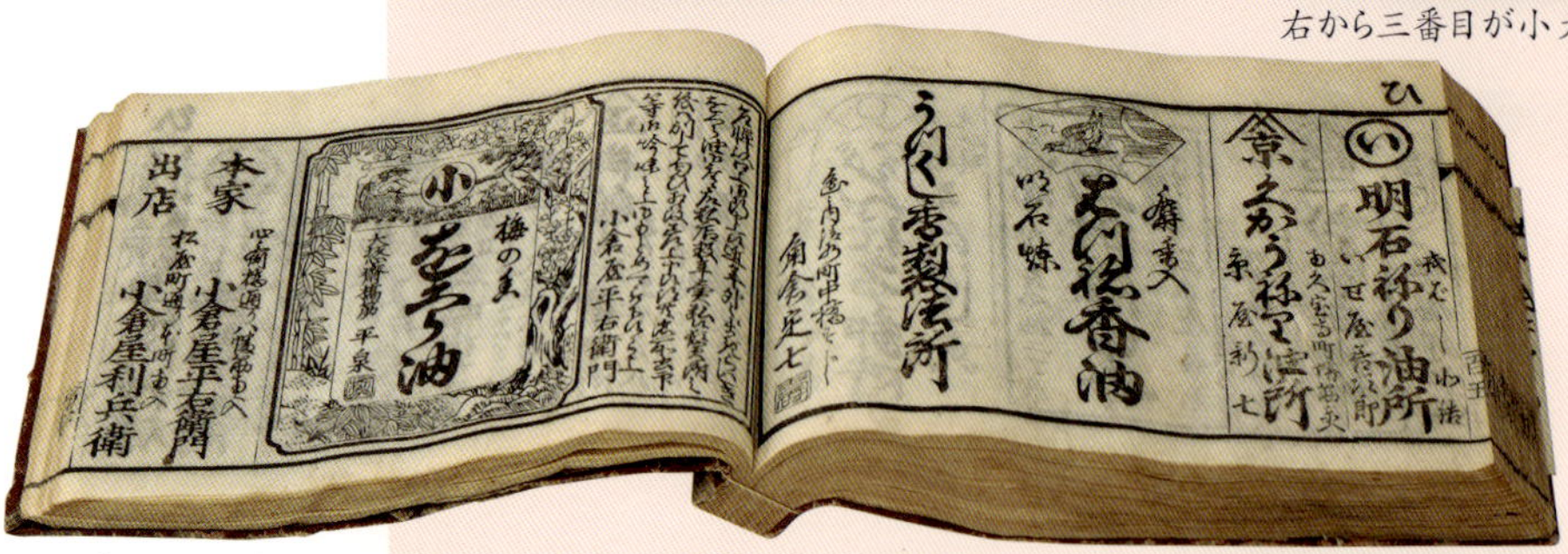

24.『浪花商工名家集』 弘化 3年

左頁、をぐらや。

〝暖簾《のれん》の王国〟を封印した『浪花商工名家集』（弘化三年刊）。古き商都・大坂がぎっしり詰まる商工名鑑である。可能な限り商標が蒐集《しゅうしゅう》され、整然と並べられたこの書物を開くと、単なる歴史資料としての名鑑に止まらない不思議な美意識が感じられる。衒学《げんがく》的な知識と膨大な語彙で独自の近代詩を開いた大阪の詩人・安西冬衛《あんざいふゆえ》が、江戸時代の飛脚をモチーフに「この飛ぶ仕事の異名には、どこかパンタロンを穿《は》いたやうな職業的コレギアの匂」がすると表現したような（「定六」、詩集『大学の留守』所収）、古くもまた、新鮮な感覚である。

第三章

Flaneurs　モダン回廊周遊

Promenading in the Gallery of Modern

大正十三年(一九二四)、日下《くさか》わらじ屋発行の精巧なパノラマ地図。タイトルの英訳にある〝GREAT《グレート》 OSAKA《オオサカ》〟は当時の大阪人のプライドである。ヨーロッパ風に云うと〝旧市街〟の地図だが、こうしてみると実に大阪は碁盤目状になった街で、地図のほぼ中央が心斎橋だ。御堂筋拡幅前で、心斎橋筋側だけができている大丸や石原時計店の時計台が目立つ。現代でもこのパノラマ地図で街を歩くのが案外、便利なこともある。一度、お試しを。

1. 大阪市パノラマ地図　1924年

橋爪 節也

十九世紀のはじめ、詩人ボードレールの時代、パリに出現したのが都市を目的もなく、ぶらぶら遊歩する〝遊歩者《フラヌール》(flaneur)〟であった。『パサージュ論』やボードレール論でベンヤミンが使用した重要なキーワードである。心斎橋をブラブラ歩く〝心ブラ〟を愛する人たちにも、近代都市の〝遊歩者〟がたくさんいたに違いない。

ところで街には街を記録する愉しみがある。北尾鐐之助《りょうのすけ》の『近代大阪』(創元社刊行「近畿景観」シリーズ第三編)——随筆と写真で構成されるモダンな近代都市の記録文学の白眉《はくび》だ。装釘は大阪出身の洋画家・高岡徳太郎。高島屋にも一時在籍し、薔薇の包み紙もデザインした。

昭和七年(一九三二)に刊行された本書は、考現学の手法による「心斎橋筋の一考察」と題した一章を設け、「大阪における近代的流行の歩くところ」と、この繁華街を評している。遊歩者として目的もなくさまようもよし、〝近代的流行〟を求めるもよし、モダニズム時代の心斎橋にタイムトラベルしてみよう。モダン回廊周遊——〝心ブラ〟の開始である。

準備のため、案内書や地図を揃えてみる。まず推薦するのが、大正十三年(一九二四)に日下《くさか》わらじ屋が発行した精巧な「大阪市パノラマ地図」。市内の心斎橋の位置関係が大観的にわかる。地図のほぼ中央が心斎橋。百間道路・御堂筋は拡幅前の姿だが、心斎橋筋側が完成した大丸がそびえている。橋の南詰には石原時計店の時計台。市域拡張で〝大大阪〟が誕生する前年の地図だが、英文タイトルにある〝GREAT OSAKA《グレート・オオサカ》〟がプライドを感じさせる。

次に昭和二年(一九二七)発行の「心斎橋筋案内」。コンパクトな折本に通りの両側の店を描いた絵地図。趣味的であると同時に実用的で、子どもの時に描いた絵地図を思い出して懐かしい味もある。

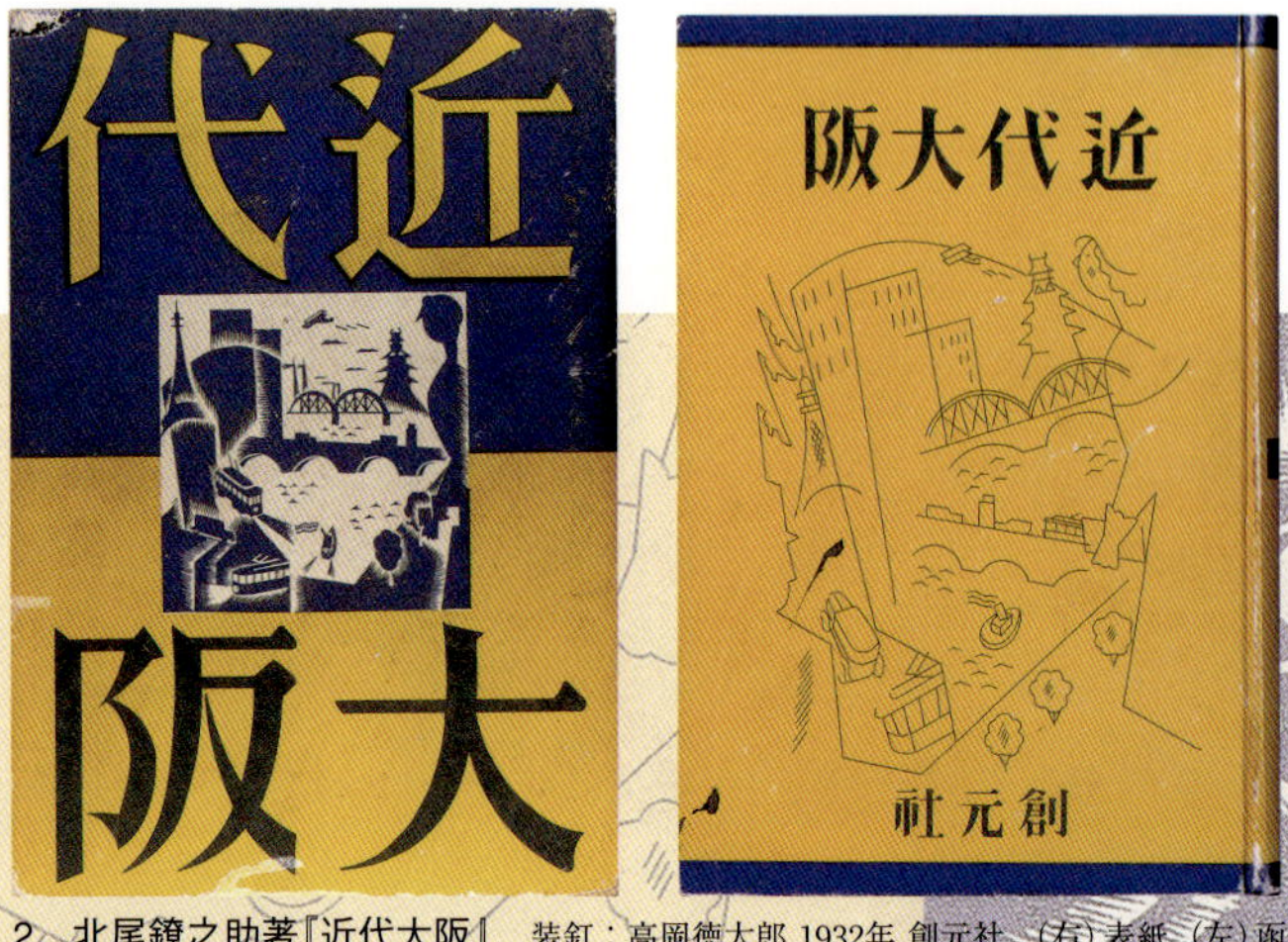

2. 北尾鐐之助著『近代大阪』 装釘：高岡徳太郎 1932年 創元社 (右)表紙、(左)函

案内では、そごうが村野藤吾《とうご》設計以前の旧館、丹平ハウスの向かいの「をぐらやビルディング」は建築中。大丸の東南角に立つのは「大阪市中心標」。二面ある表紙は、それぞれ心斎橋と戎橋《えびすばし》を背景に婦人を描くが、戎橋の女性が日本髪、心斎橋の女性が洋髪であるのも土地柄の違いだろう。大阪駅の時刻表も付して便利だ。姉妹編に「戎橋筋案内」もある。

昭和六年（一九三一）の岸本水府《すいふ》の誠文堂十銭文庫『京阪神盛り場風景』。京阪神の盛り場のトップに心斎橋が登場する。水府は『番傘』を主宰した川柳家。本書で仲間の句も紹介する。

大丸で別れて戎橋で逢い　（紫朝）

美粧院帰途は心斎橋通り　（水無月）

十合《そごう》からしるやにきめて若夫婦　（砂人）

心ブラは口笛吹くに明る過ぎ　（芝有）

昭和十年（一九三五）には、心斎橋新聞社から刊行されたグラフ誌『写真心斎橋』がある。北は南久宝寺の「錫半《すずはん》本店」から南は宗右衛門町の「喜久屋食堂」まで七十四店を写真で紹介する貴重な資料である。

この間、昭和八年（一九三三）、日本初の公営地下鉄が梅田―心斎橋間に開通した。当時流行のポピュラーソングとして、活気ある〝行進曲〟の名をつけた「大大阪地下鉄行進曲」は、歌詞にも「スピード時代」をうたい地底を走る地下鉄を讃えた。心斎橋駅はアーチ状の巨大な天井が美しく、翌年、大丸側の出口ができて、ホームと改札間にエスカレーターも設置された。大阪の都市軸を、従来の堺筋ではなく新設の御堂筋沿いに強力に変更させる地下鉄の誕生が心斎橋の繁栄を加速する。

準備万端、〝遊歩者《フラヌール》〟を憧憬《しょうけい》するあなたはなにも持たずに、時間を惜しむあなたはガイドブックを片手にアーチを潜り、モダンな時代の街に踏み込もう。

3. 岸本水府著『京阪神盛り場風景』 1931年 誠文堂

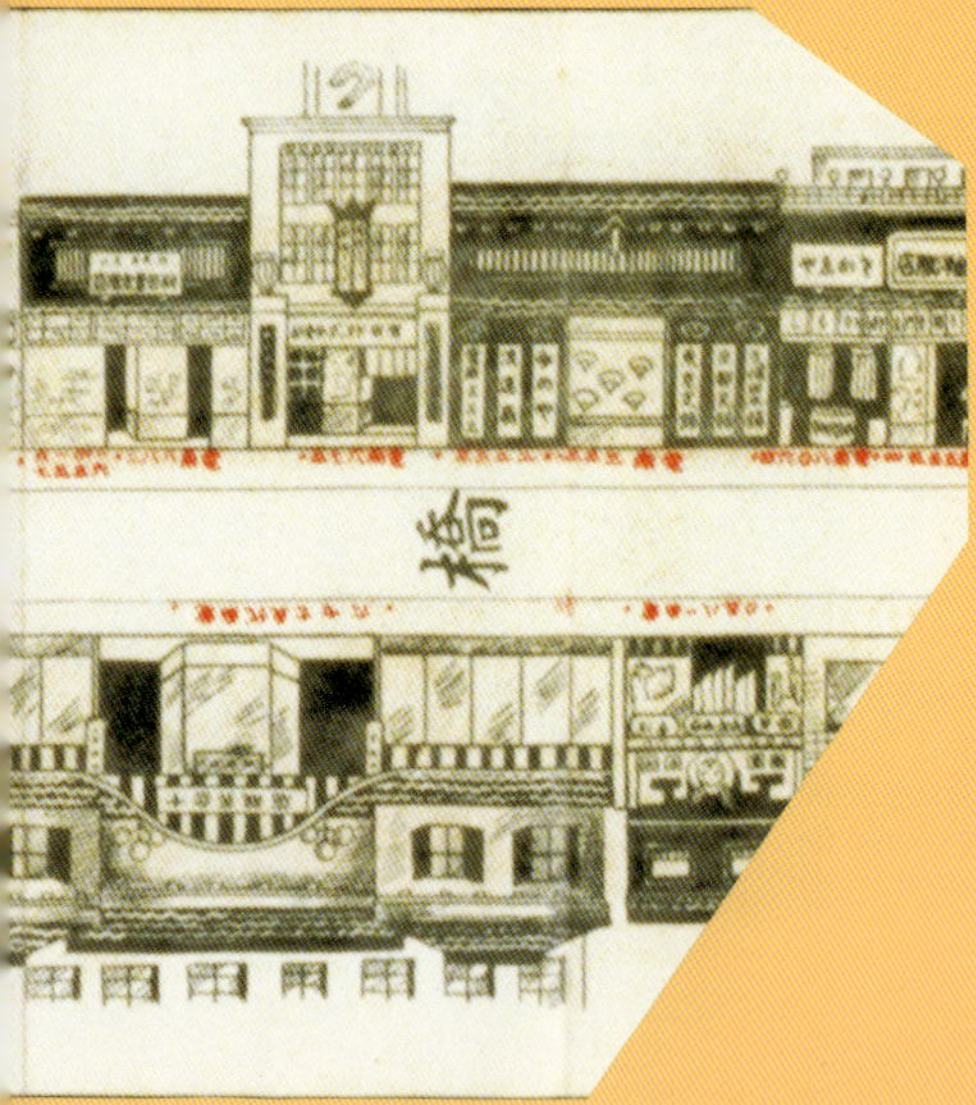

開いて伸ばしてジャバラになった商店街
「心斎橋筋案内」片手に街へ出よう

4. 心斎橋筋　昭和初期

ショーウィンドーから見た心斎橋筋。上はアーケードの原型・日除けの覆い。時雨音羽作詞「浪花小唄」(1929年)で「いとし糸ひく雨よけ日よけ」と歌われるのがこれ。

〝大大阪〟時代の心斎橋筋を見たければ、これを広げればよい。昭和二年(一九二七)発行の心斎橋筋の絵地図。コンパクトな折本で、同様の装釘で戎橋《えびすばし》筋商店街を描く絵地図も発行されている。二つをつなげれば、心斎橋から難波の駅前まで、絵地図の中を散歩することができる。

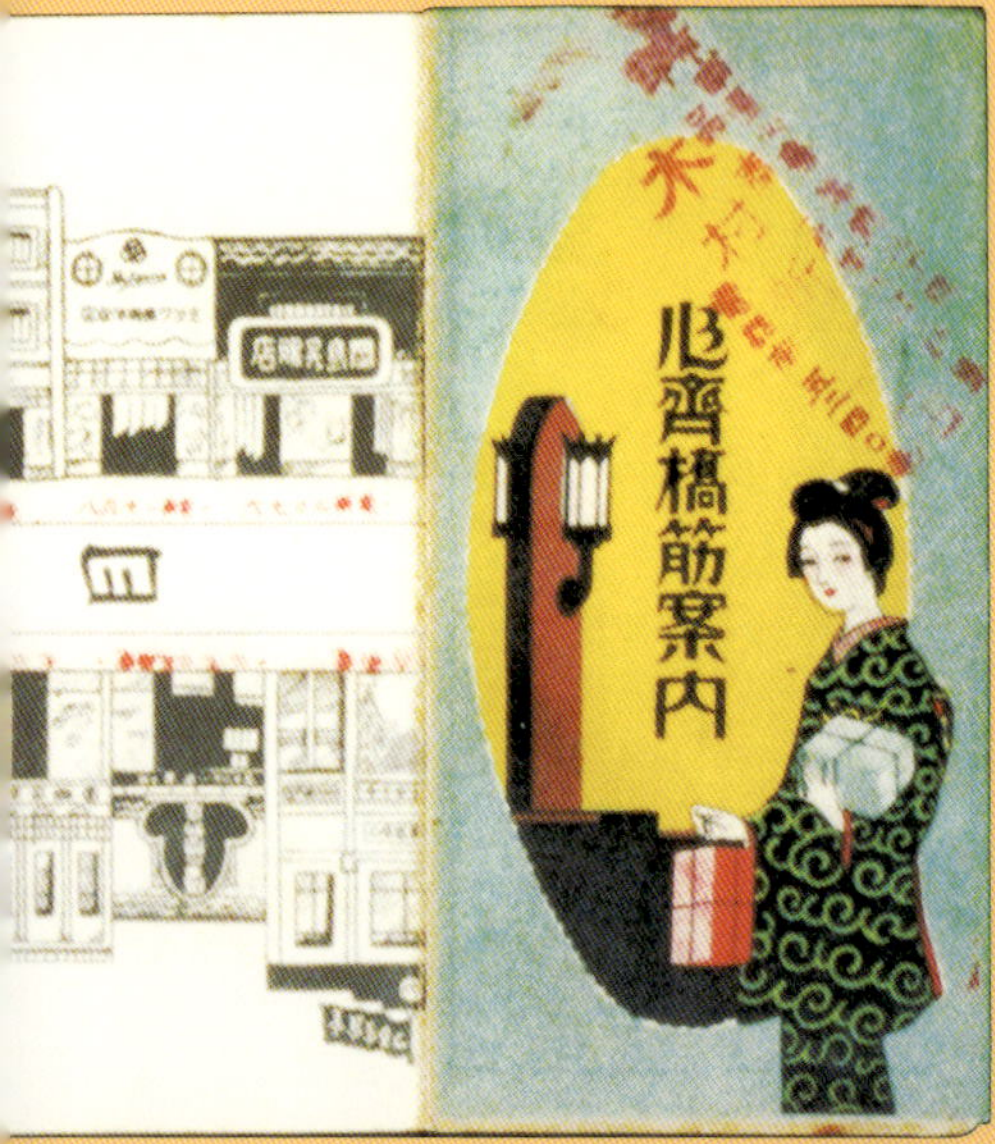

こちらの表紙の橋は戎橋

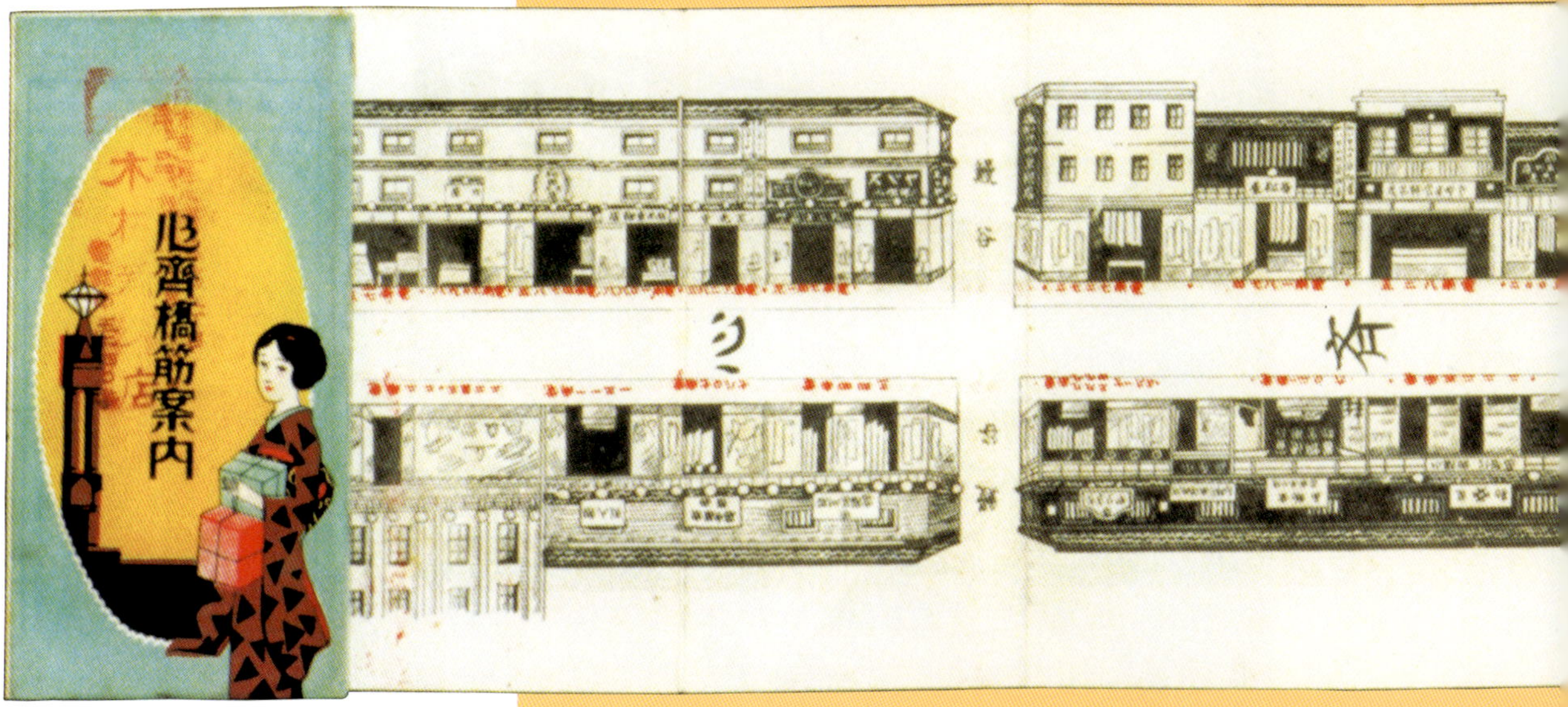

5. 心斎橋筋案内　1927年　右下の大きな建物はそごうの旧館(116頁参照)。

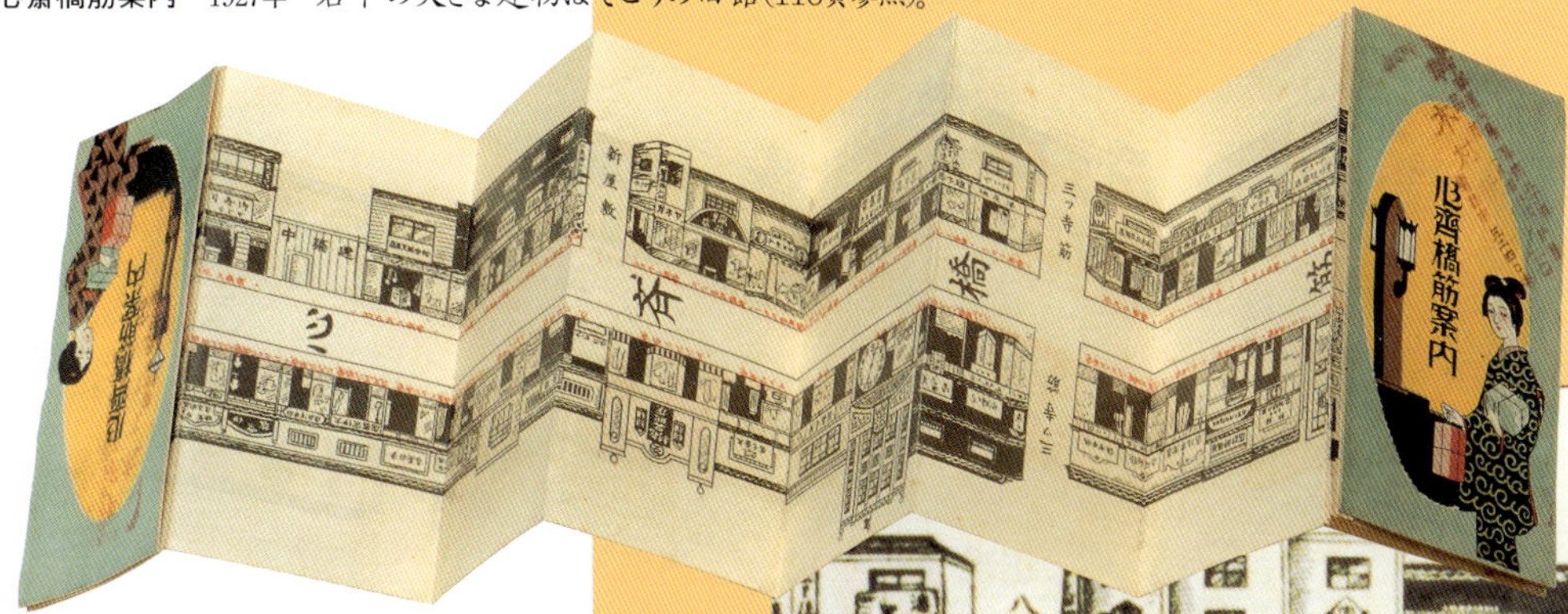

今でも使える?

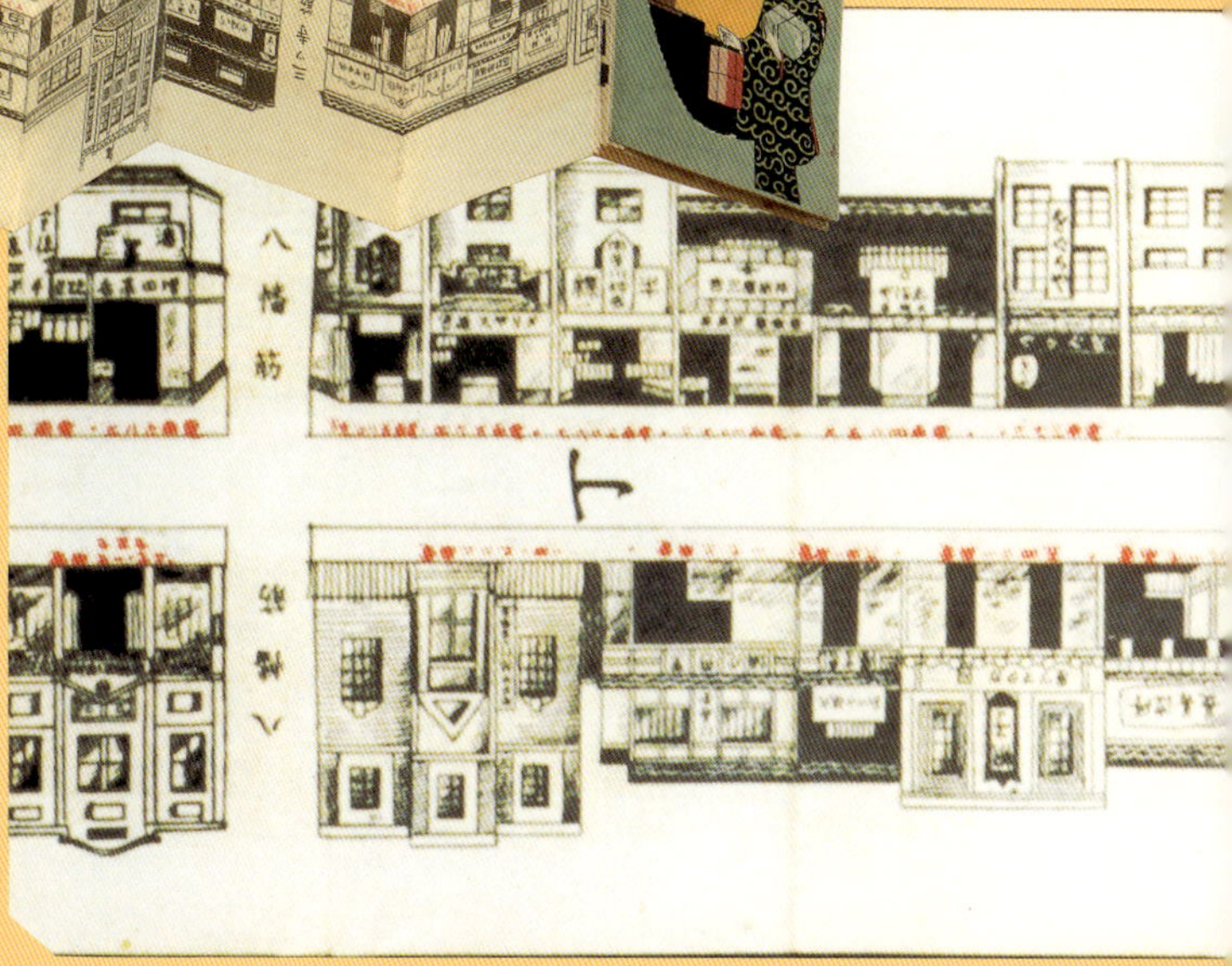

6.『写真心斎橋』 1935年 心斎橋新聞社
♪ネオンきらめく夜の町、熱帯魚のネオンは一体どこの店？

はしからはしまでカメラでパチリ
私の店なら『写真心斎橋』をごらんあれ

昭和十年（一九三五）に心斎橋新聞社から刊行されたグラフ誌『写真心斎橋』。北は南久宝寺の「錫半《すずはん》本店」、南は宗右衛門町の「喜久屋食堂」まで七十四店を写真で紹介、店の外観から内部まで心斎橋筋の賑《にぎ》わいを伝える。表紙は心斎橋筋の夜景。そういえば明治三十六年（一九〇三）に開かれた第五回内国勧業博覧会の会場も、夜間のライトアップが売り物だった（一九七〇年の大阪万博も同じく夜景を宣伝した）。

「編集長、各店の紹介が終わりました。表紙は何にしましょう？」『うーむ、商店街が最近、整備した新しい心斎橋筋名物の街燈〝あやめ燈〟が並ぶ夜景でいこう」とパッと閃いたのでは、と勝手に憶測する。

『写真心斎橋』にはこの折り込み地図にある各店が紹介されている。イラストには当時の心斎橋を逍遥する〝心ブラ〟の人々。そのファッションにも注目。

7. 同折り込み

うわーぼんが紛失しおった大変や！

雑踏もなんのその、モダン都市見物の漫画はがき

左の写真は昭和四年（一九二九）に拡幅される前の周防町筋付近の心斎橋筋。大丸や片山セル・モス店が写る。同じ所を後年、千葉かずのぶが「滑稽漫画　大阪見物」に描くが、通りには「あやめ燈」が並んでいる。このセット物の絵はがきは、観光艇「水都」にも乗ってモダン大阪を周遊する内容だ。「大阪モダン街」と題された一葉に描かれているのは、手前から中之島朝日ビルディング、朝日会館、新大阪ホテル、大阪ビルヂング。朝日会館では二科展が開催されている。

8. 千葉かずのぶ作画「滑稽漫画 大阪見物」絵はがき

↑これ、「大阪モダン街」。

9. 周防町拡幅前の心斎橋筋 『大阪市産業大観』1929年
手前を横切るのが周防町。むこうが大丸。

10. 心斎橋筋・周防町筋の角。

街燈・夜・光の心斎橋筋

〃御買物に 御散歩に 明るい街 涼しい街の心斎橋へ‼〃

11. ヨネツの前から南の周防町を見る。

心斎橋筋が誇る街燈。その完成を記念したマッチラベル(左頁図版)。お隣の道頓堀の繁華街は、名曲「道頓堀行進曲」(昭和三年)の川面に映ずる〃赤い燈、青い燈〃で有名だが、こちらは光り輝くウィンドーショッピング。写真の賑わう通りは、ヨネツやくるめ屋のある周防町付近である。

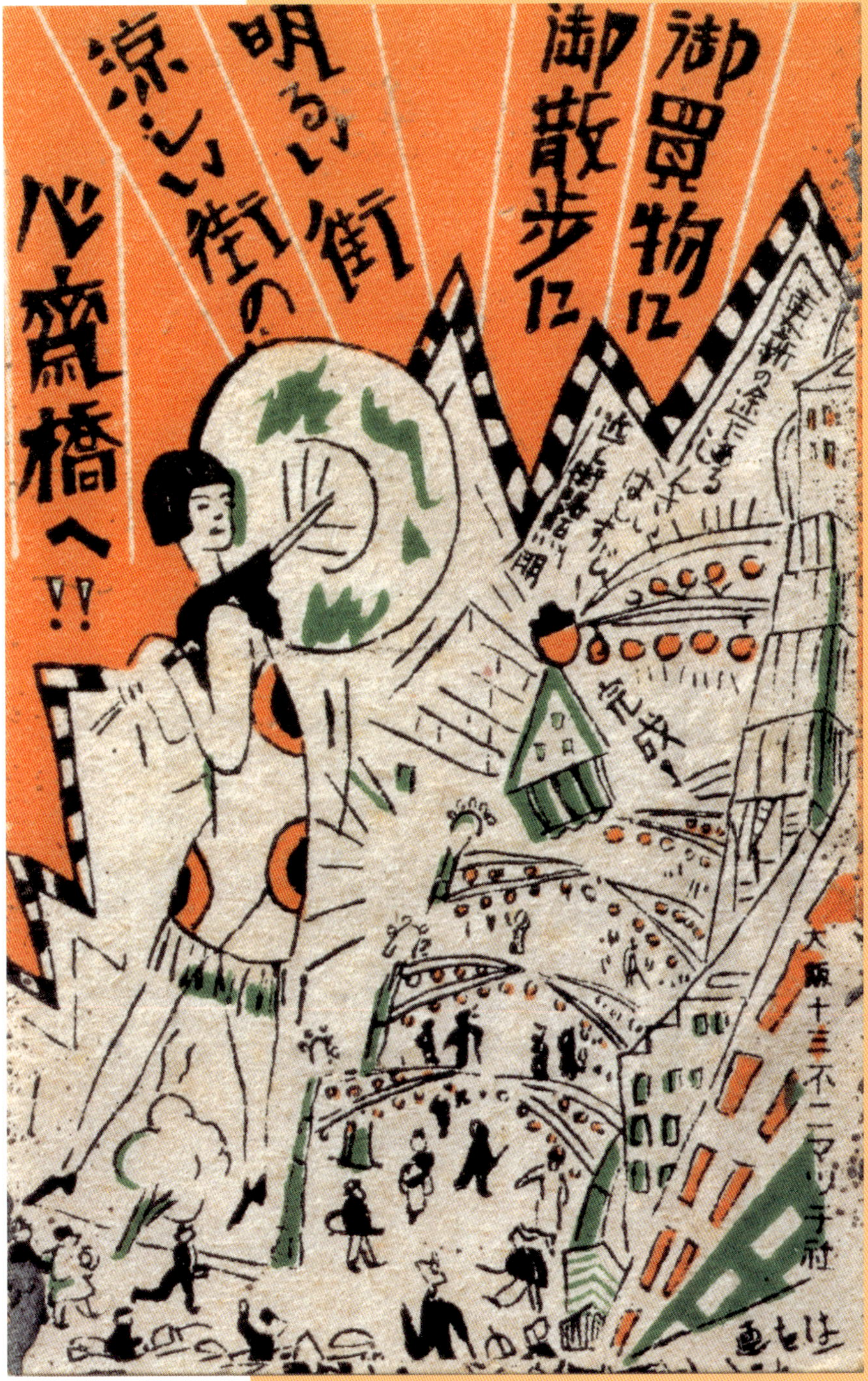
御買物に
御散歩に
明るい街
涼しい街の
心齋橋へ!!
大阪十三不二マッチ社

12・マッチラベル

アーチに輝く〃心〃のマーク

〃SINSAIBASI-SUZI〃の文字をくぐればまっただなか

13. 心斎橋筋北側入口

心斎橋の上から見た商店街入口のアーチ。左頁の写真の背後は石原時計店の時計台で、心斎橋の南詰。通りにヴォーリズ設計の大丸（大正末竣工部分）も見えている。アーチにローマ字で「SINSAIBASI-SUZI」。丸いマークは篆書《てんしょ》から図案化された心斎橋の頭文字「心」の一字である。「心」は心臓の形を模した象形文字だが、マーク中央にある縦の真っ直ぐな部分が、商店街の通りを象徴するかのようだ。街燈が自慢の心斎橋筋らしく、「心」の字も内部に照明が仕込まれて光を放つネオンであった。

14. 心斎橋筋北側入口

手前に心斎橋の石造りの欄干。背後は石原時計店、むこうに大丸。昭和10年頃か。心斎橋筋商店街のマークは昔も今も「心」をデザインしたものである。

16. 昭和10年代の御堂筋 絵はがき　左が大丸、そごう

ラストシーンの音楽が流れそう
モダンガール、心斎橋を行く

15. 『写真・心斎橋』より
画面中央を横切るのは道頓堀。
そこから上（北側）が心斎橋筋。

せまる夕闇に瓦斯《ガス》燈が点燈した欧州のどこかの都市——と云いたいが、御堂筋の夕景だ。通りを行く着物姿の女性たち。そごうと大丸の大きな建物が並んでおり、昭和十年代の風景だろう。外国映画のシーンを見ているかのようなロマンチックな雰囲気がある。そして海外向けの日本のPR誌に載るモガ（左頁）。大丸の御堂筋側入口の前である。洋服と和服の混在こそ、大阪のモダニズムである。

17・「SAKURA Formerly HOME LIFE」大阪毎日新聞社・東京日日新聞社 第4巻7号より

DEPARTMENT STORES OF NIPPON

Department stores play a significant role as a commodity market reflecting a phase of national life, especially that of spending. With this fact in view, it would not be out of place to introduce the department stores of wartime Nippon.

●

Mitsukoshi, Ltd., was opened to business in 1904 as the first department store established in Nippon. Four years later, in 1908, many other department stores were already in business. Today, there are upward of 130 department stores in all parts of Nippon, the number including the branch stores of some of the leading concerns. They have become a source of daily necessities supply, a commodity market which can no longer be separated from the spending phase of national life in Nippon.

That department stores have become so prosperous and popular as they are today may be attributed to a number of factors, among them being: (1) The development of large cities and the subsequent perfection of the means of transportation. (2) The elevation of the standard of living of the general public. (3) The advantages of business management on a large scale.

The variety of merchandise on display at department stores is doubled by the fact that they sell both Nippon and foreign style goods. There are Nippon kimono and obi on sale side by side with Occidental dresses and lingerie; there are foreign style domestic utensils and time-honored Nippon household equipment; umbrellas are sold beside paper karakasa; shoes and wooden geta are neighbors.

The variety is indeed impressive. But that is not all. Once in a department store, many would like to visit the dining hall, and there, Nipponese, foreign, and Chinese dishes of all kinds are available at any time of the day. This is another feature seldom seen in department stores of other countries.

●

In the department stores of Nippon nowadays, articles of luxury as well as those which stimulate the want to buy, more to satisfy vanity than to meet practical needs, have been swept aside. These articles have been replaced by substantial goods for daily use, showing a simple beauty which is more in keeping with the present trend of national life. As a result, a conception of beauty which had hitherto accentuated the pleasure of spending has been liquidated. Instead, an altogether new school of beauty is being created for the next generation, as evidenced in the daily necessities sold under the present wartime regime.

For a long time in the past, East Asia was regarded as a market where profit-seeking British and American manufacturers might dispose of their holdings. Now that Anglo-Saxon influence has been driven out of the sphere, the kind of merchandise manufactured for the sole purpose of making money can no longer be seen in the department stores of Nippon.

It is hardly necessary to mention, moreover, that this statement is made in reference to quality—not in regard to quantity. That is to say. Nippon's industrial capacity is entirely mobilized to fulfil the requirements of war. And yet, amidst the present total war for the establishment of Greater East Asia, one may look into the show cases of department stores to find that they are filled with all kinds of articles necessary for the people—in fact, more than enough of everything to satisfy the public demand. Incidentally, this fact reflects the even and all-round progress of Nippon's manufacturing industries as well as the sound basis of national economy.

●

Mention might also be made, in passing, of the architectural aspects of department stores in Nippon.

Generally speaking, the floor space of the sales section of a department store is larger than 10,000 tsubo (or 60,000 square feet). The buildings are from seven to eight stories above the ground, and two stories underground. They generally stand at the terminals of interurban rapid transit systems or at places conveniently connected with subways and other means of transportation.

In Front Of A Department Store—Their happy shopping excursion over, these young women are about to return home.

急げや急げバーゲンセール
心斎橋大商品市　大せいもん払

18.「心斎橋大商品市」の幕のある写真

延々と通りにつづく「心斎橋大商品市」の横断幕。頭のマークは「心」の一字と大阪市の市章〝澪標《みおつくし》〟を合成したもの。心斎橋北側の風景か。左は「大せいもん払《ばらい》」の日の宗右衛門町側、心斎橋筋の入口。現在のキリンプラザの前で、右手に喜久屋食堂が写っている。誓文払《せいもんばら》いは十月に行われる商家の蔵ざらえ。商人が平素の利得の罪ほろぼしに品物を安く売って神仏に謝罪したことから起こったとされるが、後には恒例のイベント的なバーゲンセールの感覚で行われたという。誓文払いの賑わいは心斎橋名物であった。

19.「大せいもん払」の看板が心斎橋筋の南端、宗右衛門町側の入口のアーチにかかっている。右が喜久屋食堂。

〝大大阪〟観光バス出発進行！

「大阪名所遊覧案内図」

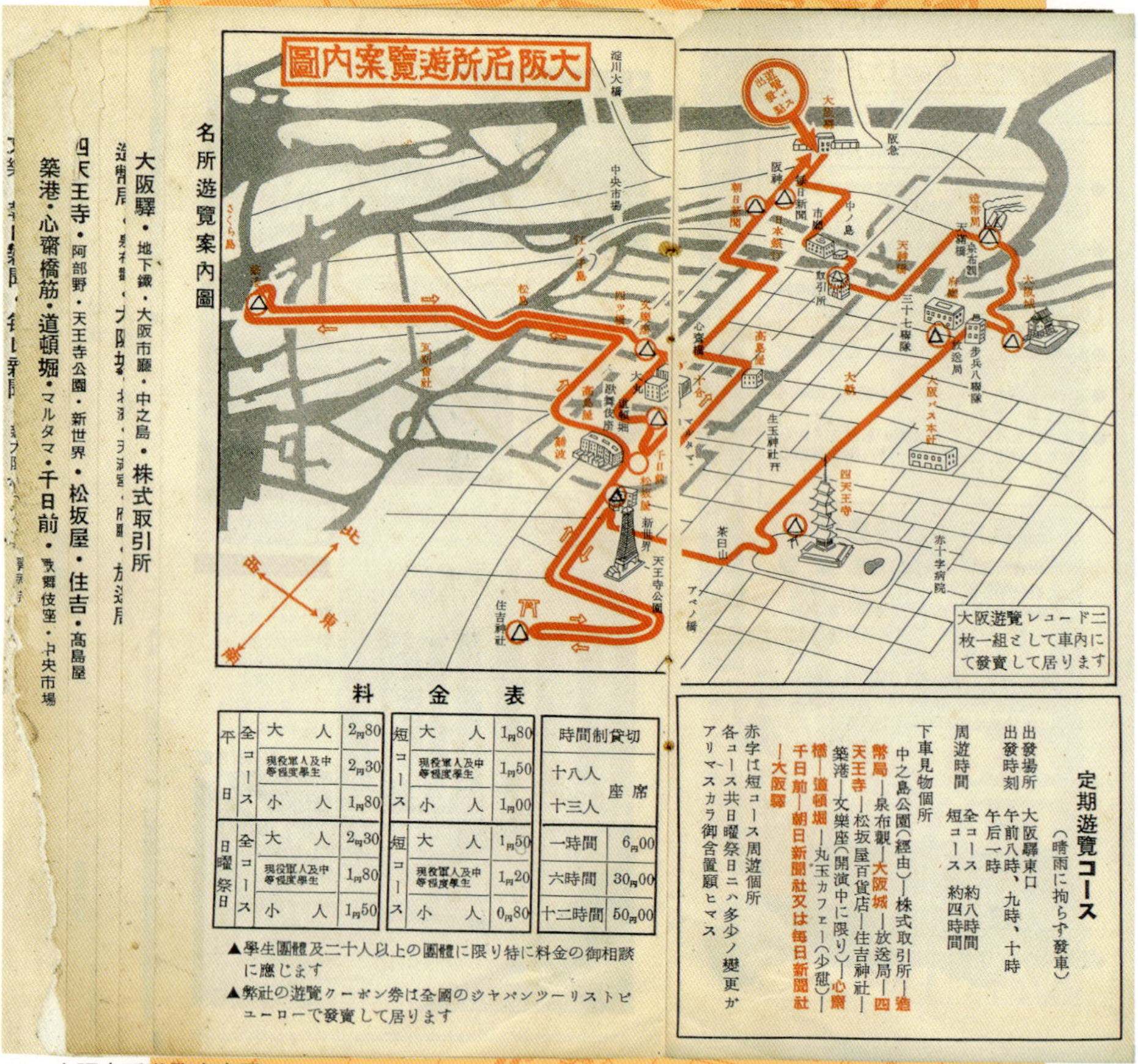

料金表

平日	全コース	大人	2円80
		現役軍人及中等程度學生	2円30
		小人	1円80
日曜祭日	全コース	大人	2円30
		現役軍人及中等程度學生	1円80
		小人	1円50

平日	短コース	大人	1円80
		現役軍人及中等程度學生	1円50
		小人	1円00
日曜祭日	短コース	大人	1円50
		現役軍人及中等程度學生	1円20
		小人	0円80

時間制貸切	
十八人 十三人	座席
一時間	6円00
六時間	30円00
十二時間	50円00

▲學生團體及二十人以上の團體に限り特に料金の御相談に應じます
▲弊社の遊覧クーポン券は全國のジヤパンツーリストビユーローで發賣して居ります

定期遊覧コース（晴雨に拘らず發車）
出發場所　大阪驛東口
出發時刻　午前八時、九時、十時　午后一時
周遊時間　全コース　約八時間　短コース　約四時間
下車見物個所
中之島公園（經由）―株式取引所―造幣局―泉布觀―大阪城―放送局―四天王寺―松坂屋百貨店―住吉神社―築港―文樂座（開演中に限り）―心齋橋―道頓堀―丸玉カフェー（少憩）―千日前―朝日新聞社又は毎日新聞社―大阪驛
赤字は短コース周遊個所
各コース共日曜祭日ニハ多少ノ變更ガアリマスカラ御含置願ヒマス

20．大阪名所遊覧案内図

モダン大阪こそ、国内有数の巨大観光地であった。地形図や市街図をひっぱり出してもわからない観光ルートの楽しみが、こうした遊覧地図に残されている。御堂筋が拡幅される前の時代の地図で、大阪駅と難波をつなぐ御堂筋ルートは、まだ開発されていないが、ルートとしてやはり心斎橋をはずすわけにはいかない。後に観光艇「水都」とバスが組んでの観光ツアーが市内の東西南北を駆けめぐる。

この地図と最近のカーナビのパノラマ地図を比べると面白い。近年、再評価される鳥瞰《ちょうかん》図の一種としても、モダン都市らしい高度に抽象化された図ではないか。バスが発車しまァーす！お早くご乗車くださァーい！

時計台のある風景

心斎橋は午前一〇時四〇分、見上げれば鐘が鳴る

21．北出時計店の時計塔『大阪市産業大観』1929年

22．時計塔　パンフレット「博覧会と大阪」大阪出品聯合会

「街頭に雲つくばかり高く聳《そび》ゆる建物を石原、渋谷、北出の三大時計商店とす、何れも楼上に大時計を置きて時間を報ず」とは明治三十一年（一八九八）の話（『大阪繁昌誌』）。その後も時計台は心斎橋の象徴であった。写真は昭和四年（一九二九）の北出時計店。心斎橋筋北久太郎《きたきゅうたろう》町にあった。田村孝之介は、時計台の文字がラテン数字であったことや、北出時計店の正面にあったブロンズの女神像二体、金色の玉が一分ごとに玉ころがし風に落ちていく渋谷時計店の舶来時計など、思い出を語る（『大阪　我がふるさとの…』昭和三十四年）。

回れ！　地下鉄メリーゴーラウンド

祝・地下鉄心斎橋駅完成

空に飛行機、地上（御堂筋）を自動車、地下は地下鉄が走る大丸発行のペーパークラフト。真ん中に心棒を通せば、梅田、淀屋橋、本町、心斎橋の各駅がぐるぐる回り出す。隣のそごうは新館建設の工事中である。梅田―心斎橋間の地下鉄開通は昭和八年（一九三三）。翌九年、心斎橋駅は地下通路で大丸とつながり、エスカレーターも設置された豪華な駅として完成した。みんなで回して完成を祝いましょう。

走れ！走れ！地底を走れ！

完成図。下の窓が開いている部分が地下鉄の線路。

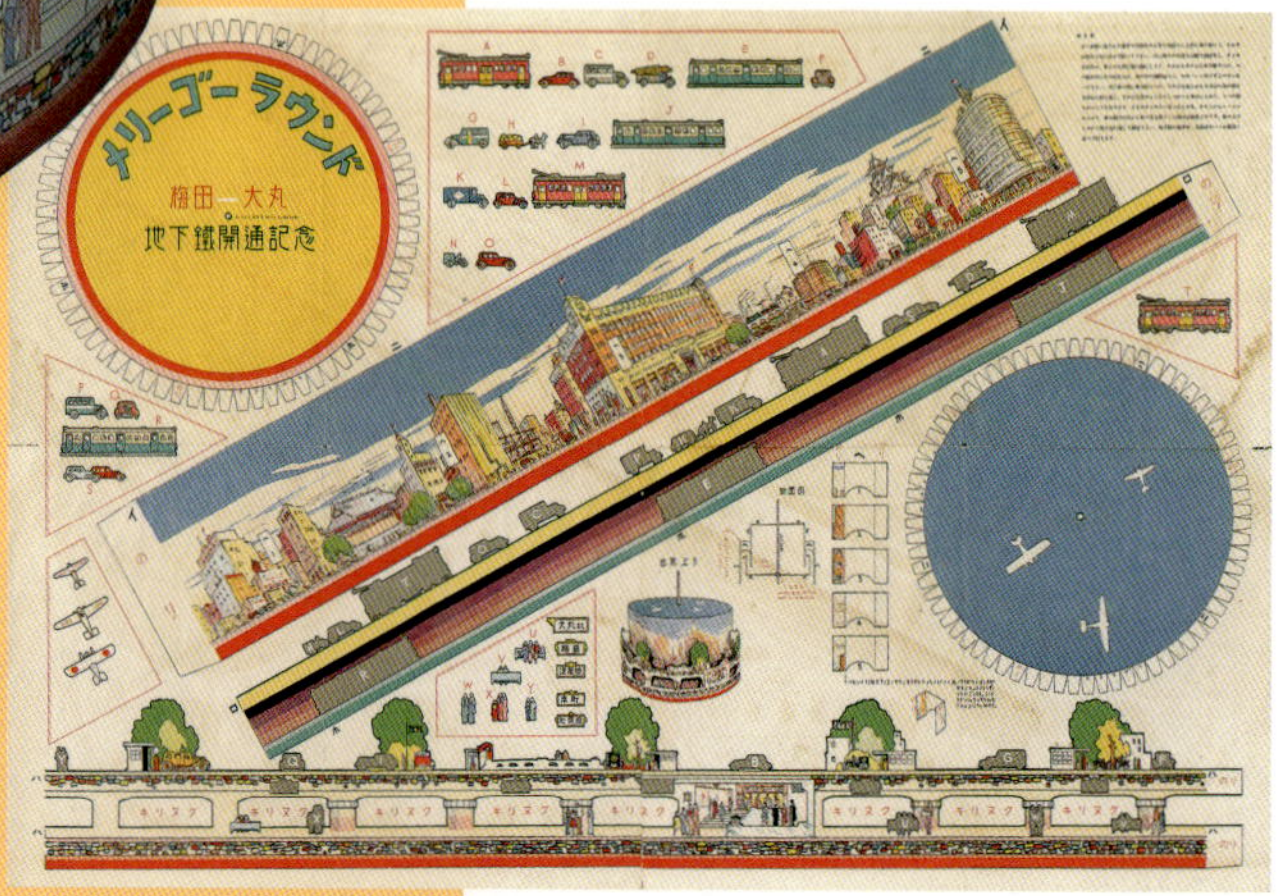

23. 梅田—大丸 地下鉄開通記念 メリーゴーラウンド
1934年（ペーパークラフト）
実は心斎橋駅と大丸が地下通路でつながったことを記念した景品。

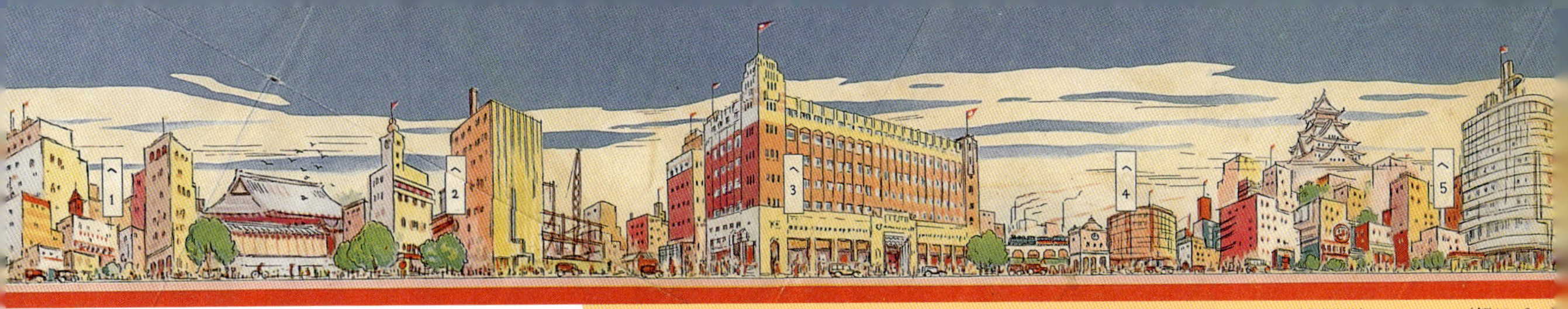

（御堂）　（建設中のそごう）　（大丸）　（大阪駅・阪急）　（大阪城）　（朝日ビル）

24．地下鉄心斎橋駅構内　1934年　中央奥にあるのが上りと下りのエスカレーター。車両は1台だが将来を見こしてホームは広い。

♪たたえよ地下鉄スピード時代
地下鉄開通と「大大阪地下鉄行進曲」

25. 心斎橋筋・ミヤコ 店頭　1933年頃　よく知られた店であった。

26. 高速地下鉄開通ポスター　1933年
梅田—心斎橋間を5分でむすぶのは今より早い。

大阪市長・関一《はじめ》が百年後を見てきたように拵《こしら》えた都市計画こそ、地上の御堂筋と、地下の地下鉄御堂筋線である。昭和五年（一九三〇）一月着工、昭和八年（一九三三）五月二十日に梅田—心斎橋間が開通した。開通を記念して「大大阪地下鉄行進曲」「大大阪地下鉄小唄」のレコードや楽譜が作られ、「水の都の地の底までも　進む文化の輝くところ」と讃えられた。写真（上）は心斎橋のレコード店ミヤコでの店頭宣伝。電気蓄音機で往来に向かってがんがん鳴らし、周知を徹底させているところ。

第四章

モダニズムの宮殿
―豪華百貨店世界《ワールド》

Palace of Modernism: Department Stores

アール・デコの意匠に包まれた巨大な《宝石箱》――名建築・大丸心斎橋店だ。ネオ・ゴシック様式の「水晶塔」が浮かびあがる壮麗な夜景は、ドラマチックな物語を予感させる。

1. 大丸 水晶塔

橋爪 節也

department《デパートメント》 store《ストア》, grand《グラン》 magasin《マガサン》, Kauf《カウフ》haus《ハウス》, 百貨大楼《バイフオダアロウ》など、各国様々な呼び名があるが、百種百般のジャンルの商品を蒐《あつ》めた大規模小売施設〝百貨店〟は、近代消費文明の華であり、豪華で誘惑に満ちた空間を内部に形成して、それ自体が確固として自立した小都市、あるいは消費の〝城〟の様相を呈した。

最もモダン心斎橋らしい特色ある空間を形成したのも、「大丸」「そごう」など百貨店である。鉄道ターミナルの私鉄百貨店とは異なり、心斎橋では、江戸時代以来の呉服屋の流れを汲む老舗《しにせ》が、近代的な巨大な消費の大伽藍を建設した。

大丸は享保二年（一七一七）、伏見に下村正啓が呉服店「大文字屋」として創業し、早くも享保十一年（一七二六）、心斎橋筋の現在地に進出、「松屋」の屋号で現金正札販売をはじめた。心斎橋進出以来、三百年に近い屈指の老舗である。大正十一年（一九二二）、ウイリアム・メレル・ヴォーリズ建築事務所の設計による新店舗第一期工事が完成。昭和になって、定款を「百貨陳列販売業（デパートメントストアの営業）」にあらためる。

欧州の百貨店に踏み込んだような錯覚に陥らせるネオ・ゴシック様式の豪華な店舗。いまも現役で営業するこの建物は、心斎橋筋に面した側から竣工し、御堂筋拡幅にあわせて昭和八年（一九三三）に全館が完成した。外観や内部の装飾はアール・デコ調で統一され、テラコッタの孔雀、柱まわりの星形パターンなどは豪奢、イソップ物語のステンドグラスや、装飾に様々な動物を動員するのはヴォーリズ好みである。大丸の洗練された宣伝広報のセンスも日本屈指で、PR誌「だいまる」、贈答品の栞《しおり》のデザインなど、華麗で瀟洒《しょうしゃ》なセンスにおいてモダン心斎橋の頂点である。

そごう（十合）が大坂の坐摩《ざま》神社前で創業したのは天保元年（一八三〇）。十合伊

兵衛は、出身地から屋号に大和屋を用い、明治十年(一八七七)に心斎橋筋に移って十合呉服店となる。大正八年(一九一九)に新社屋を建て近代的な百貨店へと脱皮し、隣接する大丸の新館建設をにらんで、気鋭の建築家・村野藤吾《とうご》の設計で昭和十年(一九三五)、〝ガラスと大理石の家〟を宣伝文句にうたう新館を開設した。

そごうの建築は、縦のストライプを強調したシンプルでモダンな和風調の造形美が洗練され、大丸と好対照をなす。外壁に巨匠ロダンの助手・藤川勇造の彫刻《飛躍》が置かれ、エレベーター扉は、島野三秋《さんしゅう》の漆螺鈿《うるしらでん》装飾、貴賓室扉が奥村霞城《かじょう》の蒔絵《まきえ》、天井は鶴丸梅吉のモザイクと、ウィーン工房出身の上野リチのガラスで飾られた。イタリア人女性支配人がフランス料理を出した六階の特別食堂には、藤田嗣治《つぐはる》の壁画《春》があった。女性写真家・山沢栄子のスタジオが店内にあったことも有名である。

そのほか心斎橋は、いまは難波に本拠をおく高島屋が最初に大阪進出した場所であった。明治三十一年(一八九八)、飯田呉服店高島屋は、京都から心斎橋筋二丁目に大阪店を開いた。初代大阪市長となる田村太兵衛が、選挙の際に手放した丸亀屋呉服店を購入したものであった。高島屋で特色あるのが、明治四十四年(一九一一)、作品販売の美術部を京都店ではなく、大阪店に創設したことだろう。後に堺筋に巨大な店舗を構える白木屋も心斎橋筋に店舗を開いていた。

大宅壮一は「モダン層とモダン相」(「中央公論」昭和四年)で、「モダン・ライフとは感覚的満足を目的とする一種の消費経済である」とし、「モダニズムは最も発達した享楽哲学である。消費経済である」とも語ったが、ヴォーリズの大丸、村野藤吾のそごうという日本近代建築の名作が、御堂筋に面してならぶ姿は壮観であり、消費文明を讃仰《さんごう》する〝神殿〟であるとともに、絢爛《けんらん》たる美術の〝大聖堂〟と呼びうるものであった。

モダニズムの百貨店《デパートメントストア》——絢爛たる《大丸》

老舗よみがえる建築美
新しい大丸、心斎橋筋側の完成

2. 大丸 心斎橋側入口の孔雀のテラコッタ　今も大丸の象徴である。

大丸の豪華な建物は、大正十一年（一九二二）の心斎橋筋南側から竣工し、昭和八年（一九三三）の御堂筋拡幅で全館が完成した。ここに蒐《あつ》めたのは大正十四年（一九二五）に第二期工事で心斎橋筋側が完全に竣工したときのパンフレットや写真である。上の写真は入口の孔雀のテラコッタで、アメリカのアトランティック社で作られた。火災からの復興の願いも込めてフェニックス（不死鳥）のデザインを頼んだが、到着したのを見たら孔雀《ピーコック》に変わっていたという。次頁「新館御案内」には建物東南の清水町の角にあった大阪の中心を示す「大阪市中心標」も描かれている。

5. 大丸呉服店 新館御案内
この手前にあるのが「大阪市中心標」。
パンフレットを開くと…（次頁）

3. 大丸 全景 『大大阪画報』1928年 大大阪画報社より
手前に立つ柱が「大阪市中心標」。

4. 大丸呉服店 増築竣成御案内 1925年

おお壮麗な垂直空間
大丸吹き抜け

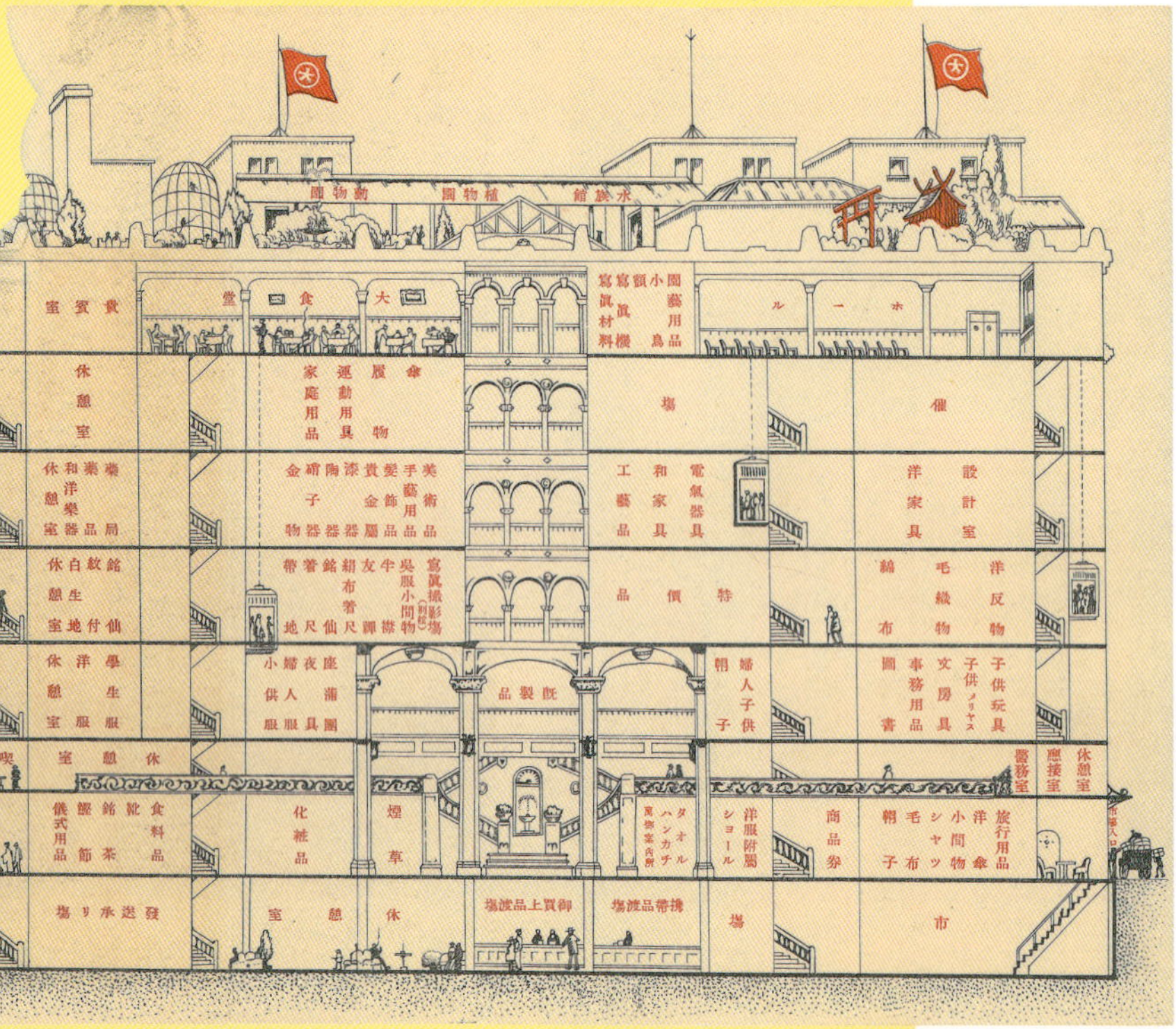

6. 大丸 店内案内図 「大丸呉服店 新館御案内」(前頁に表紙)
中央が吹き抜け。

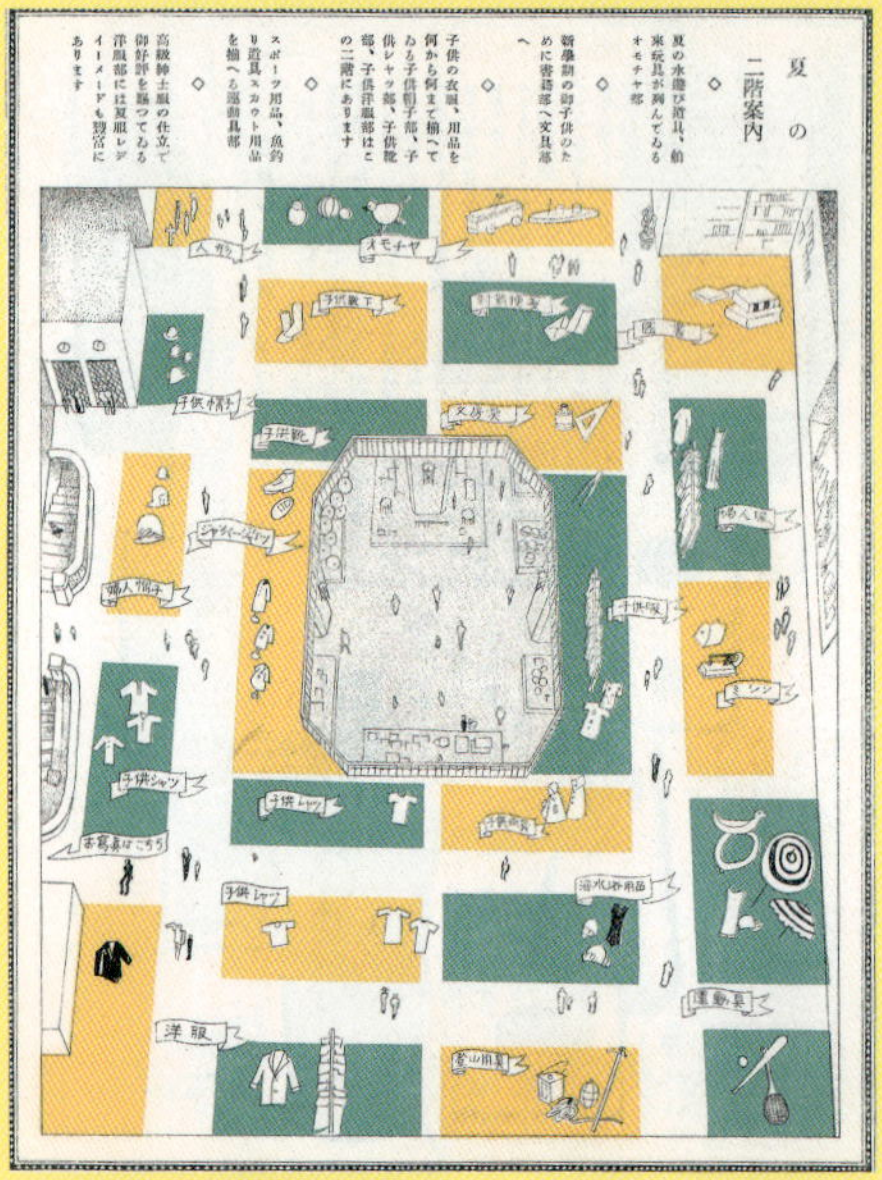

7. 夏の二階案内 PR誌「だいまる」1927年8月号
この真ん中が吹き抜けだ。

大正末に完成した段階の大丸で圧倒されるのは、ゴシックの大聖堂のように見上げるばかり六階までぶち抜いた壮麗な吹き抜けだろう。心斎橋筋の商店街は横へ横へ水平に連続していた。そこに出現した垂直の空間。心ブラ客にとって新しい視覚体験や空間認識が出現したはずだ。PR誌「だいまる」も吹き抜けを中心に店内を図案化し、買い物客を高い階へ誘惑する。後年、売り場の増床で封鎖される吹き抜けだが、『大大阪画報』(昭和三年 大大阪画報社)に残された完成当初の姿は、いま見ても胸がときめくほど劇的である。

8．大丸の吹き抜け『大大阪画報』1928年 大大阪画報社

金色のパンフレットで進物選び

年末年始贈答品の栞

9. 年末年始 贈答品の栞
左の栞の中身。どの階へ行きましょう?

10. 贈答品之栞 1926年12月

11. 年末年始 贈答品の栞

新館建設は、大丸のパンフレットのデザインなども大きく変貌させた。この「年末年始 贈答品の栞《しおり》」は大正末から昭和初期のものだが、豪華なコートで着飾った婦人の立ち姿を金地のバックに配した表紙は耽美的で、クリムトなどウィーン工房を思わせる。表紙が二つ折りの袋となり、各売場の案内が一枚ずつのカードとなって入る。年末年始の贈答品という贅沢な消費の歓びの華麗な演出である。

12. 年末年始 贈答品の栞
二つ折りで袋になり、右頁のカードが入っている。

美しき人生、美しき生活、美しき宣伝——

PR誌「だいまる」のエレガンス

ステッキにカンカン帽の紳士、フォックスの襟巻きに断髪の女性、水着姿、深紅の唇とトルコ石を思わせるイヤリングに指輪——。ファッショナブルな男女のイラストに、一体どれだけの人々が触発されたことだろう。色鮮やかながら、上品。ステイタスを感じる。

13・春の流行号 1928年4月

14・秋の流行号 1927年10月

15・1927年6月号

16・1927年7月号 星は瞬く……

昭和初めに発行された広報誌「だいまる」。同時期、高島屋、三越、白木屋などでも同様の冊子が発行されていた。「だいまる」はカラフルな表紙が美しい。紙も上質。当時の大丸宣伝部に在籍した優秀な宣伝マンについてのエピソードを聞いたことがあるが、これを見ればうなずける話である。

〝特選装身具の逸品〟〝夏のフタバ会特選の子供服〟〝婦人洋装と下着〟など大丸で扱う商品がイラストと宣伝文で紹介され、この時代の理想的な生活が込められた。紳士向け用品のページが極端に少ないのは、今も変わらない気がする。

17．1927年8月号　ユラユラ揺れる波、背後の水色はカモメの形。

遠くへ行きたい
大丸ツーリストビューロー

「だいまる」表紙の湖を背に山上に颯爽と立つ青年。「夏の流行」号と云いながらも長袖にスカーフなのだが涼しそうだ。高原の避暑地なんだろうなァ。アア、今年の夏は猛暑だ。どこか避暑に行きたいなァ……。広告には海外の旅へ誘う、豪華客船に機関車……旅のモダニズム。大丸の鉄道案内所、ジャパン・ツーリストビューローの広告だ。洋画家・佐伯祐三もパリに渡るに際し、心斎橋の大丸へチケットを求めに来た。心斎橋には、そごうにも旅行案内所があったし、京阪電車案内所もあった。仕事をサボって遠くに行くかァ……

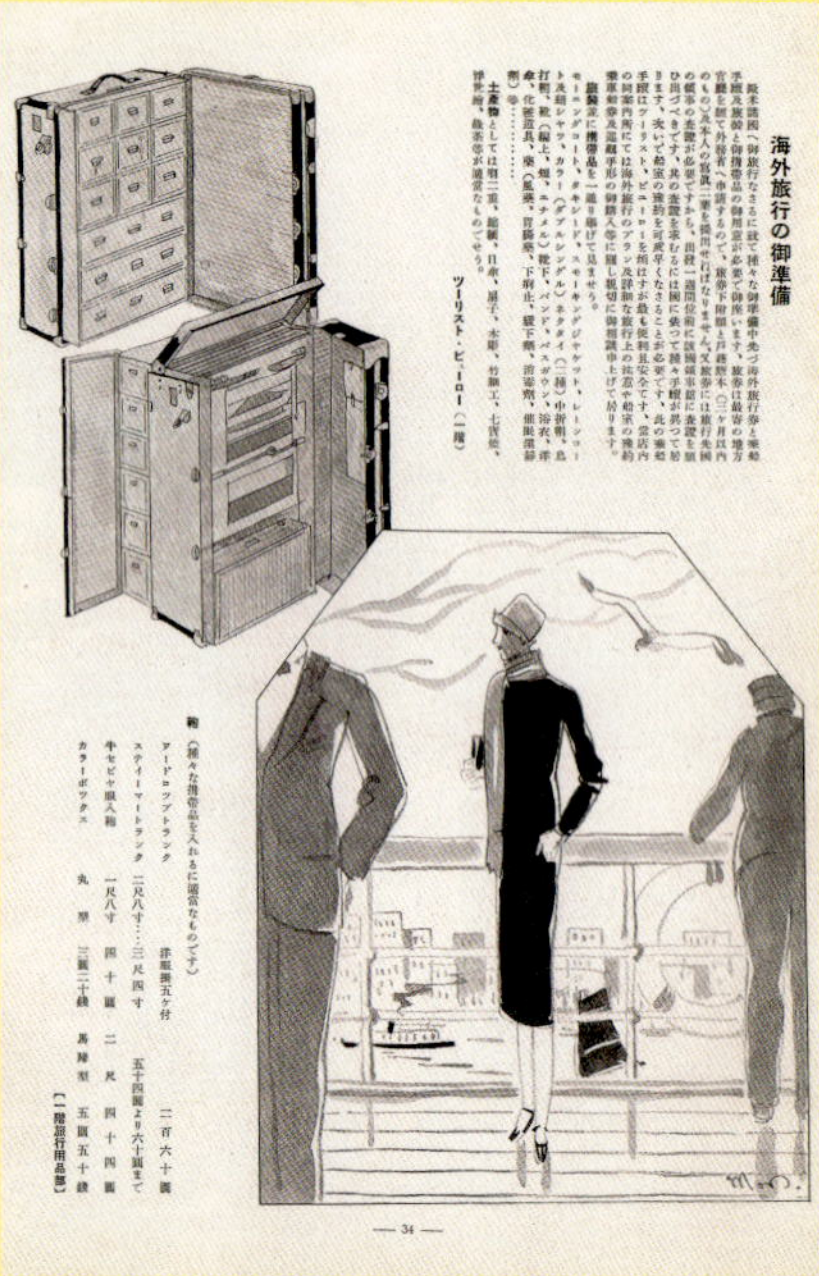

18. 海外旅行の御準備
「だいまる」春の流行号 1928年4月

19. ジャパン・ツーリストビューロー 広告
「だいまる」1927年8月号

20.「だいまる」夏の流行号　1928年6月

淑女のたしなみとなれば

大丸・婦人帽コレクション

21.「だいまる」秋の流行号　1930年

22.「一月の大丸」

23.「七月上旬の大丸」

帽子が日本に入ってきたのは、洋服と同時で明治時代である。昭和二年（一九二七）五月発行の「だいまる」に、「初夏の婦人子供帽子――新緑の初夏が近づきました。軽快な服装を召して戸外散策の好季節です。型はトークシェープが大部を占め、つば無しが主となり、ありましてもクラウンがまるく、後方は前方よりせまく、前が高くなっておりますから見たところトーク型と変わりません……」流行の型、色、素材について解説している。百貨店が流行の牽引役を担っていたことがわかる。少女向け帽子￥3、婦人帽子￥7とある。

（上） 生地は茶色ソフトフェルトと淡茶フェルトとを使用し、型はターバンスタイルにエジプシャンスタイルを加味したもの、ターバンスタイルはエジプシャンスタイルと共に本年最も新しい流行で横より後へ廻りたる鍔は顔の輪廓に柔かい感じを與へます。 ¥ 9.10

（下） 生地は黒のシルクベルベットにシルバー入シホンベルベットの鍔飾、型はターバンスタイルにて新しく生れるシルクマテリアルワーク ¥ 26.00

Photo. I. Nakayama.

婦人子供帽子 （二階）

色 は――黒、紺が主でサックス、グリーン等

型 は――クラウンが比較的低く、下り鍔型、鍔は横より後へ廻って前鍔は殆ど型を殘さぬ位なもの、及びベレー型が最も多く、小寸物としてはボンネット型が澤山見受けられる樣です。

生地は――フェルト、別珍等、フェルトは厚地で毛足長く軟かきもの、ベレー型は毛メリヤス製が主で別珍及びフェルト等、

飾 は――極く單調にして共地飾が多く新しい傾向として皮及び金具飾を使用したもの、裏へ布地を張つたもの等もあります。

男兒用――としては色は紺、黒、鼠、新色としてグリーンや刺繡入リボンを使用したものが新しい。

24．婦人子供帽子 記事 「だいまる」秋の流行号 1930年
写真は芦屋カメラクラブの中山岩太が撮影。

25. 金山新六デザイン「大丸ショーウィンドー装飾」 1927、28年頃

心ブラのモダンガール、モダンボーイが足をとめたショーウィンドーケース。心斎橋筋に面した大丸のショーウィンドー装飾の記録写真がある。大丸宣伝部の金山新六(1907～40)デザインになるもので、昭和2、3年(1927、28)頃を中心としたもの。「メートル法発布記念 度量衡器と計量器の特売」はじめ構成主義的なデザインは人目を奪い、うきうきさせる。

ショーウィンドーは万華鏡

大丸を飾るデザイナー

〝大大阪〟のランドマーク出現
大丸全館完成

昭和八年（一九三三）に全館完成した大丸。「近代建築の技巧と善美を尽くしたその構装は間接照明により鮮やかに大理石の肌に映じ豊潤な交響美を呈」するとパンフレットに謳《うた》う。完成した新店舗を案内するパンフレットの数々もイラストを多用し、装釘に切り抜きを用いるなど多彩で瀟洒《しょうしゃ》である。全館完成は、同じ年の御堂筋の拡幅完成と地下鉄開通にあわせたもので、パンフレットに描かれた御堂筋や地下鉄にもご注意。大阪駅前からタクシーに乗って、できたばかりの御堂筋を疾走すれば「あれが新しい大丸や！」と子どもたちが叫んだことだろう。都市計画の精華である新しい目抜き通りに面した、まさに〝大大阪《グレートオオサカ》〟にふさわしい百貨店、ランドマークの誕生である。

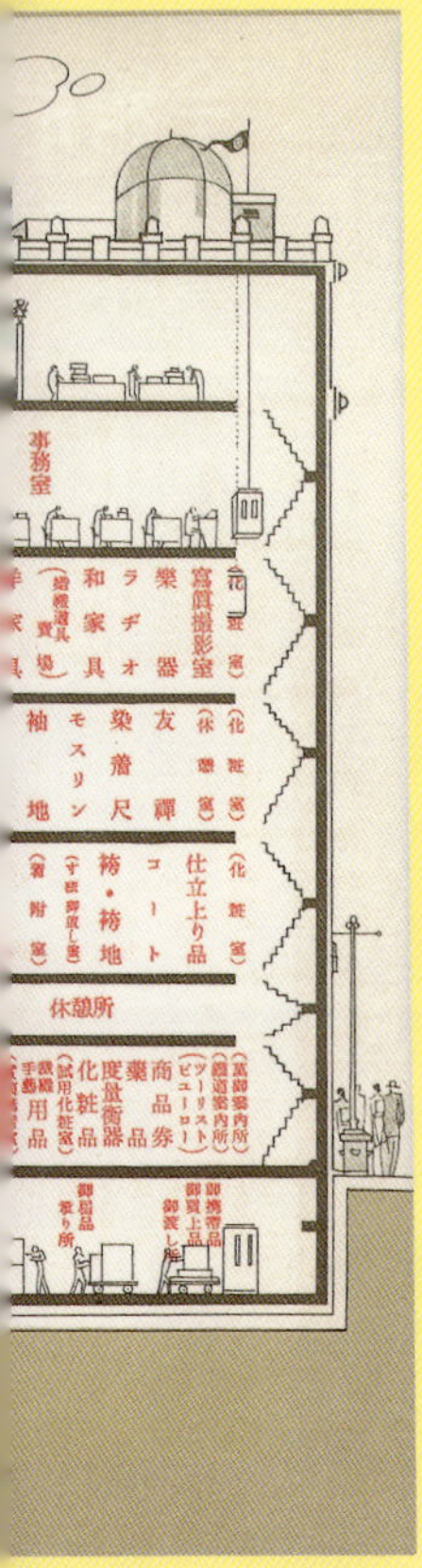

26. マッチラベル

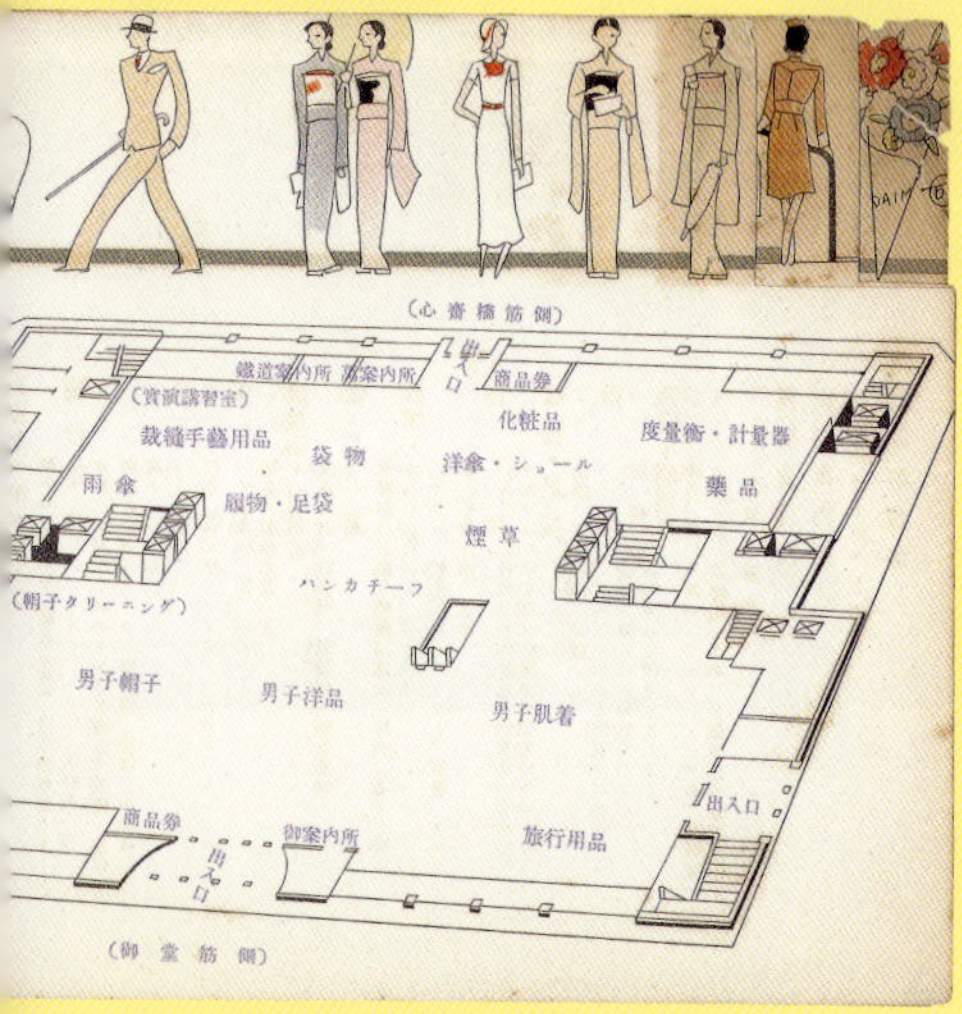

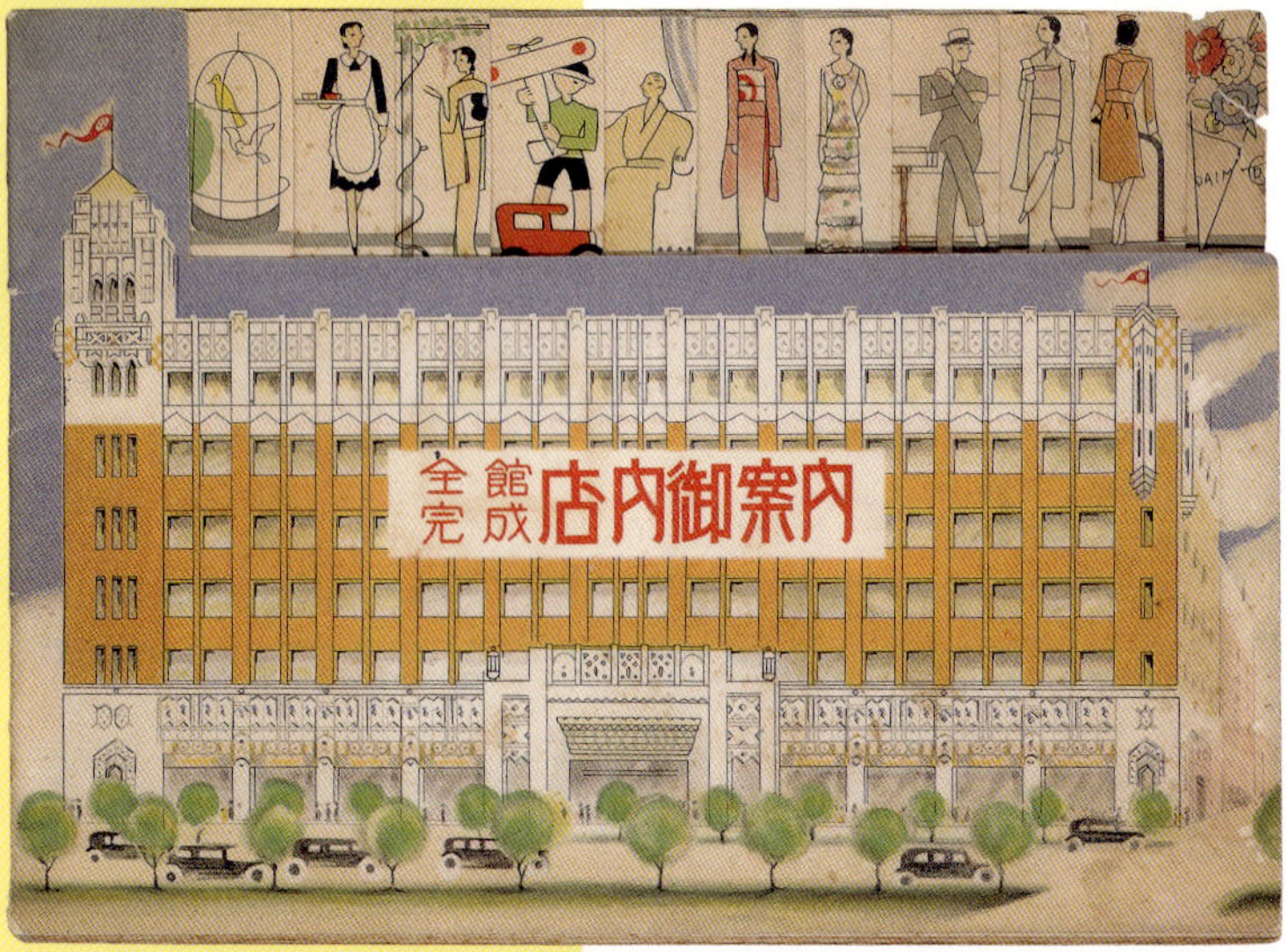

27. 大丸 全館完成店内御案内　御堂筋側を正面からとらえる。これを開けると…（左図）

30．大丸 全館完成御案内
これを開けると…（右図）

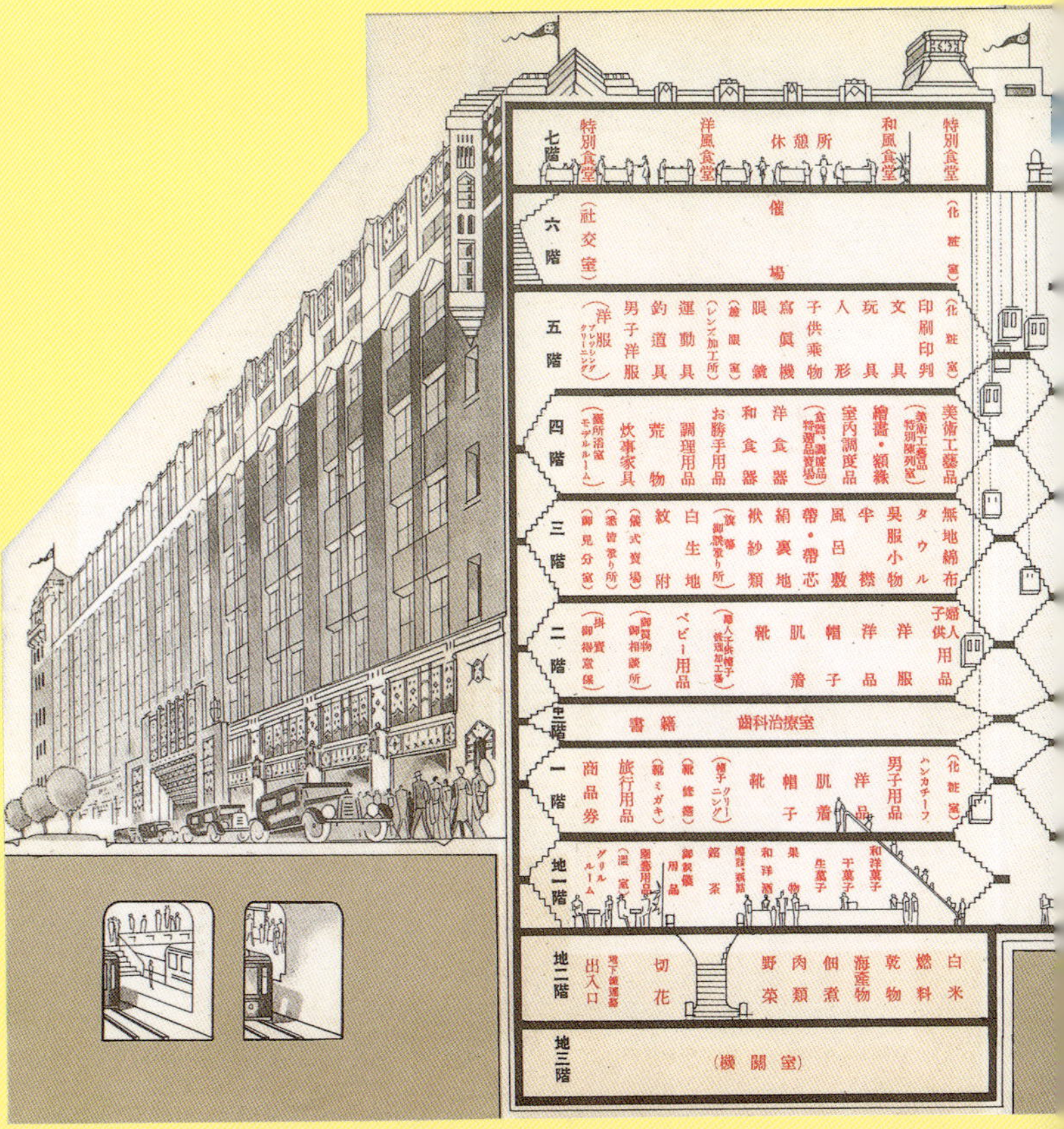

29．大丸 全館完成御案内　左の展開図　地下鉄が加えられている。でもまだ1車両で運行。

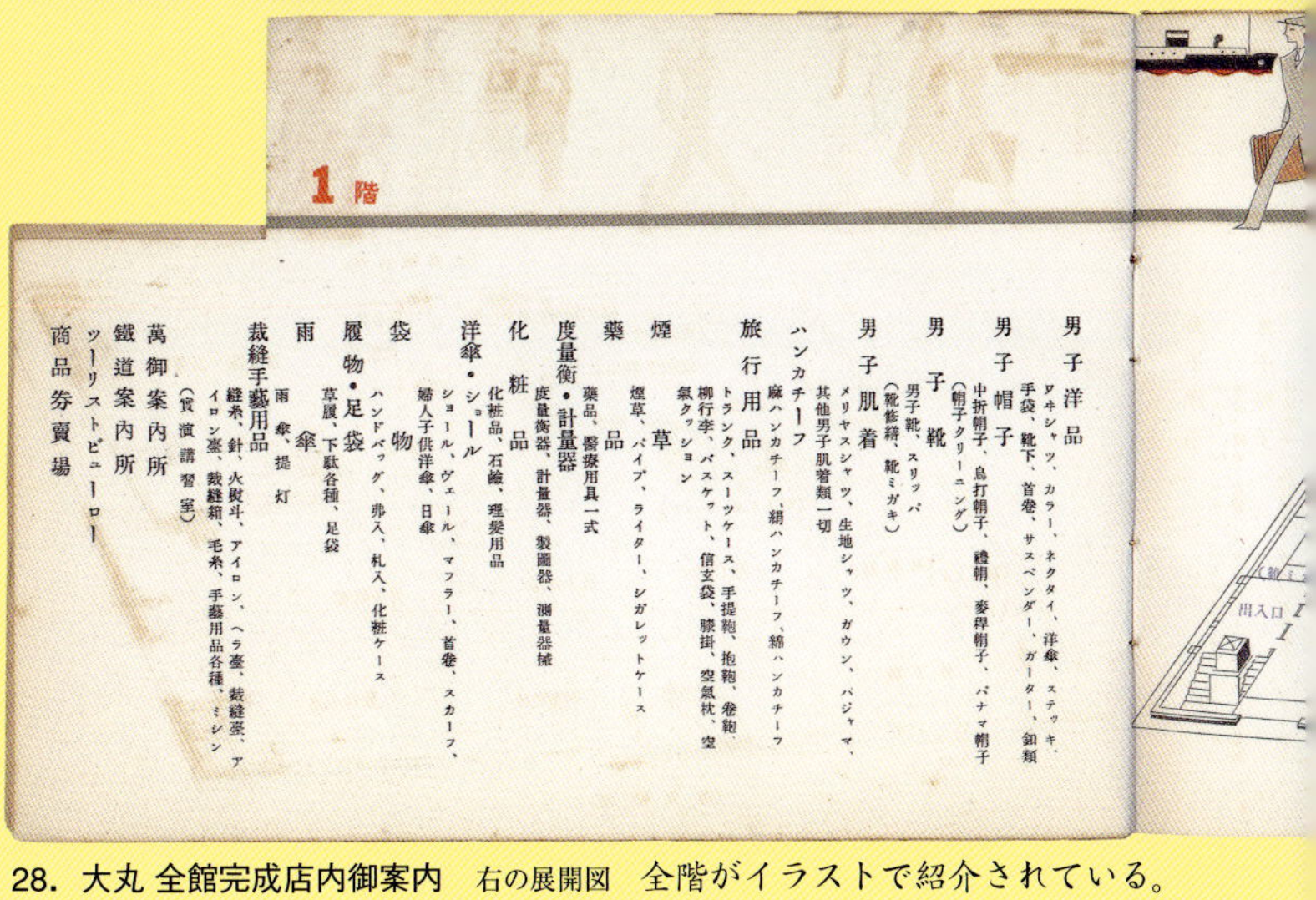
1階

男子洋品
ワイシャツ、カラー、ネクタイ、洋傘、ステッキ、手袋、靴下、首卷、サスペンダー、ガーター、釦類
男子帽子
中折帽子、鳥打帽子、禮帽、麥稈帽子、パナマ帽子
（帽子クリーニング）
男子靴
男子靴、スリッパ
（靴修繕、靴ミガキ）
男子肌着
メリヤスシャツ、生地シャツ、ガウン、パジャマ、其他男子肌着類一切
ハンカチーフ
麻ハンカチーフ、絹ハンカチーフ、綿ハンカチーフ
旅行用品
トランク、スーツケース、手提鞄、抱鞄、卷鞄、柳行李、バスケット、信玄袋、膝掛、空氣枕、空氣クッション
煙草
煙草、パイプ、ライター、シガレットケース
藥品
藥品、醫療用具一式
度量衡・計量器
度量衡器、計量器、製圖器、測量器械
化粧品
化粧品、石鹼、理髮用品
洋傘・ショール
ショール、ヴェール、マフラー、首卷、スカーフ、婦人子供洋傘、日傘
袋物
ハンドバッグ、弗入、札入、化粧ケース
履物・足袋
草履、下駄各種、足袋
雨傘
雨傘、提灯
裁縫手藝用品
縫糸、針、火熨斗、アイロン、ヘラ臺、裁縫臺、アイロン臺、裁縫箱、毛糸、手藝用品各種、ミシン
（實演講習室）
萬御案内所
鐵道案内所
ツーリストビューロー
商品券賣場

28．大丸 全館完成店内御案内　右の展開図　全階がイラストで紹介されている。

31.　大丸 御堂筋側正面入口

建築装飾もネオ・ゴシック

花か星か、繰り返すパターンに陶酔す

全館完成した大丸の御堂筋側入口。大正末にできた心斎橋筋側の入口も孔雀のテラコッタで華麗だが、新しい入口はさらに壮麗な外観を作った（上写真）。アール・デコ調の幾何学パターンの反復が、ゴシック建築のイメージとともに中世ヨーロッパの城やイスラムの宮殿さえ連想させる。

32. 大丸 天井の装飾　右扉上にはウサギとカメの物語。

入口を入れば風除室。買い物客が待ち合わせをし、休憩するスペースだが、緑色の天井に、花の形をした幾何学パターンは、中心の赤い色彩が効いて可憐だ。めくるめく幾何学装飾の連続体。いやそれだけではない。この豪奢な建物には別の要素も潜んでいる。それは……

33. 大丸館外御堂筋側入口上の鳥のレリーフ

孔雀、狐、鶴、ウサギ……

建物に棲む動物たち

大丸の店内を巡ってみよう。美しい幾何図形にまじり、様々な動物が建築装飾に〃棲息〃していることに気がつくはずだ。大丸のシンボルとなった孔雀のテラコッタをはじめ、イソップ物語の狐と鶴のステンドグラス、入口のウサギとカメ(前頁)、外壁には鷹やオウムがとまっている。動物たちの饗宴。それは単なる装飾図案ではない。それぞれ寓話を伴い、子どもたちに語り聞かす建築。すなわち〃物語〃による建築装飾でもあるのだ。

34. 大丸館内1階エレベーター付近天井の鳥のレリーフ

35．大丸館内　昭和10年頃か。にぎわう店内。

昔も今も同じ光景

一階エレベーター前でのお買い物

大丸一階の華麗なエレベーターまわり。大理石に照明器具を嵌め込み、エレベーター扉の金色に対して、大理石のクリーム色や黒、照明の赤が効いて豪奢な感じを演出する。昔も今も、エレベーター前は買い物客であふれているが、古い写真に写る、当時の服装で買い物をする客の姿をイメージすれば、タイムスリップした気分になる。写真には、建築の装飾パターンとあわせてデザインされた天井照明器具も写され、装身具を思わせる形態が独特で美しい。

36. 大丸 エレベーター前　今もデザイン、色調は70年前と変わらず。

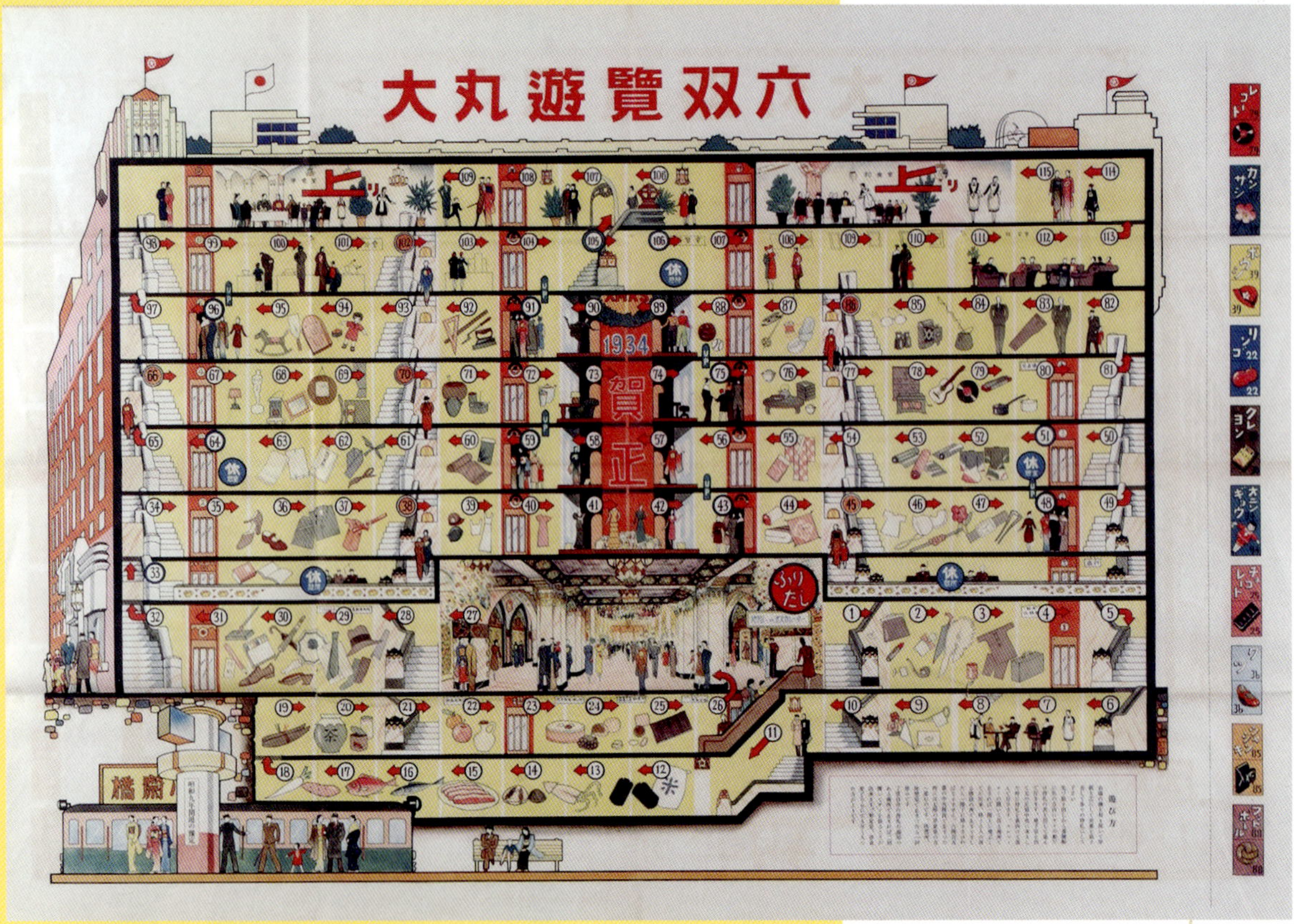

37. 大丸遊覧双六　1934年　中央、縦に「賀正」と書きこまれた部分が吹き抜けである。

サイコロ振って大丸めぐり
「大丸遊覧双六」で特別食堂へ

大丸が配り物として得意とした双六シリーズのうち、モダニズム系の白眉《はくび》の一品が「大丸遊覧双六」だ。昭和九年（一九三四）正月の配りもの。骰子《さいころ》をふって完成した店舗をめぐり歩く。「上がり」は八階の洋食堂と和食堂の二コース。地下鉄ホームに記された「昭和九年開通の予定」の記載は、昭和八年（一九三三）梅田―心斎橋間が開通し、翌年に駅が地下道で大丸とつながる予告である。この時期の大丸には地下鉄をからめた広告が多く、地下鉄開通がいかに画期的であったかを実証する。左の写真が「上がり」の特別食堂。子ども用のメニューもある。

　ランチに遅れぬよう、さあまず君から骰子をふりたまえ。

38. 大丸 大食堂　子ども用の椅子にちょこんと座るお子たちには特別メニューが……

39. 大丸カレンダー 1935年
つまみの操作で万年カレンダー。

時を刻むビューティフル・マシーン
大丸カレンダーとエレベーター

モダニズムの〝機械美《マシーン》〟。緑と赤の矢印が昇降をあらわすエレベーターの階数表示と、針が露出した時計（左頁）。どちらもアール・デコ調で美しく、大理石の壁面に、それらが水平に並んだ写真を眺めていると、かみ合い回転する歯車《ギア》にも見えてくる。

この大丸のデザインセンスから生まれた卓上の〝beautiful《ビューティフル・》 machine《マシーン》〟が上のカレンダーだ。つまみを回せば文字が変わる。「平天儀」（21頁）もそうだが、〝時間〟に関するオブジェには、天体の運行を象徴し、永遠を暗示するような円形の物が多い。繰り返し回転し、永遠につづく〝幸せな時間〟。その幸福感が一九三〇年代のモガをあしらったカレンダーのデザインにも満ちている。

40．大丸2階 エレベーター表示板

もう一つのモダニズム百貨店《デパートメントストア》——《そごう》登場

シンデレラもお買い物？
〝ガラスと大理石の家〟はエスカレーターもシースルー

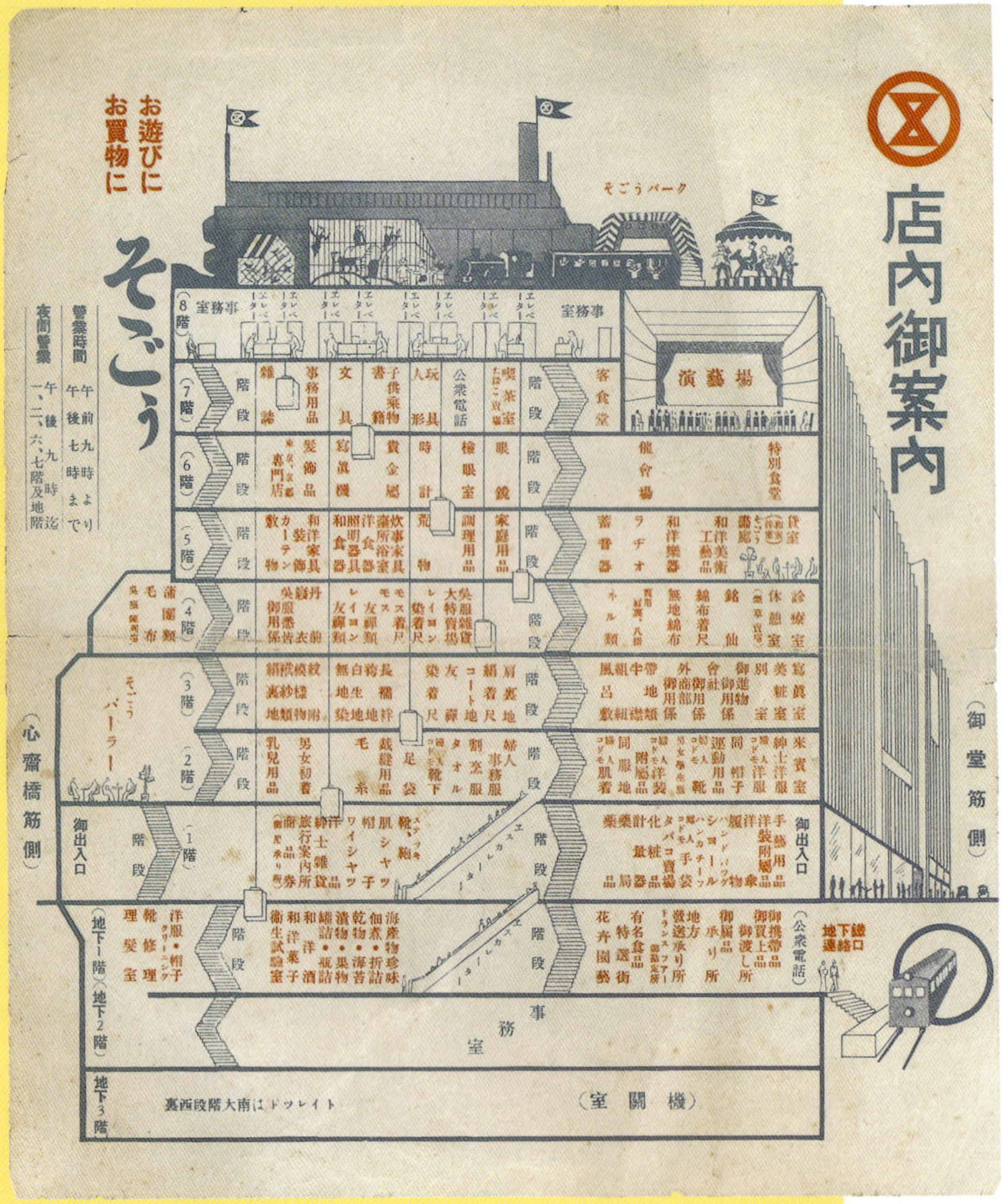

41. そごう 店内御案内　1935年頃

新店舗を断面で表した店内案内図。「お遊びに　お買物に」というキャッチコピーが新しいそごうの合い言葉だ。簡単な印刷物だが、デザインも美しい。御堂筋側外壁のストライプを意識しつつ、階段をジグザグ状に描いたり、8台並んだエレベーターをエスカレーターと平行させ、対角線上に配置するなど、幾何学的な均整のとれた形態にまとめている。ちなみにこのエスカレーターはシースルーだった。「そごう」の文字の、「う」が小さいのは「ソゴー」と語尾をのばして発音するためだが、きれいな半角の処理がされているのはデザイナーの計算だろう。

42. そごう 全景 1935年頃

そごう御堂筋側、南西にあった車寄せ付近から撮影した新館。店名と「飛躍」(106頁)を見上げ、建物を45度傾けてフレームに入れたシャープな構図。新即物主義《ノイエ・ザッハリッヒカイト》やバウハウスの影響も示す写真。

これぞそごう調の色彩

絵はがき、カード、etc……

43. そごう 御絵葉書 1935年 新館オープン時のもの。

同袋

「誰だって分かるよ。この配色は、そごう百貨店の色だ」。そごう新館完成時の絵はがきに蝶のカード、催事の入場券。並べて見ていて、みんながそう言った。赤と緑とクリーム色の平明で明快な色彩。村野藤吾《とうご》設計の新館にも通じる、和風味あるモダンなそごうのデザイン感性そのものだ。そしてもうひとつ。上野リチのガラス天井はじめ、そごうがこだわる蝶のデザイン。蝶ネクタイにも似た形の、そごうの商標の糸巻きのマークを横にしたイメージかもしれない。糸巻きの繭《まゆ》から孵化《ふか》した蝶の百貨店――。

47. 戦前のそごうのカード　裏面に各店の案内がある。

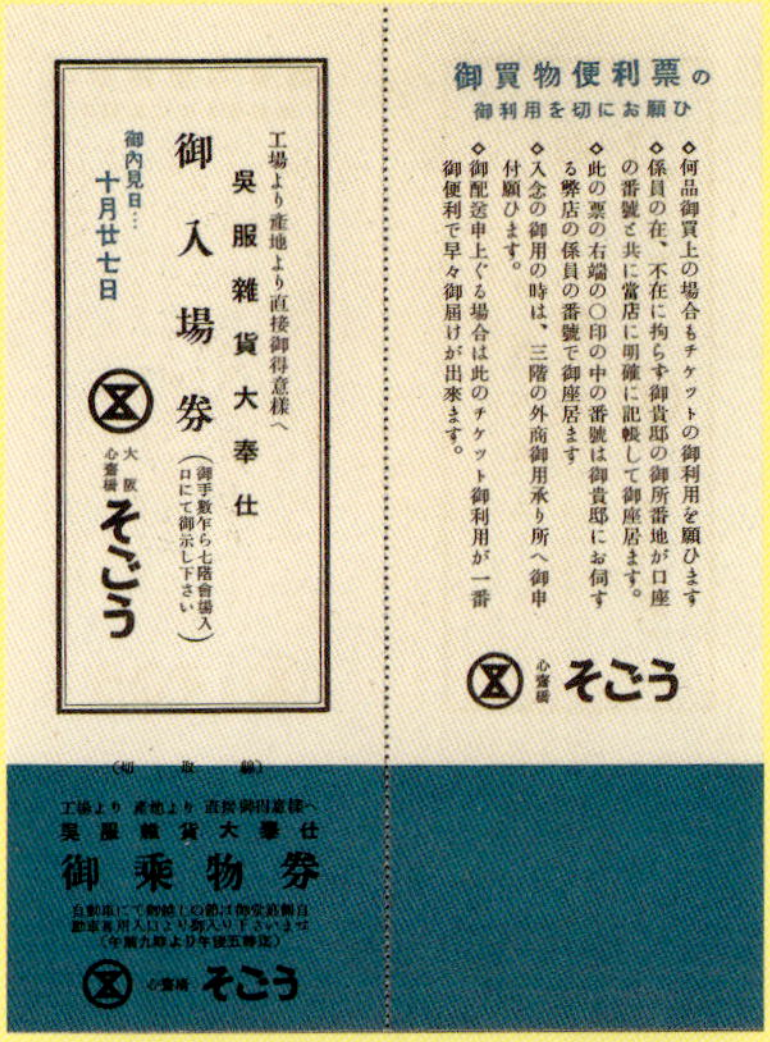

44. 呉服雑貨大奉仕 御入場券（御乗物券付）

45. そごうのラベル

46. そごう 呉服売場

飛んで飛んで青年天使はお忙しい——

彫刻はロダンの助手がアクセント

48. 藤川勇造作の外壁モニュメント「飛躍」

〃ガラスと大理石の家〃——当時のオープン広告に用いられたこのコピーは、そごう新館建築の特質を言いあらわす。御堂筋側の外観で強調される縦のストライプを幾何的なリズムの反復に終わらせないため、胸元のブローチのようにアクセントとして置かれたのが「飛躍」のブロンズ像であった。作者は東京美術学校卒業後、渡仏してロダンの弟子兼助手となった藤川勇造。モダンな外観との調和から、翼の生えた人物像のモデリングや輪郭にも直線が意識される。オープン時の新聞広告では、飛躍の像が飛翔し、駆け回り、躍動する。

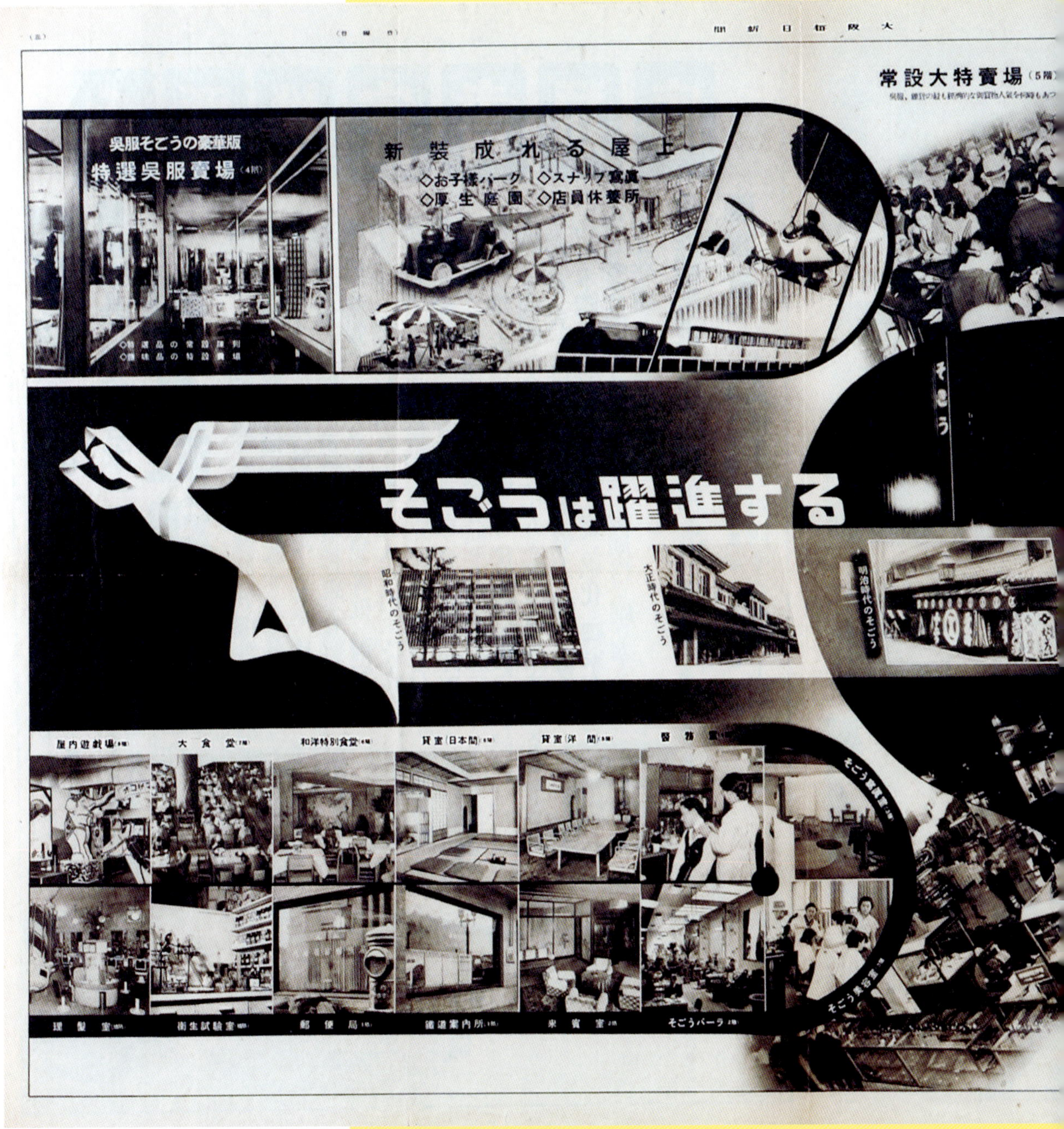

49. そごう大阪店 新築開店新聞広告 1935年 ダイナミックな広告デザインは、後で登場するそごうのデザイナー・二渡亞土によるものかもしれない。

ウィーン仕込みのガラス装飾

そごう天井デザインガラス

そごう一階階段踊り場天井のデザインガラス。何枚も天井にはめ込まれ、蛍光燈が入れられた。デザインは和風でモダン。そごうの糸巻きの商標を思わす抽象化された蝶が飛ぶ。作者・上野リチ（一八九三〜一九六七）は本名Felice Ueno Rix。ウィーン生まれ。ウィーン国立工芸美術大学を卒業してウィーン工房に入る。一九二五年のパリ万国博覧会で受賞。留学中の建築家、上野伊三郎と結婚して来日し、昭和六年（一九三一）京都市役所貴賓室壁面装飾を制作。戦後は京都市立美術大学教授としても活躍した。

51. 風除室のガラス装飾（復刻）

この三点は御堂筋側入口の風除室の上にあったガラス装飾を復刻したもの。年代は確認できないがモダンなデザイン。平成になって、ショッピングバッグのデザインにも転用された。

50. 上野リチ そごう天井のデザインガラス
1935年

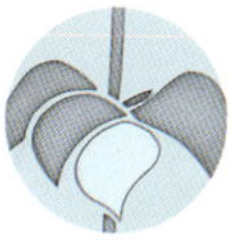

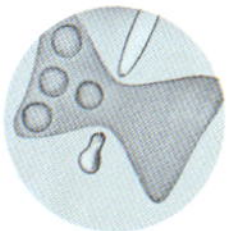

昇降機《エレベーター》まで美術工芸品

そごう一階エレベーター

52. 島野三秋「そごうエレベーター漆螺鈿装飾扉」 1935年　そごう1階

53. 同 断片　鹿の右下に三秋の印がある。

誰のアイディアだろう。漆螺鈿《うるしらでん》によるエレベーターの華麗な扉。作者の島野三秋《さんしゅう》（一八七七〜一九六五）は金沢に生まれ、初代鶴田和三郎に漆工芸を学ぶ。明治二十七年（一八九四）の第四回内国勧業博覧会に出品、明治三十七年（一九〇四）セントルイスでの「ルイジアナ購買記念万国博覧会」で銅賞を得た。同年、山中商会に入り来阪。大阪の工芸界で活躍する。なお左頁でエレベーター扉が屏風仕立てになっているのは、そごうの保養所で保管するために改装したもの。

54．島野三秋「そごうエレベーター漆螺鈿装飾扉」 1935年　各２面でエレベーター１台分の扉（右上写真参照）。

パリから藤田嗣治登場——

そごう特別食堂の壁画《春》

55. そごう特別食堂（背景に藤田嗣治の壁画「春」）

イタリア人女性支配人がフランス料理を出す六階の特別食堂。壁には壁画《春》。欧米に劣らない都市美のため室内装飾の重要性を説き、画家も街頭進出すべきと主張した藤田嗣治《つぐはる》（一八八六〜一九六八）の作品である。ブラジル珈琲店、銀座コロンバンにも天井画を描く藤田だが、そごう取締役木水栄太郎や十合《そごう》一族の秋元信一と親しかった。特に秋元はパリ遊学中、藤田のアトリエで、後に宝塚のレヴューを演出する岸田辰弥や画家の東郷青児とも知りあう。モダンな〝ぼんぼん〟の交遊から生まれた壁画。残念にも昭和十四年（一九三九）の電気ダクトの火災で損傷し取り外された。

そごうアーチスト群像
山沢栄子スタジオ
日本服飾美展

57. 左から堂本印象、夏川静江、東郷青児の作品

56. (左)伊藤深水作 (右)土田麦僊作

59. 村野藤吾
撮影：山沢栄子

58. 山沢栄子スタジオ そごう「ご婚礼の栞」より

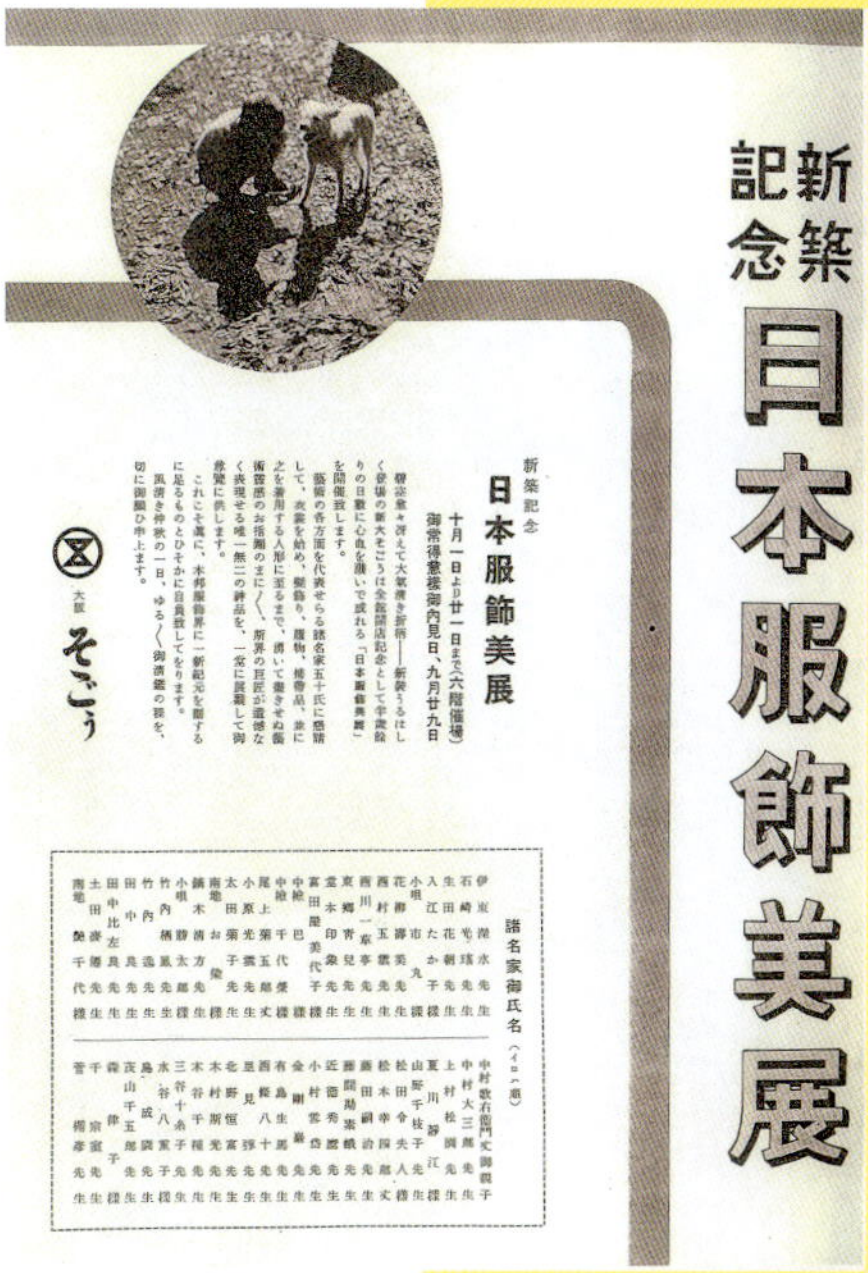

60. 新築記念 日本服飾美展パンフレット 扉
1935年

そごうには女性写真家の先駆者・山沢栄子のスタジオがあった。彼女はそごう新館を設計した建築家の村野藤吾も撮影している。そごうは新館オープンを記念して芸術家五十名に依頼し、衣裳から髪飾り、履き物、携帯品までコーディネートしてマネキンに着せた展覧会を開く。藤田嗣治、東郷青児、竹内栖鳳《せいほう》、上村松園、伊藤深水、北野恒富《つねとみ》、島成園《せいえん》ら画家をはじめ、小説家の里見弴《とん》、指揮者の近衛秀麿ほか、中村歌右衛門丈、松本幸四郎丈、水谷八重子、入江たか子、千宗室、小原光雲、小唄勝太郎ら多彩な人たちが作品を出品した。

新・大・そごう まんが展望

小川武の漫画による店内案内。新そごうのセールスポイントが分かる。屋上「そごうパーク」は汽車の乗り物、動物の檻で子どもを引きつけ、大演芸場のレヴュー、「帝展以上」という大画廊。「そごうパーラー」も休憩にもってこいだ。それに「そごうのおかげで東京に行かずに済むワ!」という「百貨店最初の試み」の東西専門店の存在。食料品特選街も千疋《せんびき》屋、栄太楼《えいたろう》、豆政、聖護院の八ツ橋など東京、京都の有名店をそろえる。「遊びに行ったら買ひたくなりましてネ」と語る人々―、これぞキャッチコピー「お遊びに、お買物に」の実現だ。戦略はもう一つある。「デパート型でなしに芸術味豊かな撮影」を自負する山沢栄子の写真室や小出女史の美粧室、特別食堂のグッシェル嬢など、新しいそごうは、働く女性たちの活躍や存在を前面に押し出すのである。

61. そごう大阪店 新築開店新聞広告 1935年

大正時代もすでにSOGO
大正期そごうコレクション

62. 大正時代の十合呉服店 外観
大きなショーウィンドーが特徴だった。

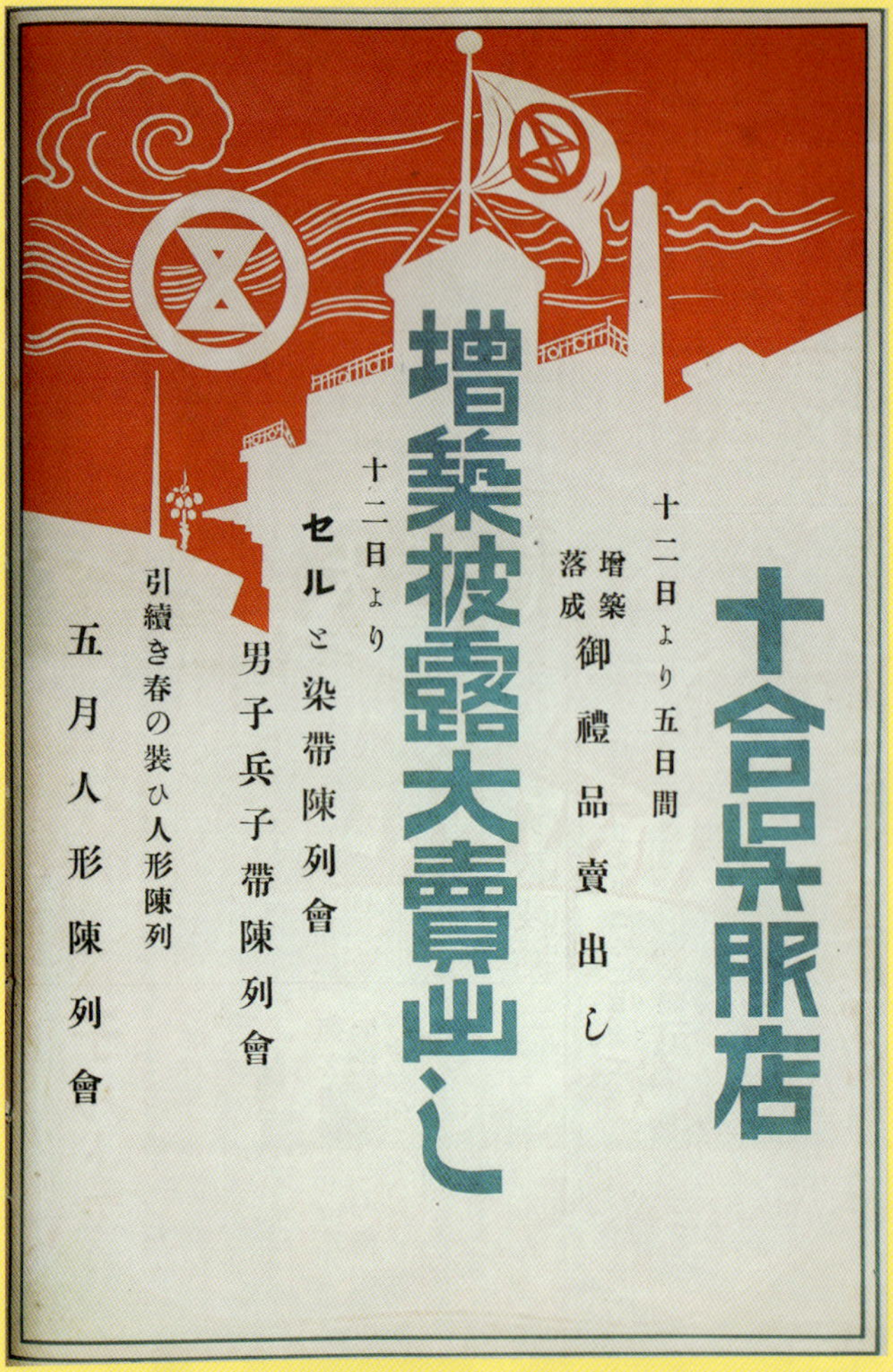

63. 十合呉服店 広告 「道頓堀」第2号 1919年4月
増築はしたが、もう15年もすれば巨大な新店舗を増築することになる。

ちょっと時代をさかのぼり、次なるは大正期のそごうコレクション。大正十一年（一九二二）の「新日報」に「ショーウインドの意匠にも未来派が影響して来て心斎橋の十合なぞでも特に未来派の某青年画家を意匠係に聘《へい》して美しい硝子窓の中に黒布の上に強烈な色彩で瞬間的に人を惹くやうな図案を応用」しているという記事がある。上の写真は大きなショーウィンドーがあった時代のそごうである。

65. PR誌「そごう」 1916年3月号
現代の「SOGO」のローマ字表記が、この時代すでにある。

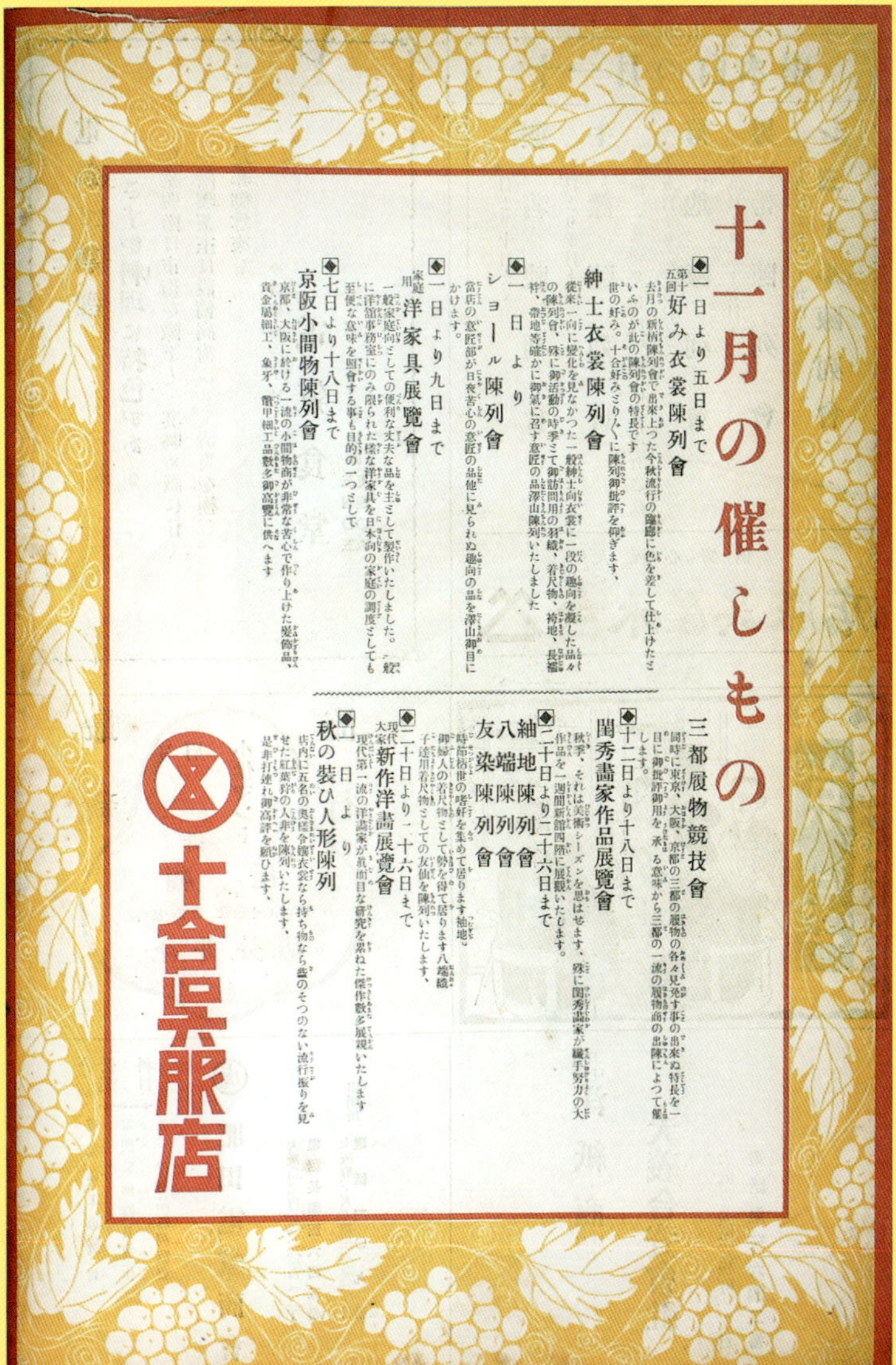

64. 同 広告 「道頓堀」第7号 1919年9月
道頓堀雑誌社が大正中期に出した雑誌「道頓堀」には、心斎橋筋の有力店の広告が多く見られる。大正時代らしいブドウの装飾模様。11月12日からの閨秀（女性）画家作品展覧会に誰が出品したかも気になるところ。上村松園や大阪の島成園たちだろうか。

まだまだある百貨店——

高島屋美術部は心斎橋生まれ

66. 高島屋・飯田呉服店 店頭　心斎橋時代の初期

67. 同 新館店頭
心斎橋筋の名物であったショーウィンドーケース。

68. 北野恒富作 たかしまや飯田呉服店・京舞妓美人「若松」ポスター　1916年 132.0×94.0cm

心斎橋二丁目時代の高島屋のポスターといえば、北野恒富《つねとみ》（一八八〇〜一九四七）の描いたこれが傑出したものだろう。後に昭和四年（一九二九）、長堀橋時代の高島屋での「キモノの大阪」春季大展覧会のために恒富が描いたポスターは絶大な人気から、貼るごとに持ち去られたという。

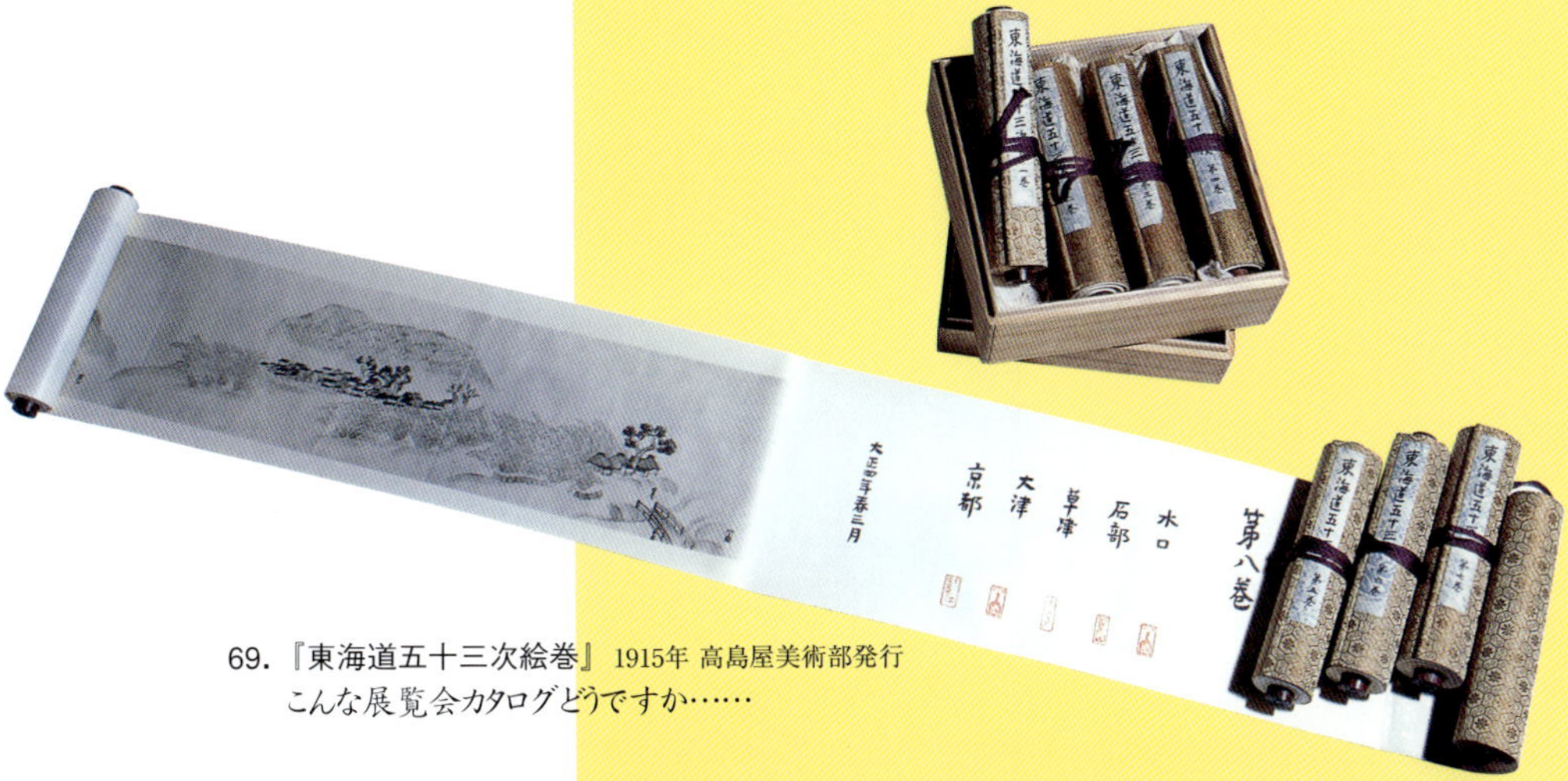

69.『東海道五十三次絵巻』 1915年 高島屋美術部発行
こんな展覧会カタログどうですか……

71. 島成園「無題」 1918年 絹本着色 85.0×108.0cm

70. 山内愚僊「朝鮮漁港」 1916年頃 油彩、カンヴァス 33.3×45.5cm

岡倉天心の死によって解散した日本美術院だが、横山大観、下村観山らが再興した（現在の日本美術院）。大観や観山、今村紫紅《しこう》、小杉未醒《みせい》らもその資金集めに苦労し、彼らが弥次喜多をきめこみ、東海道を歩いて写生した図巻が《東海道五十三次絵巻》（東京国立博物館蔵）である。心斎橋高島屋で公開され、桐箱に収められた巻子装の豪華複製も頒布《はんぷ》された。高島屋美術部で作成された図録で一番贅沢なものだろう。

《朝鮮漁港》は高島屋美術部で開かれた山内愚《ぐ》僊《せん》（一八六六～一九二七）の個展に出品された可能性のあるもの。島成園《せいえん》（一八九二～一九七〇）の《無題》は大正七年（一九一八）高島屋美術部で開かれた大阪茶話会の出品作。女性画家のアトリエを描き、自画像の顔に痣《あざ》を描いて精神性の表現を試みる。成園の顔に痣はなかった。大阪茶話会は北野恒富を中心に、京都で土田麦僊《ばくせん》、村上華岳らの国画創作協会と一日違いで結成された革新日本画団体。

初代市長は呉服店主
田村太兵衛　もひとつ白木屋

72．今泉勇作他編『古制徴證』　1903年 芸艸堂　上は太兵衛の所蔵品を描いた図版。

74．白木屋呉服店 広告　『道頓堀』第10号

73．白木屋呉服店 広告　『道頓堀』第12号

初代大阪市長の田村太兵衛は心斎橋筋二丁目の丸亀屋呉服店主。選挙のため高島屋飯田呉服店へ店を譲った。明治三十六年（一九〇三）、今泉雄作らが古社寺の宝物を木版画にして芸艸堂《うんそう》から刊行した『古制徴證《こせいちょうしょう》』に、太兵衛所蔵の「源頼朝東大寺寄附裂文様」「桃山城障子引手」などが収められる。美術愛好者としても名をなした心斎橋の商店主の趣味の高さをしのばす。

心斎橋筋には他にも有名な百貨店があった。白木屋である。堺筋に巨大な店舗を建てて移転する前の広告。

第五章

氾濫するGoods《グッズ》——モダン心ブラストリート

Promenading in the Gallery of Modern

1. 心斎橋のマッチラベル・コレクション
2. 背景：キムラ縮緬店『写真心斎橋』より　ケースの中にある〝FASHION KIMURA〟の文字に注目。

宮川 享子

東京ムスメの銀ぶらは
尾張町から新橋へ、
大阪ムスメの心ぶらは
心斎橋から戎橋《えびすばし》。

心斎ぶらのいいとこは
銀座と違って、ぶら〳〵と
歩いてゐながら両側の
店が覗いて見えること。

心斎ぶらで困ること、
なにしろ通りが狭いので、
アヴェックなぞで歩いたら
誰にも見られてしまふこと。

大阪ムスメの風俗は
新と旧との両極端、
古い娘は文楽の
人形のごとく淑《つま》しく、
モダン・ムスメは派手化粧、
アメリカニズムを発揮して
天保山の商船の
満艦飾のごとくなり。

今し、「明菓《めいか》」でお茶のんで
「鐘紡」で服地をひやかして、
橋のたもとで別れゆく
モダンむすめの二人づれ。

「わては十合《そごう》にちょと寄って
靴下買うて行きまっさ。」
「わてもこれから松竹で
ダニエル・ダリューを観んならん。」

「さう〳〵あんた、明日の晩、
パレスへ踊りに行きやへんか。」
「やめときますわ、ママさんが
このごろ遅いと叱りはる。」

「さいなら、そんならまた今度。」
西と東へ別れゆく、
橋の柳の落葉さへ
あと慕ひゆくハイヒール。

（『大阪モダンガール』西條八十・詩、「主婦の友」昭和十一年十二月号所収）

一般的に、特別な行事以外で着物を着なくなった現代と違い、昭和の初めは和装が主流、そこへ洋装が広がりはじめた。和装と洋装では、頭髪《ヘアスタイル》から履き物、下着までがまるで違う。かつて、着る物とは買う物ではなく作る物、洋服は特に大変高価だった。

「戦前戦後を通じて、心斎橋は庶民の中でも最も贅沢な暮らしをする連中が集まったところ」とは、昭和八年(一九三三)頃から心斎橋の店舗設計を手がけた松田逸郎(マツダ店舗設計研究所、「商店建築」一九七六年八月号より)。松田は「心斎橋の客も、センス本意というか、非常に現代的な消費感覚を持っていた。ただ、そのセンスは伝統の上に生まれたものだから非常にベーシックなものだった」と話している。

心斎橋に『鐘紡サービスステーション』が昭和七年(一九三二)三月に開店した。前年に欧米留学より帰国したばかりの田中千代(デザイナー、一九〇六～九九)がカネボウ創始者武藤氏から依頼され、カネボウの初代デザイナーとして入店した。カネボウの生地を販売する店で、田中自ら生地の裁断まで行っていた。ウィンドーには田中考案の、服地でつくられた「ニューキモノ」を展示、話題に。欧米仕込みの田中の腕は冴《さ》え、上流婦人が集まり大繁盛だったという。ある時、客から「誂《あつら》えた洋服の首が入らない」という電話が入った。そんなはずはないと思いながらも出向くと、なんと客は日本髪。日本髪に洋服を合わせていたのだ。心斎橋の近くには花街が多く、芸妓さんからの注文も多かったという。

ファッションを語る上でもう一人重要な人物に上田安子(デザイナー、一九〇六～九六)がいる。心斎橋に四階建ビルを持つ上田写真機店のお嬢さんで、二十代で始めた趣味の山登りのための登山服を作ろうと、洋裁を学び始めたことから才能を開花。昭和十六年(一九四一)に三十五歳で上田安子服飾研究所を創立。昭和二十二年(一九四七)に研究所として初のファッションショーを大丸心斎橋店で開催。昭和二十四年に大丸の顧問デザイナーに就任。その四年後渡仏し、バイヤーとしてC《クリスチャン》・ディオールのパターンを買い付け、帰国後ディオールショーを開催、大評判をとった。

田中千代も上田安子と同じ年渡仏し、ディオールのパターン買い付けを行っている。こちらも大変な話題を呼んだ。田中は阪急百貨店婦人服部初代デザイナーに就任し(昭和七年)、田中千代学園を設立。偶然にも生年が同じ、心斎橋にゆかりある二人の女性が日本女性の洋服をモードと呼べるものに変えていったのである。

(敬称略)

まずは老舗クラシック
〈小大丸〉と〈みのや〉

3. 小大丸 店頭 『写真心斎橋』より(以下、5・6章で出典を示していない白黒写真は全て『写真心斎橋』から掲載)
軒下に連なる丸に「大」の暖簾。

4. 店内

5. 店頭提灯

明和元年(一七六四)に創業し、天明五年(一七八五)心斎橋に進出した。出身地から屋号は「大和屋」、白井家である。そこで丸に「大」の字を囲んで店の印としたが、同じ心斎橋筋の松屋こと下村「大丸」(現在の大丸百貨店)より小ぶりの店、ということでいつの頃からか呼ばれるようになった「小大丸《こだいまる》」の愛称を、正式な店名に採用した。かつては大阪の豪商を顧客とし、現在も最高級の呉服を扱う。格子窓が連なり二階が低い「つし二階」の店。モダンな店舗が連なる心斎橋筋に、江戸時代の匂いをただよわせて格調高い。

6

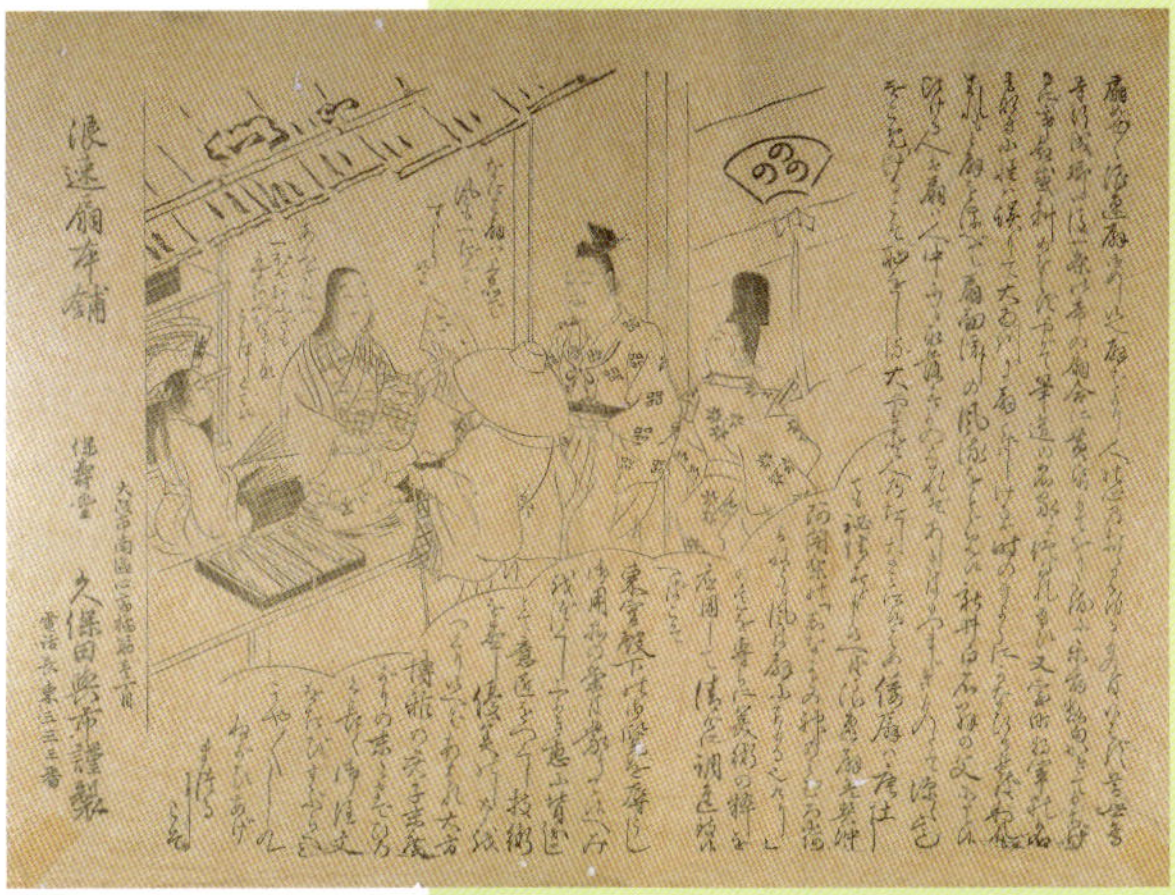

9

8

7

6. みのや・久保田扇舗 店内
7. みのやが納めた婚礼用の扇子箱にも扇に「の」が三つ。
8. 右の扇子の箱に捺された屋号
9. みのや 引札
10. みのや 店頭
11. みのや 看板

11

10

「の」の字が並んだ扇形の看板。三つの「の」で通称「みのや」こと久保田扇舗。引札の絵は鎌倉、室町時代の風情だが弘化元年（一八四四）の創業。扇の専門店としての立派な店構えに、「大阪は冬でも扇子が売れる」と地方のお客を驚かせたという。銀座、京都にも姉妹店があった。店も小大丸同様にクラシック。意趣を凝らした扇に粋《すい》を求めた客、心斎橋が誇った風雅な店構え、今となっては共に大阪の幻である。

銘仙にネル

呉服と和装小物の店から心ブラしましょう

13. ちゝぶや 店内

14. かねこし 店頭

12. ちゝぶや 広告 「ショップガイド」第4号 1939年11月

銘仙《めいせん》とは先染めの平織りの絹織物で、日常着として人気があった。秩父は秩父銘仙の産地として、昭和初期に栄えた。「ちゝぶや」の広い店内には常に新柄が山と積まれていたという。「国策的着衣」は昭和十四年（一九三九）の時代相。

「かねこし」は兵児《へこ》帯と染着尺が有名だった。「ゑり嘉」は着物の衿《えり》を扱う店。絞りの衿、凝った刺繍が施されたものなどの高価な衿が見受けられる。

「和田栄」は心北のネルとセルの店。ネルはフランネルの略称。本ネルは毛製、綿ネルは綿製。セルとはサージ(serge)から転じた言葉で、上質の毛織でつくられた和服用着尺地である。タオルや婦人子供服地も販売した。

「赤大丸」は小大丸からの暖簾《のれん》分け。小大丸が白井家なので「赤白」をそろえたか。冬は太物、春秋にセル、夏にゆかたを扱った。当時の写真を見ると、店頭の人形が着ている着物は春物のセルで、十円八十銭。

〝柄は岡島〟がキャッチコピーの「岡島呉服店」。蜘蛛の巣や伊勢海老模様の反物が陳列されている。

「そのや呉服店」には「乙女心」などと名付けられた反物が並ぶ。

16

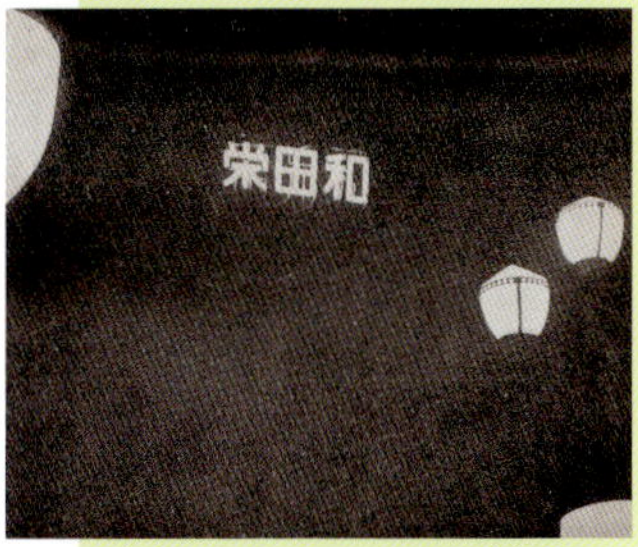

17

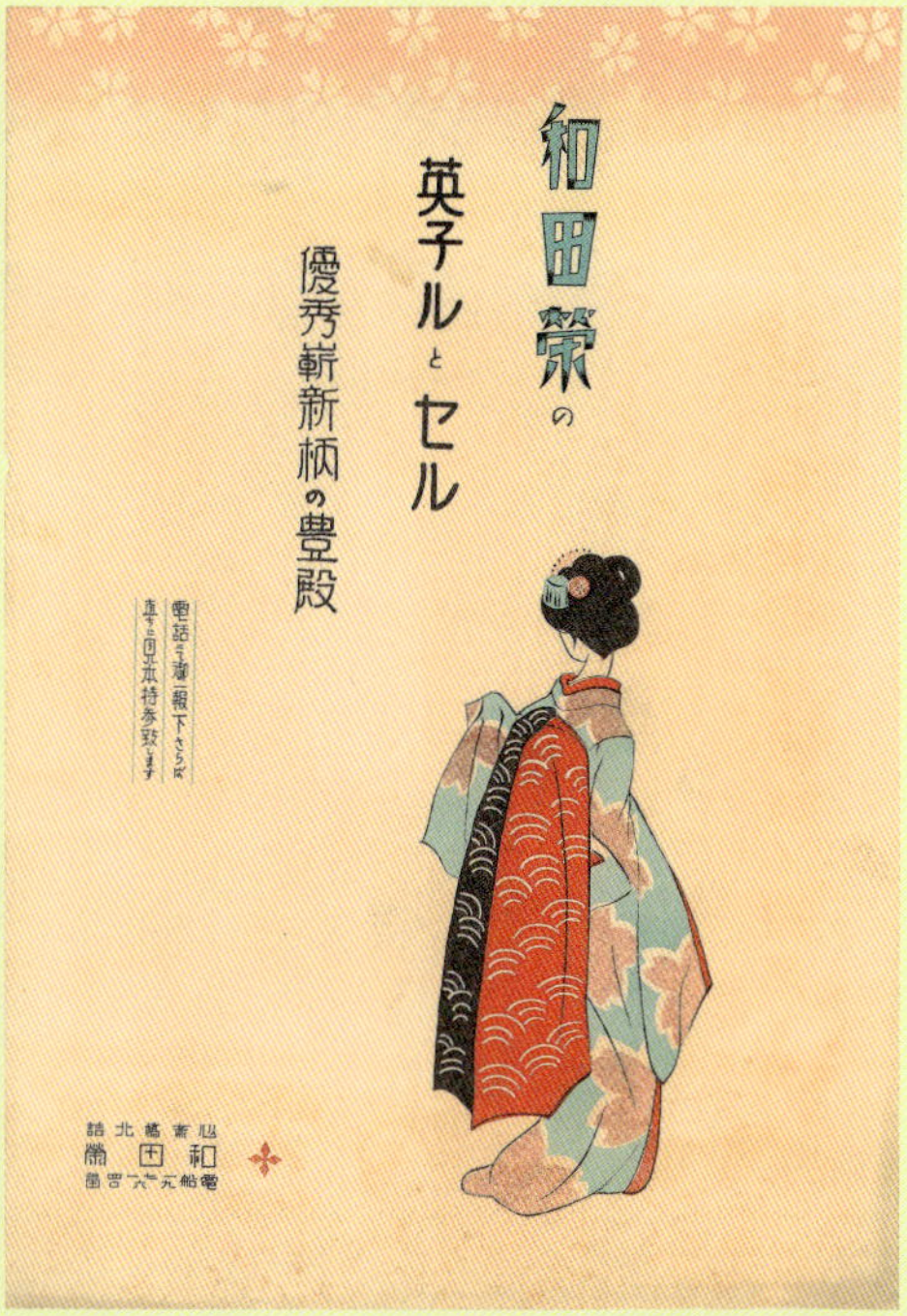

15

15. 和田栄 チラシ
16. 同 店頭
17. 夜空に浮かぶ和田栄のネオンサイン
18. ゑり嘉 店内
19. 同 店頭
20. 赤大丸 広告 『心斎橋新聞』
21. 岡島呉服店
22. そのや呉服店

21

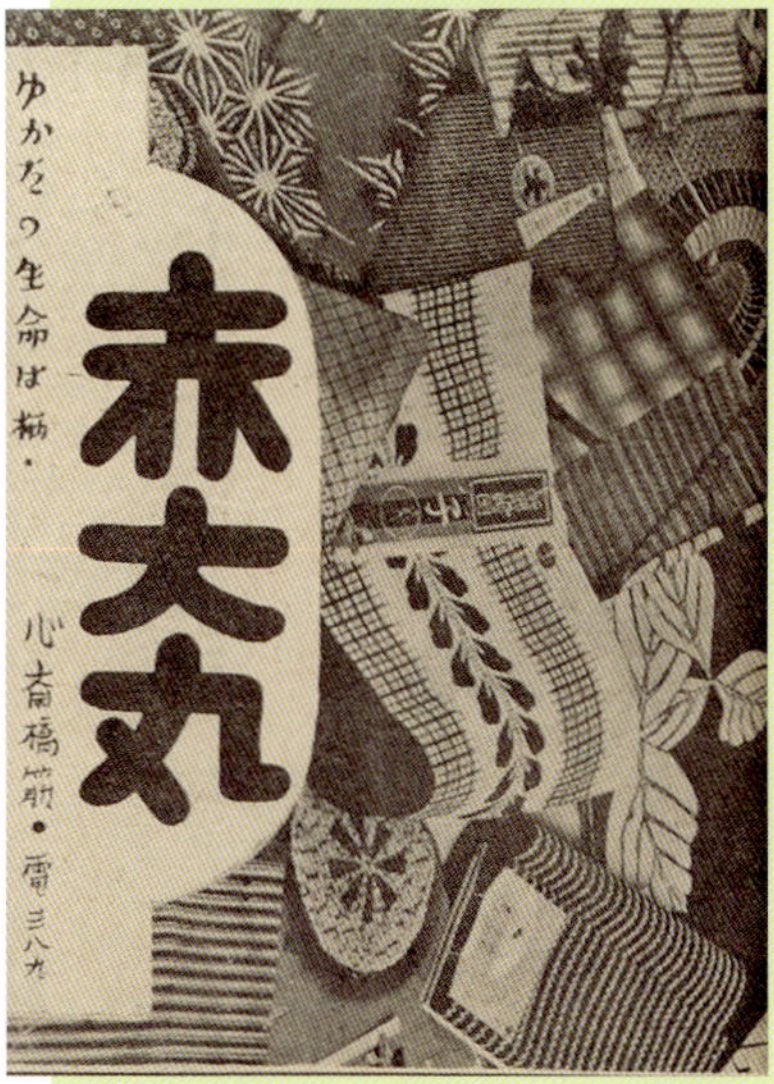

20

18

22

19

名優・鴈治郎マネキンとなる
〈くるめや〉

大阪で最も古い久留米絣《くるめがすり》専門の店。絣模様のような照明器具が軒先に連なり、堅牢《けんろう》な色染めの絣《かすり》地が並んでいる。左の写真は「くるめや」の店頭を飾った生《いき》人形で、初代中村鴈治郎《がんじろう》を模したと伝えられている。鴈治郎の住まいは心斎橋筋のすぐ裏にあった。呉服店の人形らしく、着物の着付けができるような造りになっている。足下を見ると、足袋などを履かせられるよう足指の間が大きく開いている。

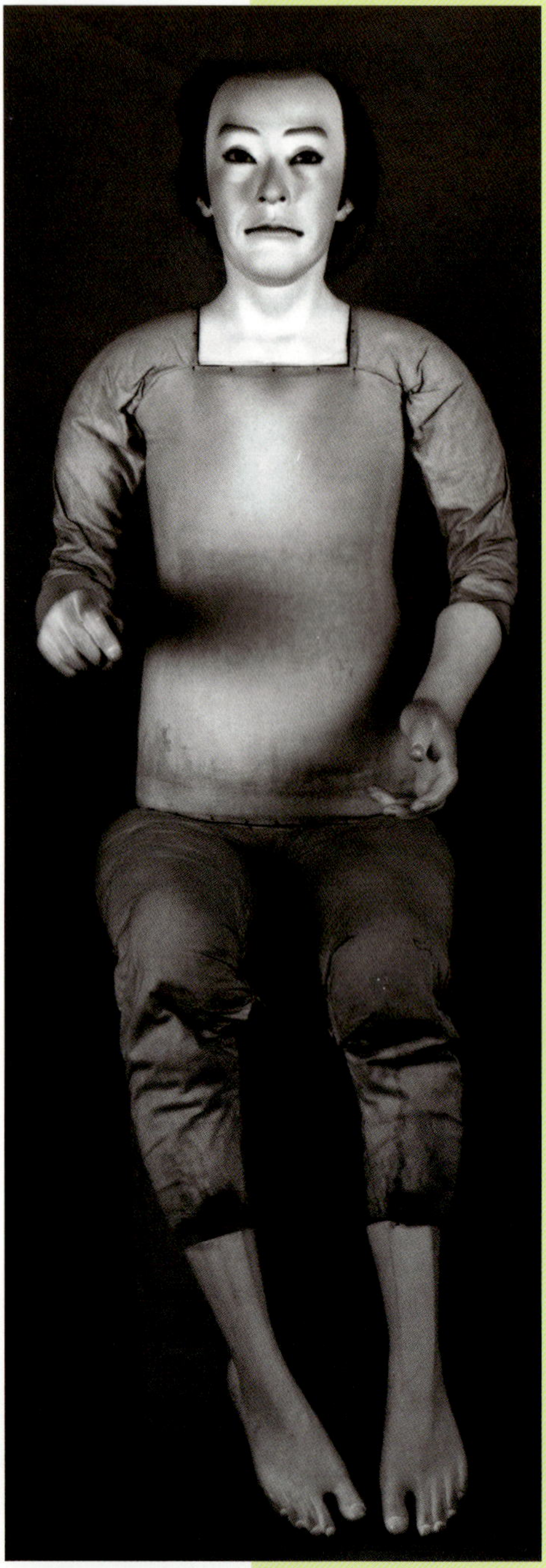

24．初代中村鴈治郎の生人形

23．くるめや 店頭

25

27

26

25. てんぐ履物舗 店内
26. 同 すげ場
27. 同 店頭
28. 志きぶ 店頭
29. 歌舞伎屋糸店 広告 『心斎橋新聞』

心斎橋の職人たち
〈てんぐ〉。そして歌舞伎好きの店

「てんぐ」は明治二十七年（一八九四）に心斎橋で、敦賀出身三十歳の伊達さわが創業した。以来、船場《せんば》の旦那衆たちを顧客の中心に持った。現在も心斎橋に本店を置き、高級履き物を扱う。

「志きぶ」「歌舞伎屋」は歌舞伎好みのファンショップといったところだろうか。女性客でにぎわったという。

29

28

〝和〟と〝洋〟の化粧品

(和)の〈仁寿堂〉〈いづ勘〉 (洋)の〈資生堂〉

麝香《じゃこう》は香料の王様といわれ、雄のジャコウジカが分泌するフェロモンである。その妖艶な香はいかばかりか。それに代わる仁寿堂分店の「人造麝香」。ただし現代、人工香料には環境汚染とかかわるものもあるという。仁寿堂分店は「たった」という名の白粉《おしろい》が有名な化粧品店だった。

下はいづ勘「おしろいつぼ」。いづ勘では、自家製純正白粉を扱った。

30. 仁寿堂分店「人造麝香」

31. いづ勘「おしろいつぼ」

・内外香水こ香粧品
瓜哇更紗が参りました
數はよけいにも御座いませんが色に模様に可なり變つたものばかりを取揃へました一月二十六日より陳列即賣致して居りますから無くならぬうちに何うぞ御覧の程を偏にお願ひ申上げます
大阪市東區南久寶寺町四丁目心齋橋筋
電話船場壹九九七番
資生堂大阪支店

32. 資生堂大阪支店 広告　「道頓堀」第12号 1920年2月

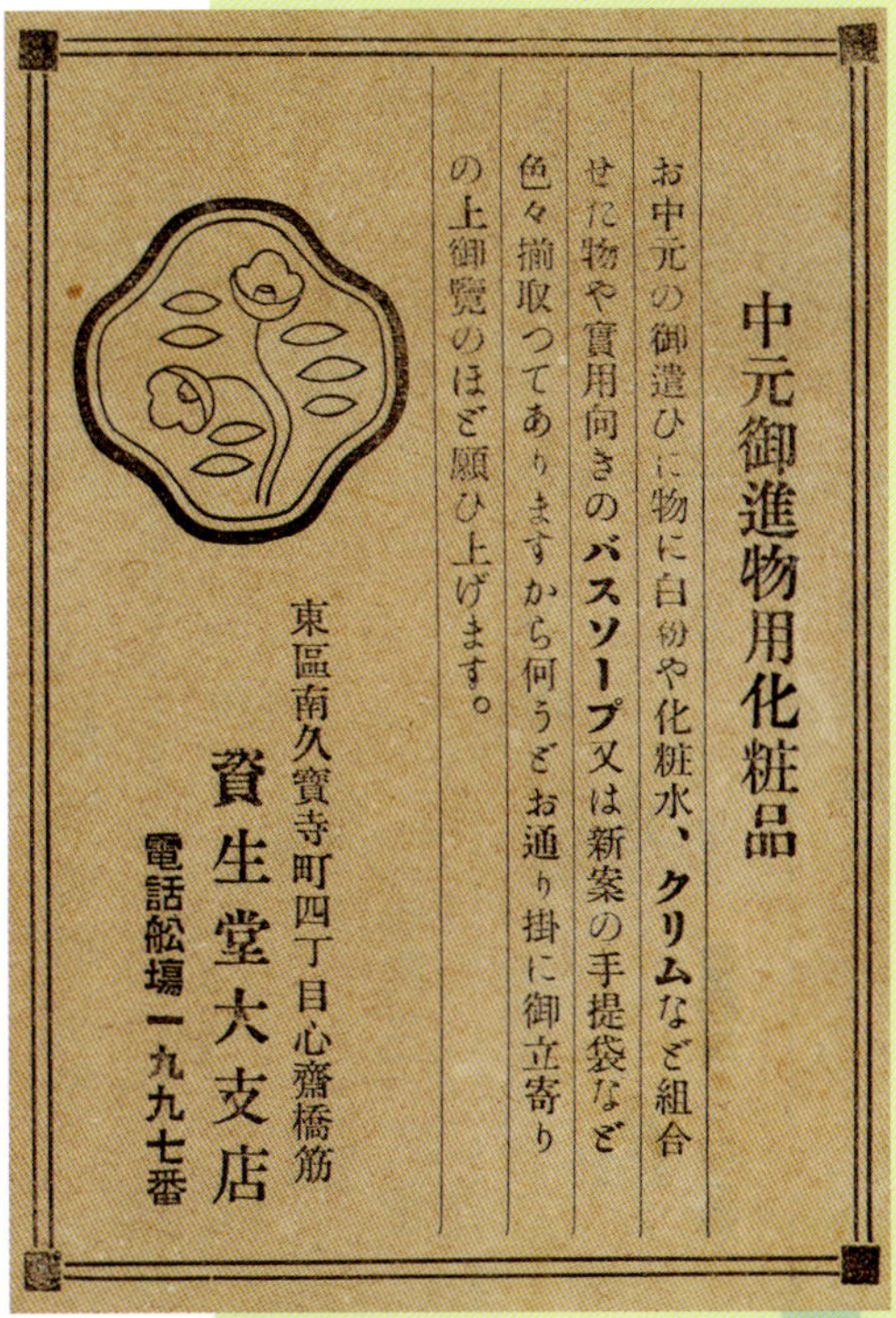
中元御進物用化粧品
お中元の御遣ひに物に白粉や化粧水、クリムなど組合せた物や實用向きのバスソープ又は新案の手提袋など色々揃取つてありますから何うぞお通り掛に御立寄りの上御覧のほど願ひ上げます。
東區南久寶寺町四丁目心齋橋筋
資生堂大支店
電話船場一九九七番

33. 同　「道頓堀」第18号 1920年8月

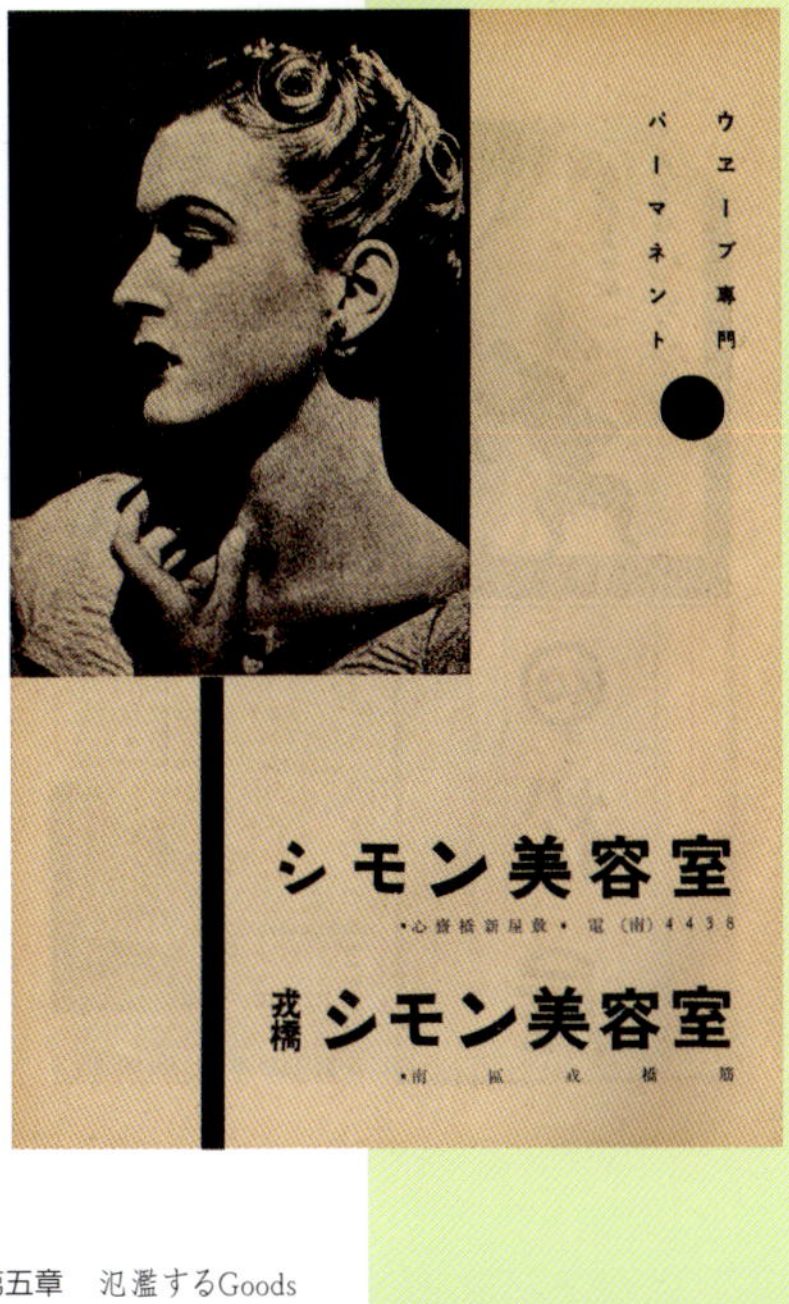
ウエーブ専門
パーマネント
シモン美容室
・心齋橋新屋敷・電（南）4438
戎橋 シモン美容室
・南區戎橋筋

34. シモン美容室 広告　「ショップガイド」創刊号 1938年8月

明治末、銀座にパーラーを開業した資生堂が心斎橋（南久宝寺町）に進出したのは大正八年（一九一九）九月。「銀座店と同じ造りの店で、軒下のステンドグラスや青い大理石、低いショーウィンドーに陳列した商品など、大阪では異色のものだった」と伝えられている。飲料部もあり、銀座店と同じものが出されていたようだ。

下は「シモン美容室」広告。美容室の宣伝に外国人女性のモデルを起用するのは、今も同じ。

35. ニッケ宣伝所 店内

〈ニッケ宣伝所〉

ガラスのアール、階段の直線——和装マネキンのモダン店舗

明治二十九年（一八九六）創業の日本毛織株式会社（ニッケ）の製品を扱うアンテナショップ。右は階下陳列所、紳士用靴下、水着の宣伝ポスターが見られる。左は外観全景。ショーウィンドーのマネキンが着ているのは、おそらくモスリンの着物。モスリンとはおもに薄地梳毛《そもう》織物のことで、メリンスとも呼ばれる。

36. 同店頭

ニッケ宣伝所の建物もモダン。床近くから天井近くまで巨大ガラスをはりめぐらし、角は丸くアールになっている。和服をモダンに着こなそうという主張かも。内装でも二階へ行く階段など、外観のガラスの曲線美に対し、直線的に手すりをデザインしてカッコいい。

広告のダンディズム

紳士服広告オンパレード

37．大阪協同劇団 第二回公演 パンフレット（1936年 於文楽座）

38．津田洋服店 広告 「大毎美術」第3巻20号 1938年

上のパンフレットは意外にも文楽の本拠地・四ツ橋文楽座での新劇公演のもの。その裏にある「アオキ」の広告は、新しい劇団の公演に颯爽と向かう洋装の二人。津田洋服店は道頓堀での芝居招待だ。洋服屋さんは芝居好き？

男性の洋装は式服から始まった。まずは小規模のテーラーが繁盛し、後を追うように江戸時代からの老舗《しにせ》呉服店も洋服を扱うようになっていった。これが百貨店化の嚆矢《こうし》であるといわれている。

39．竹うち洋服店 広告
「道頓堀」第13号 1920年3月

40．キンシ堂 広告
「ショップガイド」創刊号 1938年8月

41．洋服デパート 広告
「ショップガイド」創刊号 1938年8月

42．同 広告
「心斎橋新聞」

洋装品店は外見から――
〈鐘紡サービスステーション〉〈カタヤマ〉〈トイシン〉〈アオキ〉

43．鐘紡サービスステーション 店頭

巨大なカネボウ入口の照明。形は客を待ちかまえる蜘蛛の巣かドリームキャッチャー、古いラジオのスピーカーのようでもある。大阪出身の考古学者・坪井清足先生に『写真心斎橋』をお見せしたら「この入口の形が印象的でよく覚えている」と話された。カネボウ製品のアンテナショップで、田中千代がデザイナーとして在籍した店。店名が〝ステーション〟だったことから、男性の店長は〝駅長さん〟と呼ばれたという話がある。

　左頁上の「カタヤマ」は婦人子供服店。着物に揃いの上着を着た店員たちが店先に並んでいる。「アオキ」は紳士服店。「トイシン」は紳士用シャツとネクタイなどの雑貨を扱う店。

　ところでカタヤマ、アオキ、トイシンの外観デザインに共通するのは、煉瓦を積んだような矩形《くけい》で固い質感の壁や照明を設けていることである。この外観こそ、たとえば英京倫敦《ロンドン》のテーラーのイメージを喚起する日本の洋服店の演出なのだろう。

44. カタヤマ洋服陳列所 全景

46. トイシン 店頭

45. アオキ 店頭

いざ行かん、洋服の大海原、そしてハイキング

〈洋服学校事業部〉〈アオキ〉

47. 洋服学校事業部 店内

48. 同 看板

高い天井、見わたすばかりの洋服の海、この海を泳ぎきって目指す一着をさがさねば……。服の波間に見える人影も、どれがマネキンで、どれが店員かわからないほど広い店内だ。「洋服学校」は一階が既製品売場、二階では客が生地を選ぶオーダーメードも行われていた。名の通り、洋服の製法を教える部門もあったという。広告にある「洋服デパート」（135頁）は、「洋服学校」と同じ店である。

49. アオキ 店内

「アオキ」はハイキング用の洋服といった〝スポーツスーツ〟や、学生向けの〝カレッヂコート〟などのいわゆる〝若向き〟の紳士服を扱った。「プルオーバー」「ハイキング服装」など、天井からつり下げられた案内を見て商品売場を進む。売場案内の札が山の上にわき起こる雲のように浮かんで、買い物自体がモダン心斎橋でのハイキングのようだ。

小さな天使たちがお出迎え

子供服のパラダイス

「ヨネツ」は高級子供服の店。子供たちの洋装化は早かったようで、大正十四年（一九二五）の記述に「子たちの服装は洋服全盛の時代といっても過言ではない。通学用にも外出用にもたいてい洋服を着せられるようになった」とある。「マルシン」は小ぶりの百貨店的な店。子供服、紳士服、ワイシャツ、ネクタイ、帽子、男性用肌着、など大部分の商品が直営工場で作られたものだった。

50. ヨネツ ショーウィンドー　ピーターパンのネバーランドへようこそ……

52. マルシン ショーウィンドー

51. ヨネツ ショーウィンドーのマネキン
写真提供：財団法人 大阪都市協会

シュールレアリストたちが愛した
マネキン Mannequin

54

53

57

56

55

58

53. カタヤマ洋服陳列所
54. 佐々木洋服店
55. アオキ 店内
56. 洋服学校事業部 店内
57. 有本洋服部
58. カタヤマ洋服陳列所 ショーウィンドー

フランス語では〃マヌカン mannequin〃。大正五年頃にパリから日本に輸入されだしたが、蝋製の人形を船便で運ぶので、熱帯付近を通過する時に熱で溶け、損傷した。その修復を、人体模型を扱った京都の島津製作所が行ったことからマネキン会社を設立、大正十四年(一九二五)に国産第一号のマネキン人形が誕生する。魂のない人型としてのマネキンは、ドイツの巨匠マックス・エルンスト(一八九一〜一九七六)はじめ、超現実主義《シュールレアリスム》の美術家が好んでモチーフとした。第七章の丹平写真倶楽部の川崎亀太郎の《マヌカン》も島津製作所で撮影された作品である。

またエルンストの場合、帽子の広告も自作に取り込んだ。145頁の帽子店を見よ。商品が氾濫する心斎橋は、創作上のインスピレーションに富んだ素材倉庫だったはずだ。

59．ヨネツのマネキン

このマネキン、前の見開きの「ヨネツ」の巨大なケースの中に立つ一体。長い船旅で頭部が少し溶けかかっている。この写真は千日前のある写真店が持っていたもの。探偵小説に登場しそうな妖しい雰囲気がたまらない。

紳士の証明——帽子と眼鏡

〈春木眼鏡店〉〈カクマツ屋〉

60. 春木眼鏡店 ショーウィンドー

61. 同 店頭

右は「春木眼鏡店」。明治二十九年（一八九六）創業し、大正十三年（一九二四）心斎橋北詰に進出した。アメリカの俳優ハロルド・ロイドの真円セルロイド枠眼鏡がトレードマークになって〝ロイドめがね〟と呼ばれるようになったのは大正十年頃。春木眼鏡のショーウィンドーに陳列されているのも円形のフレーム。店内の椅子も面白い。ドイツのバウハウス校長にもなる建築家ミース・ファン・デル・ローエが一九二六年に発表した画期的な《MRチェア》に似る。鉄パイプ製の椅子で、斬新なデザインを真似た椅子がすぐ国内でも作られたという。それ以前の木製ではない金属のフレームの椅子を眼鏡店においたインスピレーションが洒落ている。

「カクマツ屋」は帽子専門店。特に舶来ものの帽子で有名だった。和装姿にも洋装姿にもあわせられた帽子は、四季を通じて紳士の外出にはなくてはならないものだった。モダンな室内照明。圧倒的な帽子の量。

63. 同 店頭全景

64. 同 店内

62. カクマツ屋 店内

目くらましのようなファッショナブル・パラソル

パラソルとショールの店

65

67

66

68

65. イマイ 店頭
66. 門阪屋 店頭
67. 同 朝日ビル専門大店出張店
68. ミツワ 店頭

文明開化の頃に、人気を博したこうもり傘。和傘よりはこうもり傘のほうが暑中にも使え、丈夫な上にたためばステッキにもなる便利さが喜ばれて庶民に流行した。昭和十年（一九三五）にもなると、女性用の華やかなパラソルが売られていたことがわかる。種類の豊富さにも驚かされる。特に心斎橋には傘屋さんが多かったという話もある。

また、女性のショールは明治末頃、冬に外套のかわりとして毛織物の肩掛けが流行ったそうだ。以降、四角形の角巻から長方形のショールになり、防寒よりもレース編みなどのアクセサリー的なものが人気を博した。

69

71

70

69. ウサギヤ 店内
70. 同 店内
71. 同 店頭

「ウサギヤ」の愛嬌あるシンボルが、このうさぎ君。「月に暈が懸かれば明日は雨だ。でもクルクルクルクルどうしてこんなに目が回るんだろう。急がなくちゃ」とでも云っているのかな。『不思議の国のアリス』のように時計片手に心斎橋筋を駆けまわっているようなポーズ。

〈やぶ内時計舗〉

〝時〟を刻む時計、そして永遠のダイヤモンド

明治五年(一八七二)創業。舶来時計、貴金属を扱い、現在も心斎橋で商う。百三十年以上前、外国船から絹糸と交換した時計を販売したのが歴史の始まり。

72. マッチラベル

73. やぶ内時計舗 店頭

74. 同 店内　ほとんど同じ時刻を指す時計

75. やぶ内時計舗 チラシ 表

76. 同裏

宝石たちのグランド・レヴュー

〈仲庭総本店〉

78

77. 仲庭総本店 店頭
78. マッチラベル
79. 同 店内
80. 同 店頭
このトップにダイアモンドが…。フレッド・アステアのミュージカルのよう。
81. マッチラベル

77

79

80

81

明治二十五年(一八九二)創業。ショーウィンドーの中の山型ディスプレーの頂上には十六カラットのダイヤモンド三万五千円也が飾られ、大阪中の評判をさらった。昭和四年(一九二九)には、満州や南洋諸島などの新天地に渡った日本人向けにカタログ通信販売も始める。これらは二代目社長仲庭恒一さんのアイデアであるという。今も心斎橋で営業する。

光の国の宝石たち
まばゆい宝飾ウィンドーショップ

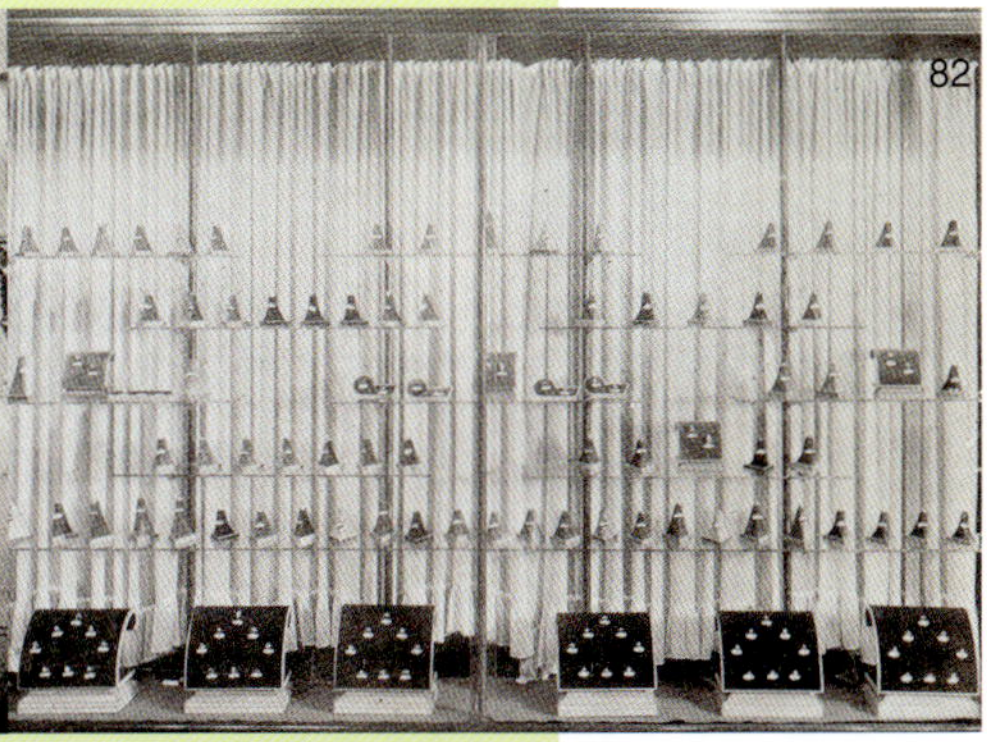

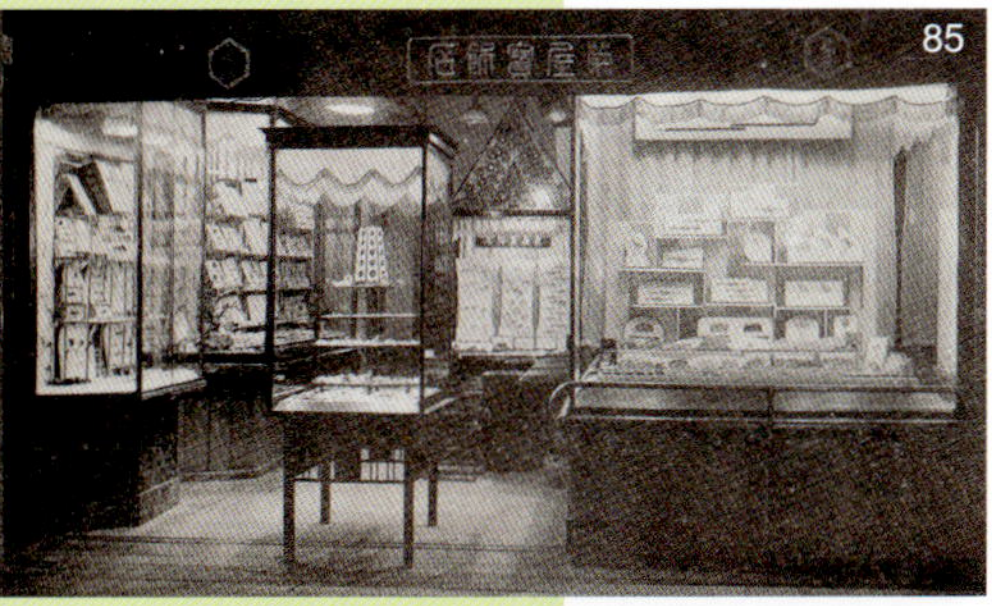

82. 松屋宝飾店 リングウィンドー
83. 同 店頭
84. 同 店頭
85. 菊屋宝飾店 店頭
86. 同 店内ウィンドー
87. 尼伊宝飾店 店頭
88. いづ勘 店頭
89. 白梅宝飾店 店頭

櫛《くし》、簪《かんざし》、笄《こうがい》、帯留めといった女性用小間物を扱う店。「いづ勘」は住友家の別家である。

まだまだ続く貴金属ショップ
〈天賞堂〉〈大橋みの新〉〈羽田貴金属店〉

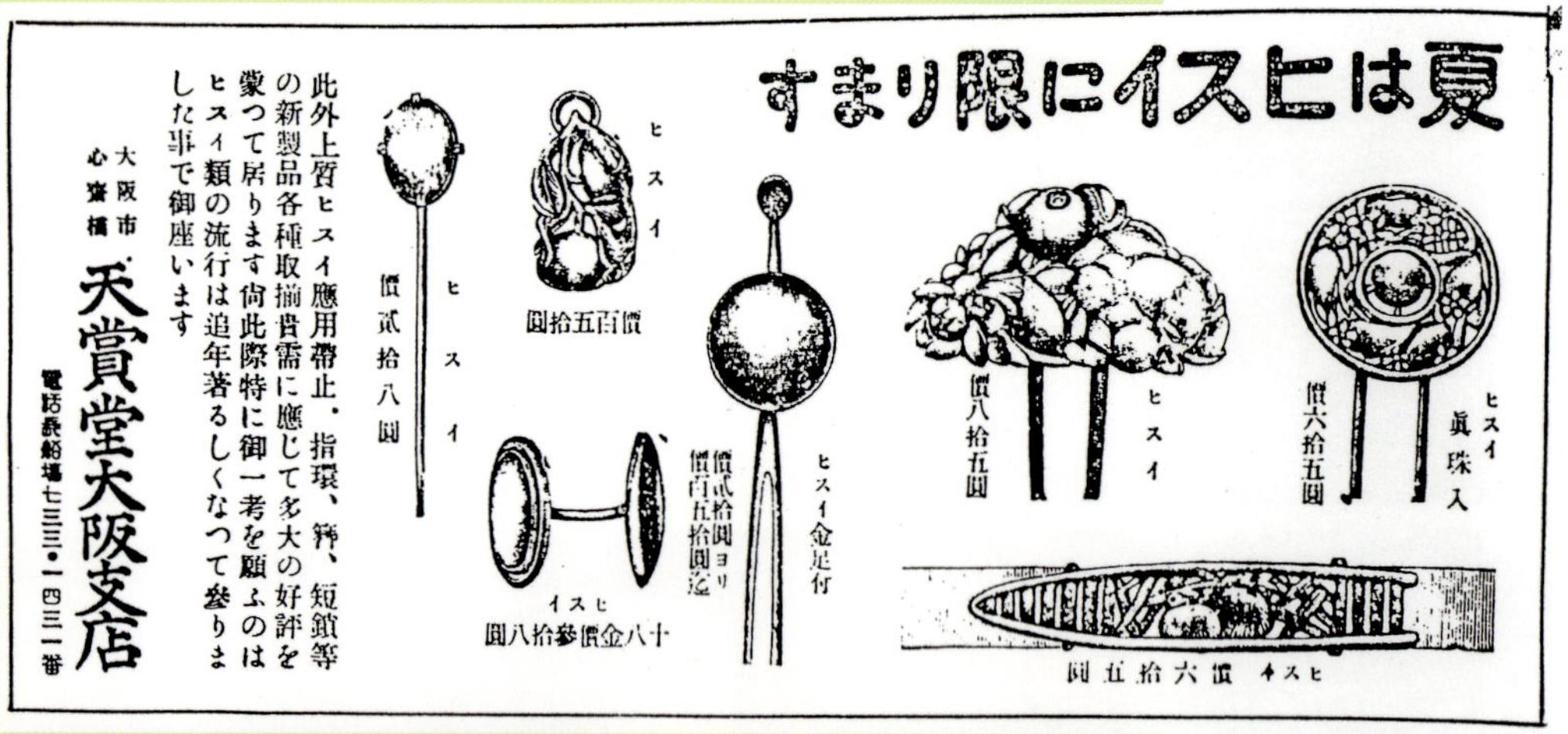

90

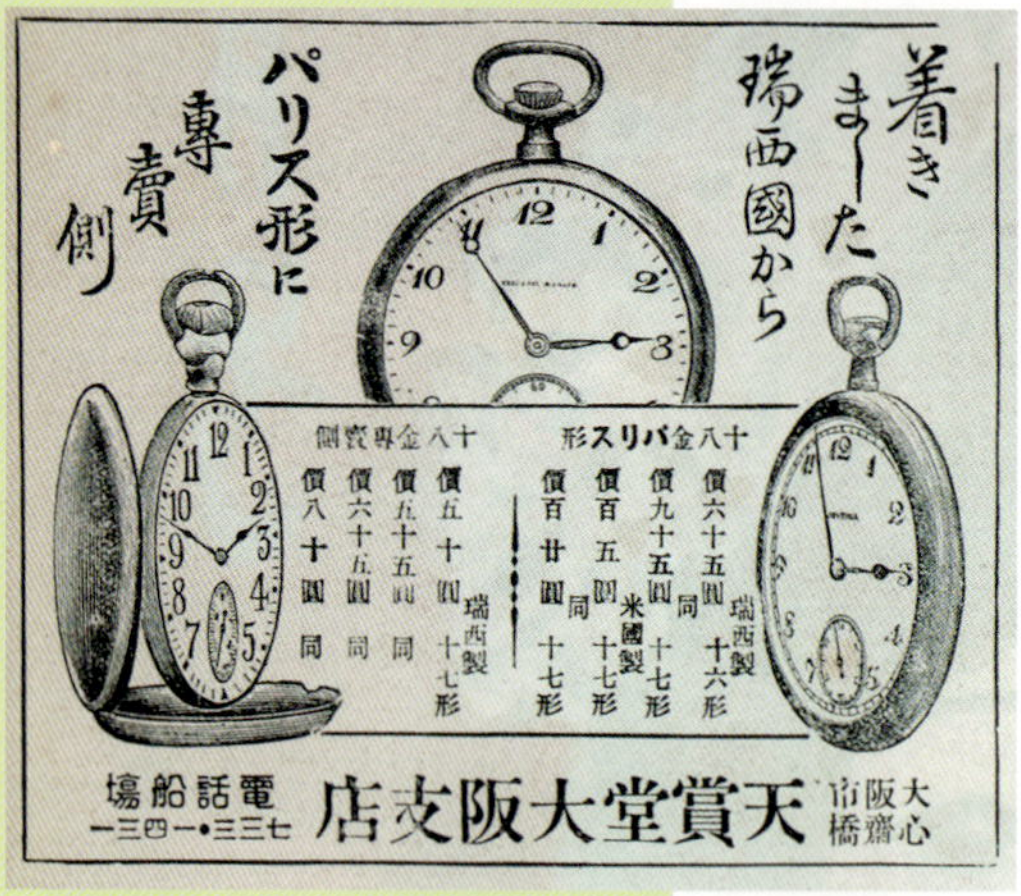

91

92

93

90. 天賞堂大阪支店 広告
「道頓堀」第4号 1919年6月
91. 同 広告 「道頓堀」第3号 1919年5月
92. 同 店頭
93. 同 店内

明治十二年（一八七九）東京銀座に出店した天賞堂。大阪では心斎橋北に支店を構えた。画廊も経営している。

95

94

94. 大橋みの新 店頭
95. 同 店内
96. 羽田貴金属店 広告
「道頓堀」第7号 1919年9月
97. 大橋みの新 広告
「道頓堀」第10号 1919年12月

96

97

「大橋みの新」は時計貴金属店。掛け時計、置き時計、腕時計、目覚まし時計、指輪が並んでいる。目覚まし時計は明治三十二年（一八九九）にセイコーが日本で初めて製造した。日本初の腕時計が完成したのは大正二年（一九一三）のことである。

「羽田貴金属店」の大正期の広告に「ダイヤ入り帯留め及び指輪」「時計」とあるが、和装の女性ファッションにおいて身につけることができるのはこの三つである。

モダンの激安店を老舗が大展開

〈高島屋10銭20銭ストア〉

高島屋といっても庶民的な商売もしている。均一価格の今でいうなら何でも「ヒャッキン」の店。東京、大阪、京都に六十店近い姉妹店があった。日用雑貨、化粧品、食料品を扱った。チラシもわざわざワンコインの形に切り抜く力の入れよう。

98. 高島屋
10銭20銭ストア
店内

99. 同店頭

100. 高島屋名物十銭均一店 チラシ
二枚重ねに見えるが実は一枚。

第三十一代合衆国大統領〝不景気ヲブッ飛バス〟

靴の〈元祖天華洋行〉

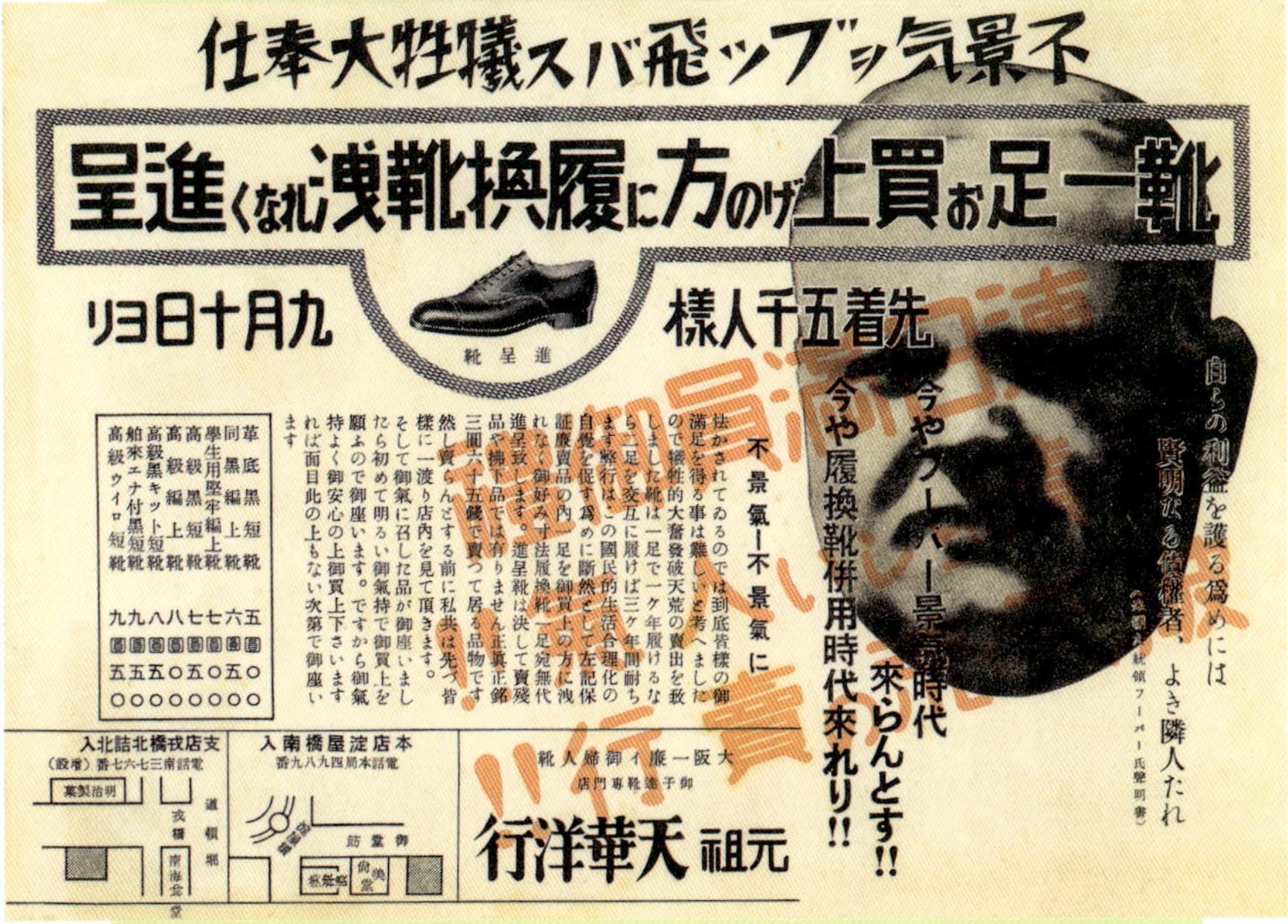

101．元祖天華洋行 チラシ

103．同 チラシ

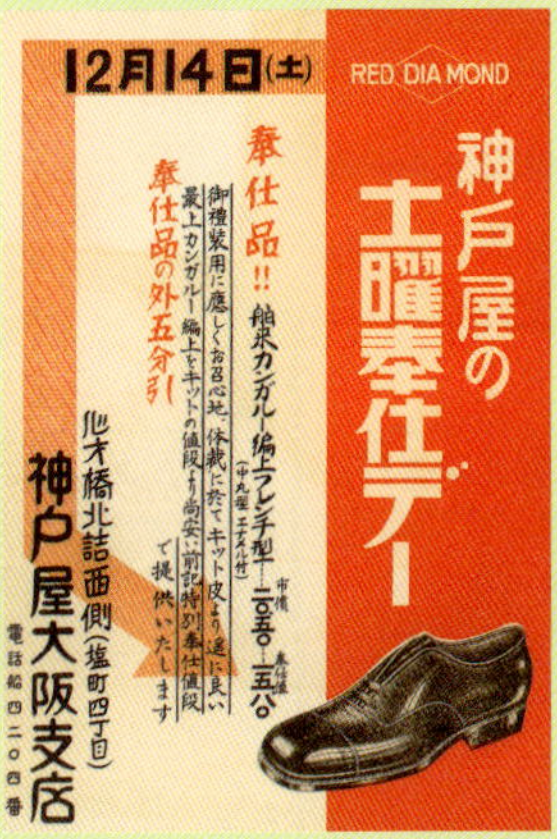

102．神戸屋靴店大阪支店 チラシ

大正から昭和にかけて、紳士は短靴を履いた。この年代に子ども靴、学生靴もつくられている。それにしても「不景気ヲブッ飛バス犠牲大奉仕」と威勢のよいチラシにある強面の外国人は誰だ？　「今やフーバー景気時代来らんとす!!」とあるアメリカ合衆国第三十一代大統領ハーバート・フーバーだ。一九二〇年代後半、米国経済はフーバー景気で繁栄する。その直前のチラシだろう。しかし昭和四年（一九二九）にバブルがはじけて株価は大暴落、世界恐慌に陥った。バブル時代らしい勢いのチラシ。「今や履換靴《はきかえぐつ》併用時代来れり!!」二十世紀末の日本のバブルを思い出す。他方、神戸屋は「履きだおれ」の街・神戸からの出店。

〝お母ちゃん、あのオモチャ買《こ》うてぇナァ〟

心斎橋のおもちゃ屋さん

105. 金太郎翫具店 広告 「道頓堀」第18号 1920年8月

104. おもちゃの和箪笥 池上玩具店

106. 同 広告 「道頓堀」第12号 1920年2月

「おもちゃの和箪笥」は心斎橋にあった池上玩具店のもの。桐箱に収められた箪笥はおそらく漆塗り。現代の雛飾りのものを思わせる。

海水浴のための水泳帽はおもちゃ屋さんでも扱っていたのであろう。大正期には女性たちも海水浴を楽しんだようで、生地をたっぷり使った横縞模様の水着が多く「しまうま」と呼ばれたそうだ。生地はキャラコや綿メリヤスは体型がはっきりしてしまうのが欠点だが安価、純毛メリヤスや細い毛糸編みだと高級水着だったようだ。

〃坊《ぼん》ぼんも嬢《いと》さんも勉強しなはれャ〃

心斎橋で学習参考書

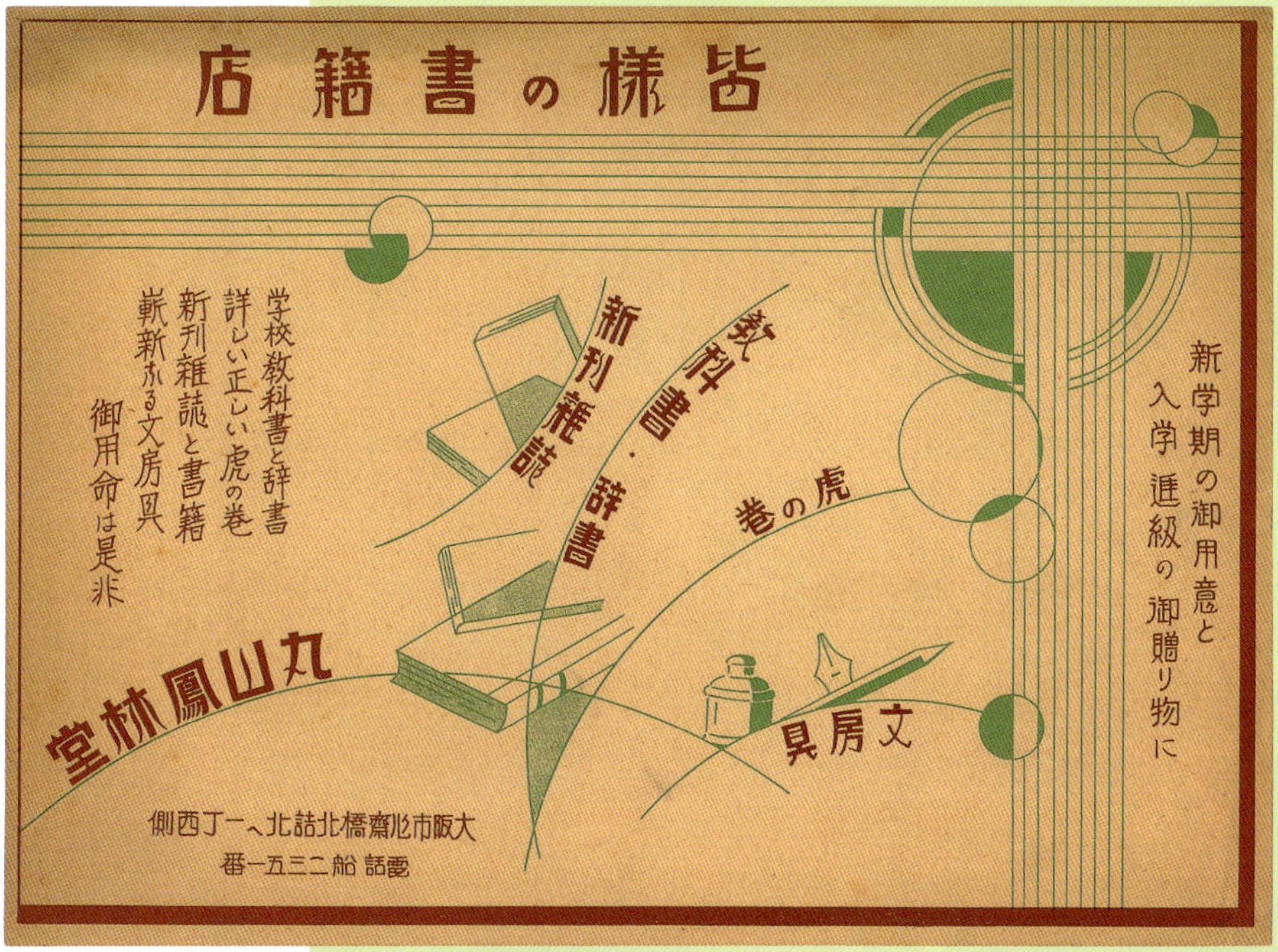

107. 丸山鳳林堂 チラシ

109. カワチヤ マッチラベル

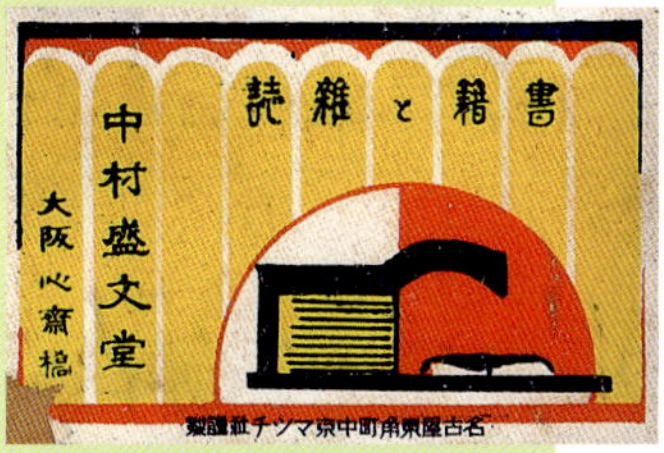

108. 中村盛文堂 マッチラベル
他の書店も……

110. 駸々堂販売部店頭

今は心斎橋から姿を消したが、近年までお世話になったなつかしい二軒の書店。「駸々堂」と「丸山鳳林堂」は書肆《しょし》の街の流れを汲む心斎橋にふさわしい店だった。駸々堂が京都から本店を移したのは明治十七年（一八八四）。場所は心斎橋を渡ってすぐの塩町である。心斎橋筋を挟んで西店、東店があり、昭和五十年（一九七五）に東店だけに統一された。駒敏郎『心斎橋北詰　駸々堂の百年』（昭和六十一年）に詳しい。学習参考書でも有名だった。鳳林堂は、そごうの並びにあった。

浮田の五龍圓

由緒正しき御典医の栄養剤

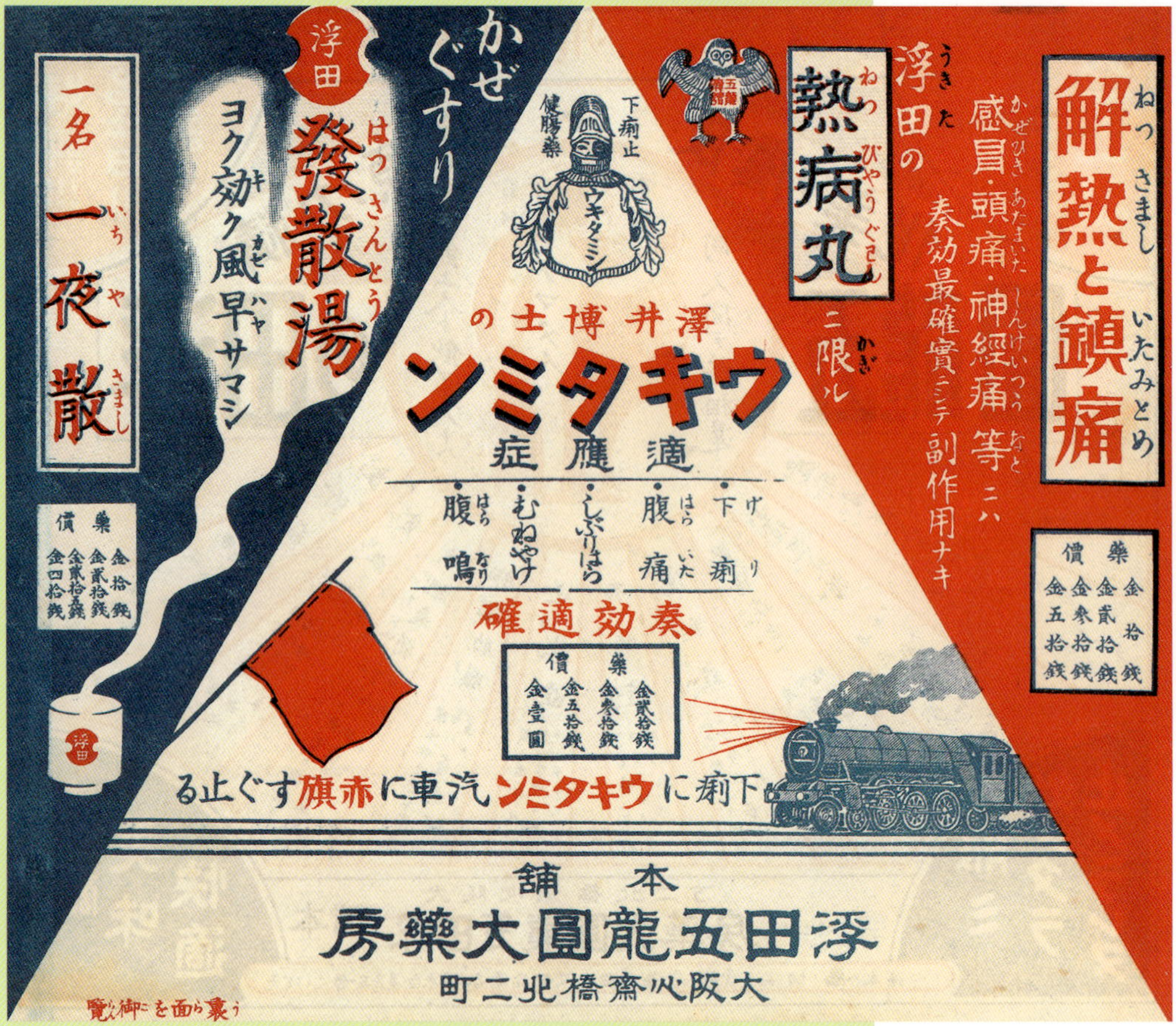

111. ウキタミン チラシ

浮田五龍圓《ごりようえん》の初代は京都の御所の御典医だった。「五龍圓」とは栄養剤で、蒸した生薬に蜂蜜を混ぜたもの。缶詰につめて売られていたという。

面白いのがチラシのイラスト。「ウキタミン」の機関車は「下痢にウキタミン汽車に赤旗すぐ止る」の図解だし、五龍圓イラストの「ノマヌ人」が現代から見ると健康的な体型で、膨れあがった恰幅のよい紳士の方が怪獣映画の着ぐるみかアニメに登場するモビルスーツに見えてくる。チラシの色調も文明開化の余韻を残してレトロ。

112・浮田の五龍圓 チラシ

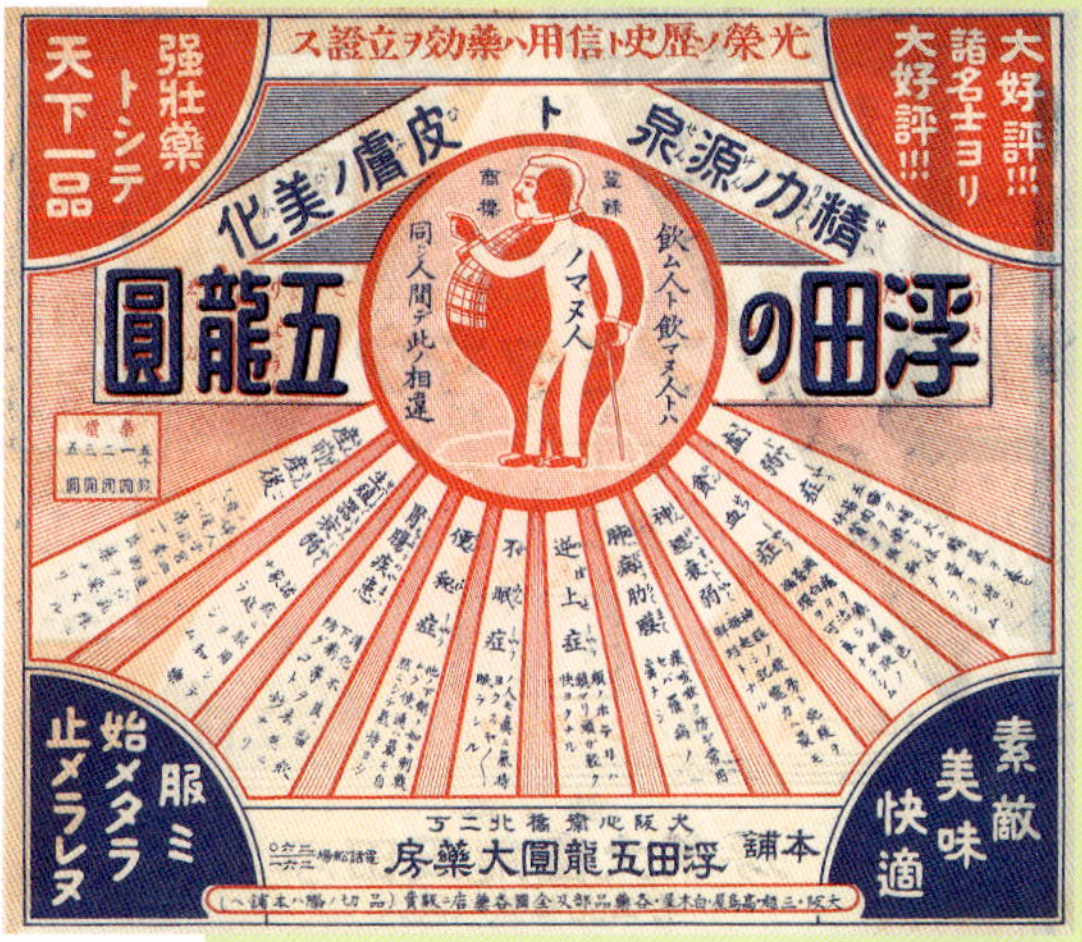

113・同 チラシ

朝日のように光を放つ丸い体型。見てるだけで元気になりそう。

まだまだ心ブラ――

"室内カーテンのご用命は""ココダ!!! ココダ!!!"

115

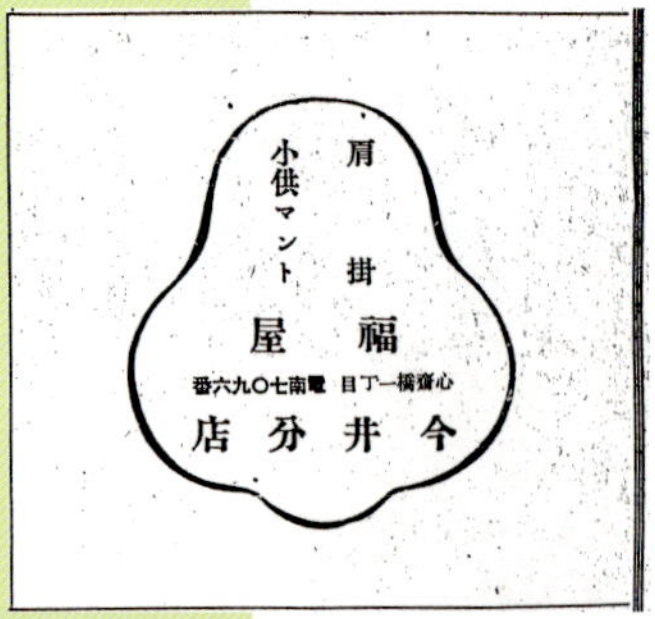

114

117

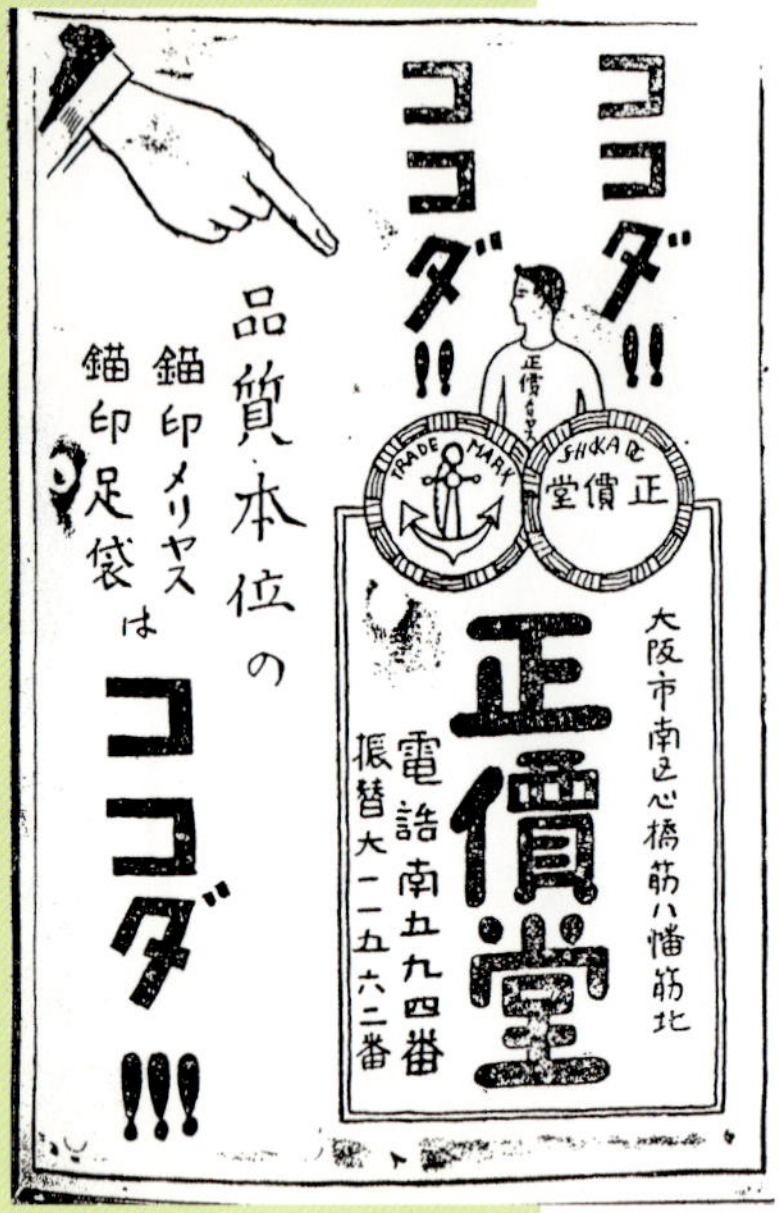

116

118

114. 今井分店 広告
「道頓堀」第18号 1920年8月

115. てんぐ履物店 広告
「道頓堀」第6号 1919年8月

116. 正価堂 広告
「道頓堀」第12号 1920年2月

117. 同 広告
「道頓堀」第18号 1920年8月

118. 増田道具店

心斎橋にあった数々の店の広告。中でもカーテンをあつかう店の広告が興味深い。近代化する中で人々の生活が変わり、家も変化していく。障子よりもカーテンが必要とされるようになっていった。

120. 桑原商店 チラシ

119. 森高商店小売部 チラシ

123. ササキちりめんや チラシ

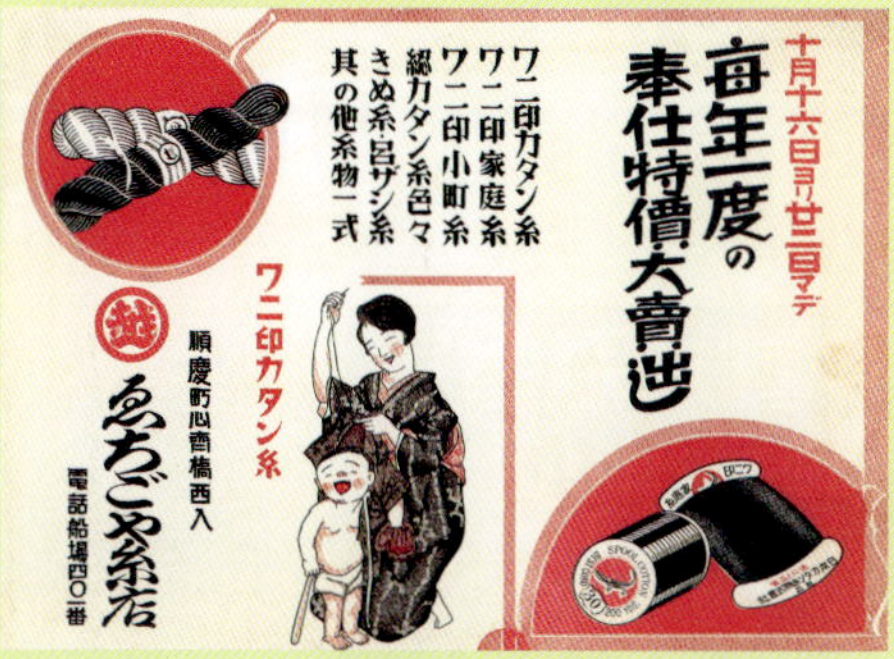

121. ゑちごや糸店 チラシ

124. 同 広告
「道頓堀」第11号 1920年1月

122. 松室文房具店 チラシ

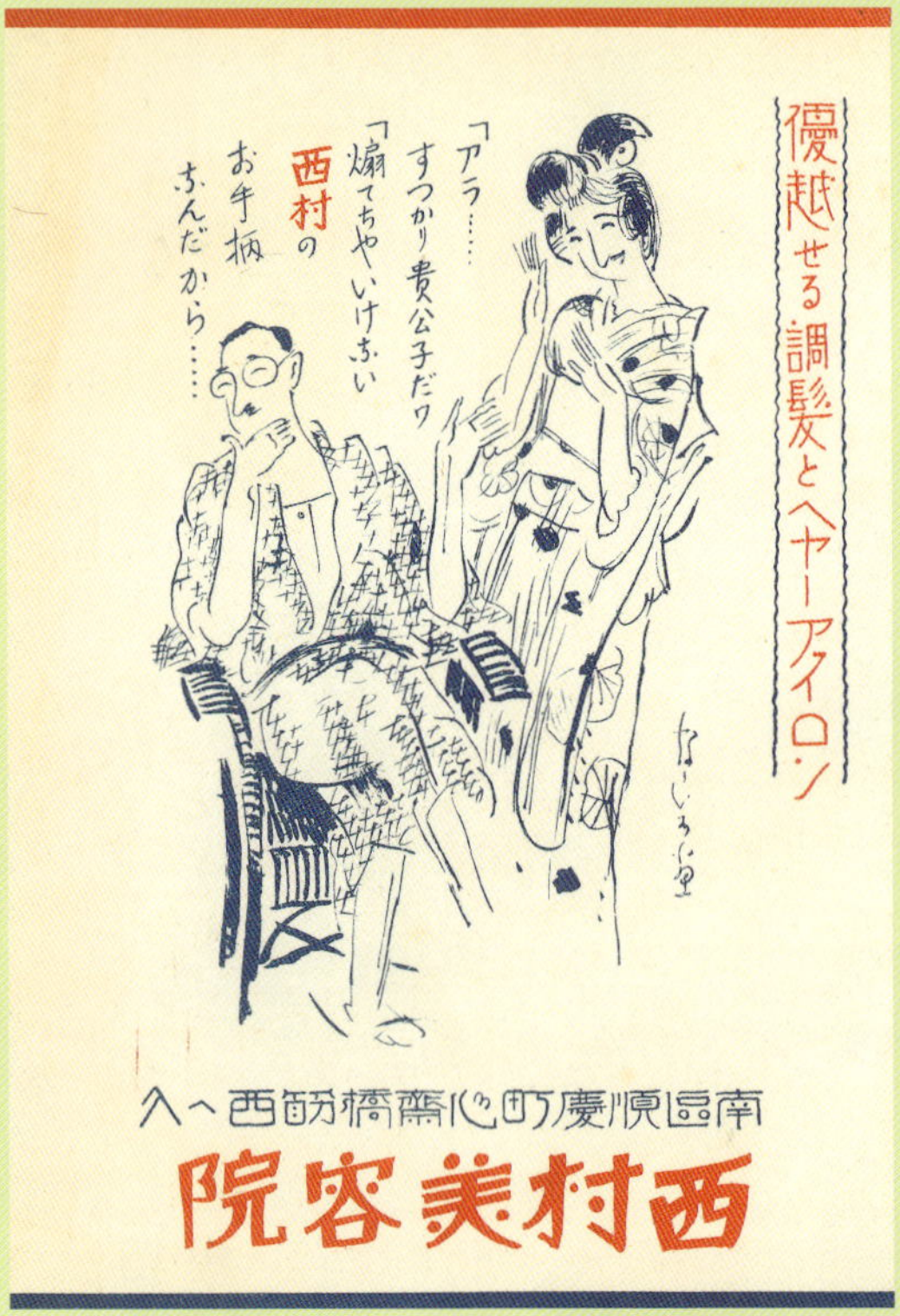

126. 西村美容院 チラシ

125. 中村美容舘 チラシ

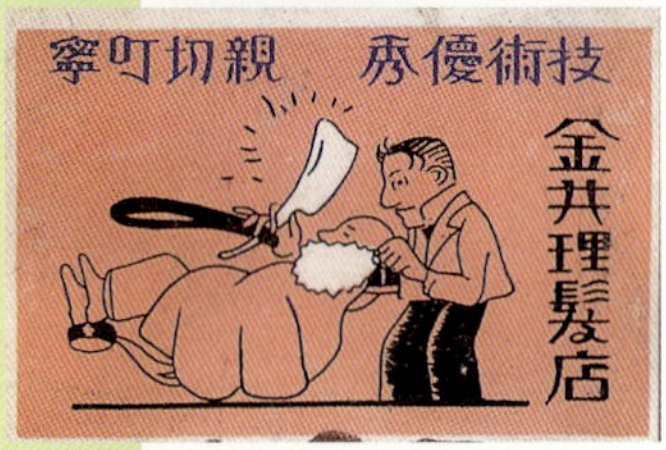

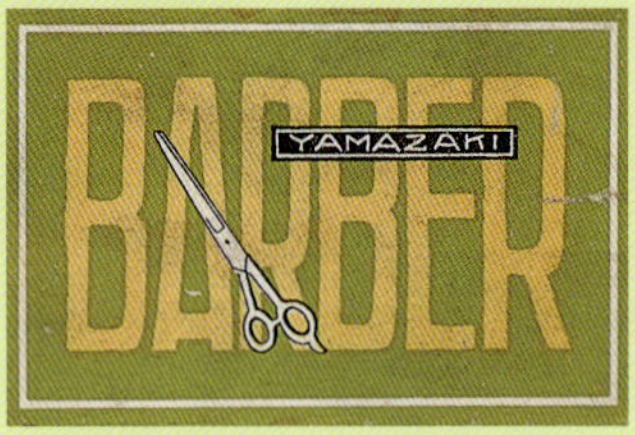

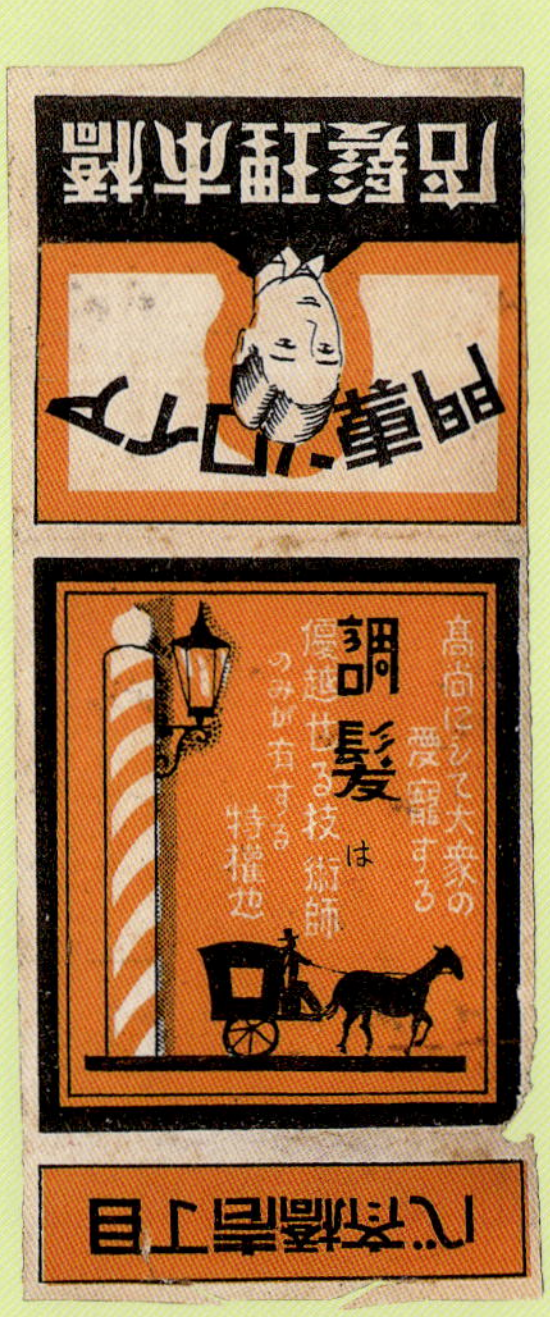

美容院・理髪店コレクション

さて、どの店でさっぱりするかな?

「婦人束髪会」という会が明治十八年(一八八五)に結成された。衛生面・経済面から日本髪は合理的でないが、束髪は自分で結える上、軽くて経済的であると標榜《ひょうぼう》し、あっというまに日本中に束髪を流行らせたという。大正初期には耳かくし等、大正末から昭和十二、三年頃になると断髪や電髪(パーマネント)が見られるようになった。

おしゃれな紳士とは一日二回、朝と夕方にひげを剃り、月に何度も散髪するものだそうだ。心斎橋にいくつもの理髪店があったのは、身だしなみを気遣う紳士たちが集まった場所ならではの風景のように思われる。

127. 吉田理髪店 チラシ

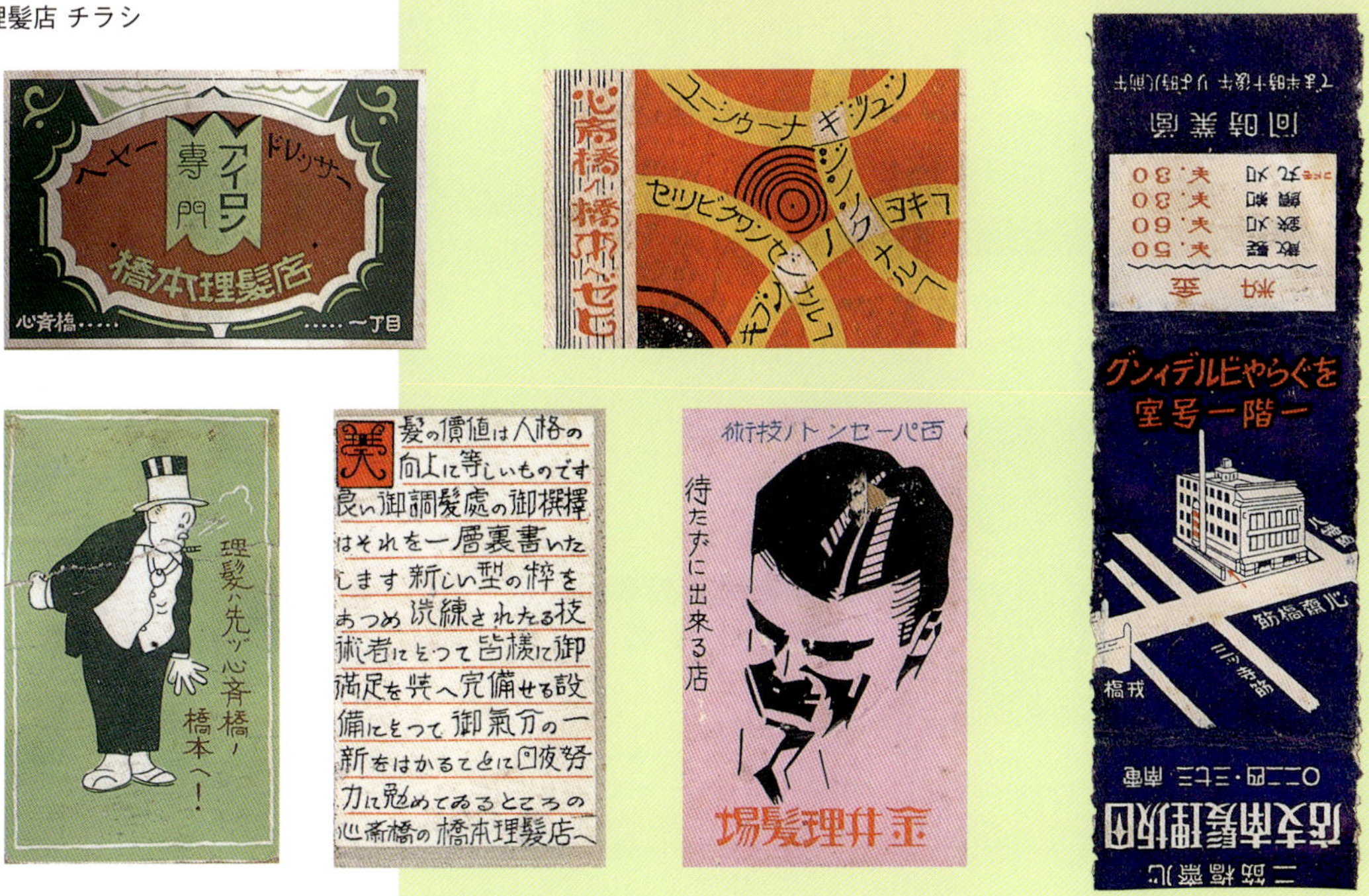

128. 理髪店のマッチラベル

夜の大大阪を燈すネオンと家電ブーム

大電飾看板と電気店

130. バイエルアスピリン 絵はがき

129. マツダランプ心斎橋売店（東京電気会社の宣伝所）

東京電気会社の宣伝所の店頭を飾っているのは冷蔵庫だろうか。モダニズム時代を輝かせたのは〝電気〟。家庭生活の改善が唱導され、向上化の第一歩は食堂台所の改善であらねばならぬと当時の大阪市電気局も盛んに宣伝した。大正、昭和初期にかけて家電ブームが巻き起こった。

131. 衣笠電器販売「ショップガイド」創刊号 1938年8月

ベビーゴルフでナイス・ショット！

〈島の内ゴルフ〉

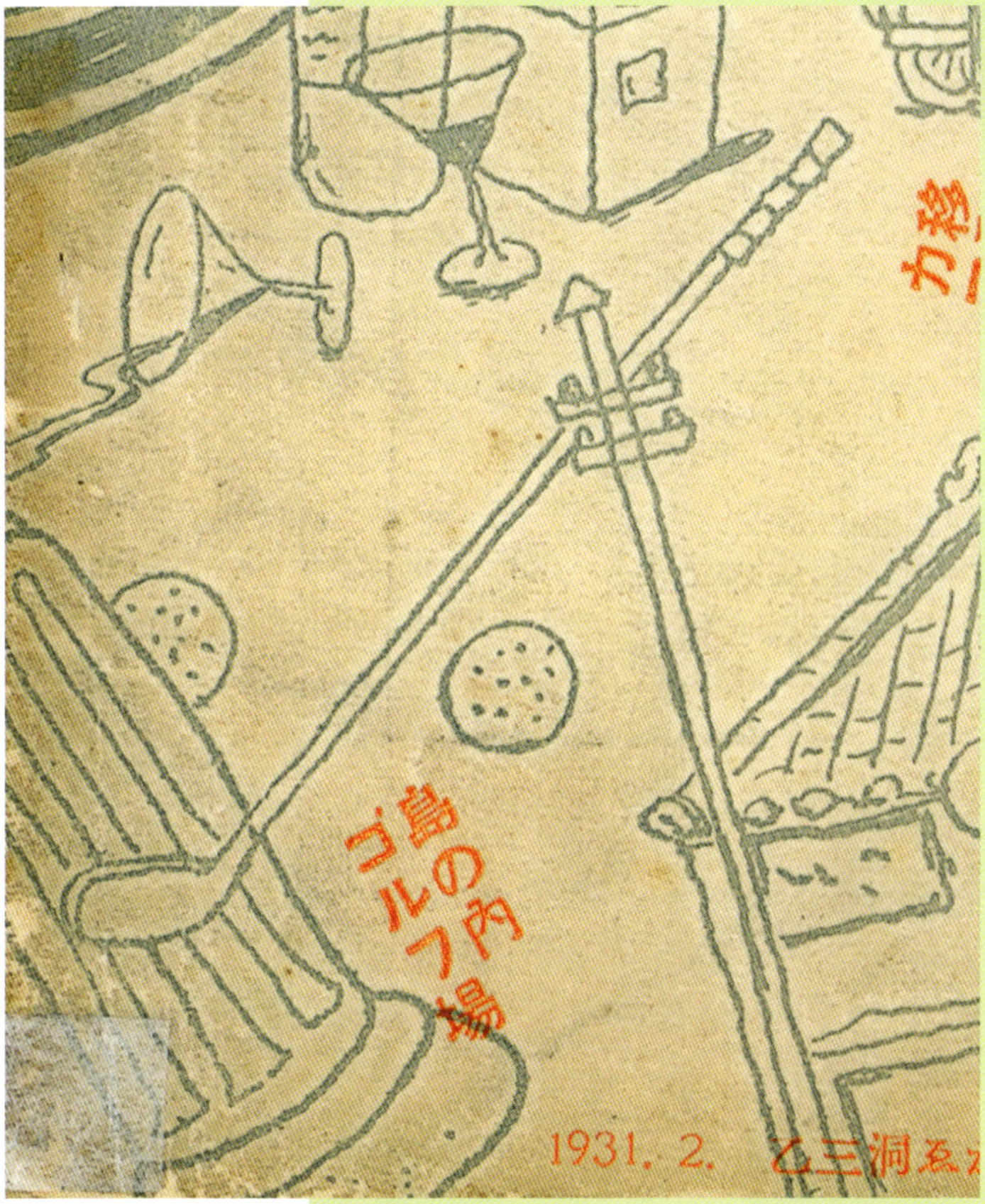

133.「柳屋」第42号 考現の号 裏表紙より

132. マッチラベル

134. 同 見返しより

「ゴルフ・クラブを抱えてどちらまで?」「心斎橋へゴルフをしに。パターで打つベビーゴルフです。ところで君も『ゴルフ』を抱えてますね」「心斎橋で買った中河与一の短編小説集『ゴルフ』です。昭和九年(一九三四)、昭和書房発行。フランスの画家ラウル・デュフィの表紙が好きで」「じゃあ失敬、モダン心斎橋を楽しもう」(との紳士の会話はすべて私の創作でした。悪しからず。)

昭和六年(一九三一)の「柳屋・考現《モデルノロヂオ》の号」の表紙にある森田乙三洞《おつさんどう》が描いたイラスト。心斎橋筋近くのゴルフ場が描かれている。日本初のゴルフは明治三十四年(一九〇一)英国の茶の貿易商が六甲山上で放ったティー・ショット。大阪では大正十二年(一九二三)に茨木カンツリー倶楽部が設立認可された。

心斎橋付近の支店めぐり

銀行もいろいろチラシを考える

昭和初期の銀行のチラシ。御大典記念で記念品発行、「巨万の富も一銭から」とくどかれては、新規に口座を開きたくなるが、御大典（昭和三年）の翌昭和四年は世界大恐慌だ。嗚呼《ああ》、このチラシにつられて銀行へ走った人は、翌年もまた銀行へ……。

135

137

136

138

135. 鴻池銀行南船場支店 チラシ
136. 野村銀行船場支店
順慶町出張所 チラシ
137. 摂津貯蓄銀行順慶町出張
チラシ
138. 左右田銀行 チラシ

〝レンタカー〟と〝へたうま〟の元祖？
高級貸自動車の〈木戸自転車商会〉

139．木戸自転車商会 チラシ

〝高級貸自動車〟とはレンタカーのことだろうか。しかしまて！ 商売の街、船場で貸し自動車を開設した店は「木戸自転車商会」だ。自転車屋で自動車を貸すというのだが、大丈夫だろうか！ それに運転手は？ チラシの文字は自働車で、人（ニンベン）がついているのだが……。さらに云えば、なんたるチラシのデザイン。隷書《れいしょ》風に書かれた文字に、近年の〝へたうま〟を思わせる自動車の絵と矢印。文人趣味が少し入った広告で、近所の書家か南画家に頼んで描いてもらったかのようでもある。でも、こんなデザインが大好きだ。

“TOYO DEPARTMENT STORE”〈東洋百貨店〉の包装紙

140. 東洋百貨店 包装紙

東洋百貨店こと東洋オークションは、本店が道頓堀は朝日座横の通称「朝横」と「竹横」の間の南側にあり、洋品雑貨、婦人服、子供服を扱った。その包装紙がよく残っていたと感心するが、「TOYO DEPARTMENT STORE」の文字が反復され、客でにぎわう店内風景もプリントされている。

第六章

食べ尽くす心斎橋

——心ブラ途中で少し休憩

An Army Marches on its Stomach.

1. 心斎橋のマッチラベル・コレクション

宮川 享子

江戸時代から続く大阪のすし屋さんで、昔、大阪のすしとはあくまでお土産品だったという話を聞いた。カウンター前での調理が中心のにぎりと違い、大阪のすし（押しずし）はすし飯の味付けなど最初の仕込みに時間を要する。そのため、店奥に広い調理場が必要となり、店頭での販売に徹したということのようだ。

　とはいえ時代は移り変わる。「心ブラ」全盛の昭和十年（一九三五）に発行された『写真心斎橋』（56頁）には、洋テーブルの食堂と座敷をしつらえた「矢倉鮓」が載っている。冬場になると店先で蒸しずしの蒸し籠を積み上げ、酢の香りがする蒸気を辺りに漂わせていたという。この頃には、江戸前にぎりの店も大阪ではめずらしくない存在になっていた。

　明治の中頃、女性たちに人気だったのはぜんざい屋さん。関東はあずき粒のないしるこのようだが、大阪は粒入り。どの町にも必ず一軒あるほど流行したという。船場《せんば》には「十二ケ月」という名の、一度に十二杯のぜんざいを食べれば無料、というような店もあったとか。

　大正時代の人気は何といってもフルーツパーラーだ。近代大阪の文人・食満《けま》南北《なんぼく》監修のグルメ月刊誌「食通」（昭和九年と十年）で「喫茶店フルーツパーラー特集」が組まれているほど。心斎橋からは「森永キャンデーストアー」「不二家」「明治製菓」「蝶屋」「アサヒ喫茶店」。戎橋《えびすばし》筋「平野屋」、淀屋橋「風月堂」、天神橋筋「マルエス」、阿倍野橋筋「マルコシ」などが紹介されている。大人の盛り場のカフェに対し、パーラーはおそろいの制服に白いエプロン姿の少女たちが給仕する健全な店で、家族や女性だけでも安心して利用することができた。

　「喫茶店やダンスホールや百貨店は大阪を彩る最も特色的な存在である。中でも喫茶店はタクシーとともに最も大衆的で、心斎橋や戎橋通りの繁華街からどんな裏町の裏通りにまで、それ

相応に、いろさまざまの喫茶店がいくらあることか知れない」(「食通」昭和十二年)。

フルーツパーラー「蝶屋」は、大スター・長谷川一夫が経営した店だ。店名は当時の芸名・林長二郎のチョウと、彼の紋所である蝶花菱にちなんだようだ。

一階では果物の店頭販売。メロン(米国産)、温室葡萄(マスカット)、生ライチー(香港産)、パパイヤ(台湾産)、洋梨(岡山産)など(余談だが、大正十四年(一九二五)の記録によると、バナナは台湾からのもので、現地で採取後十日間で大阪に到着、のち、ガス式の発酵室で追熟(色つけ)する、という方法がなされていたそうだ)。

一階店奥と二階には喫茶室。当時の蝶屋のメニューには「オレンヂエード 四十銭」「フルーツメルバースペシャル 四十五銭」「フルーツサンドウヰツチ 二十五銭」「メロンアラモード 六十銭」……など八十一種類がずらり。今見ても魅力的だ。

開店当初は長谷川一夫が何度か姿を見せ、その日は早朝五時から女性ファンが戎橋まで長蛇の列をつくって殺到するなど、店は心斎橋名物だった。しっかりした営業方針で繁盛し、ファンだけでなく、心ブラ客に大いに気に入られたという。

百貨店の食堂も外せない。「大丸遊覧双六」(98頁)のアガリは洋食堂と和食堂だ。

昭和二年(一九二七)のグルメ雑誌によると、百貨店和食堂のメニューは次の通り。

「十合《そごう》 〈向付〉鯛とまぐろ、大根けん、わさび 〈吸い物〉いさき、へぎうど、わらび 〈煮出〉海老丸、丸むきうど、筍 〈焼肴〉鰆味噌漬、はじかみ 〈御飯〉 〈香の物〉胡瓜浅漬、漬菜、花らっきょう」一円

「大丸 〈向付〉鯛さしみ、大根けん 〈脇〉筍・烏賊木の芽和え 〈吸い物〉鶏丸、順才、うすくづ 〈焼肴〉鰆みそ漬、みょうが 〈御飯〉 〈香の物〉大根浅漬、水菜」八十銭

戦前の心斎橋筋の店が一日の商売を終えるのは夜の十時、十一時頃。蝶屋の閉店時間も十一時だった。よく食べ、よく働き、よく遊ぶ。心斎橋には人生を楽しむ大人たちがいた。

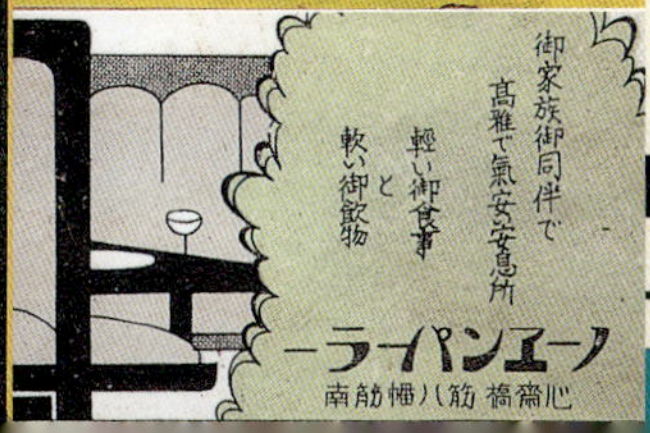

まずはここでひとやすみ
〈心斎橋森永キャンデーストアー〉

一階では森永製品の販売、二階三階に喫茶室があった。店内にステージがあり、演劇やトーキー映画が上映されたり、ジャズバンドが演奏するなど人気を博した。ココアも人気だったようだ。本店は東京にあり、全国にチェーン店が二十五店あった。店名のファンシーさに、婦女子の店とのイメージがあるが、さにあらず。意外とサラリーマンの利用が多かったようだ。はたしてお父ちゃんたちはこの憩いの場でパフェを注文しただろうか。

3. 心斎橋 森永キャンデーストアー 店頭

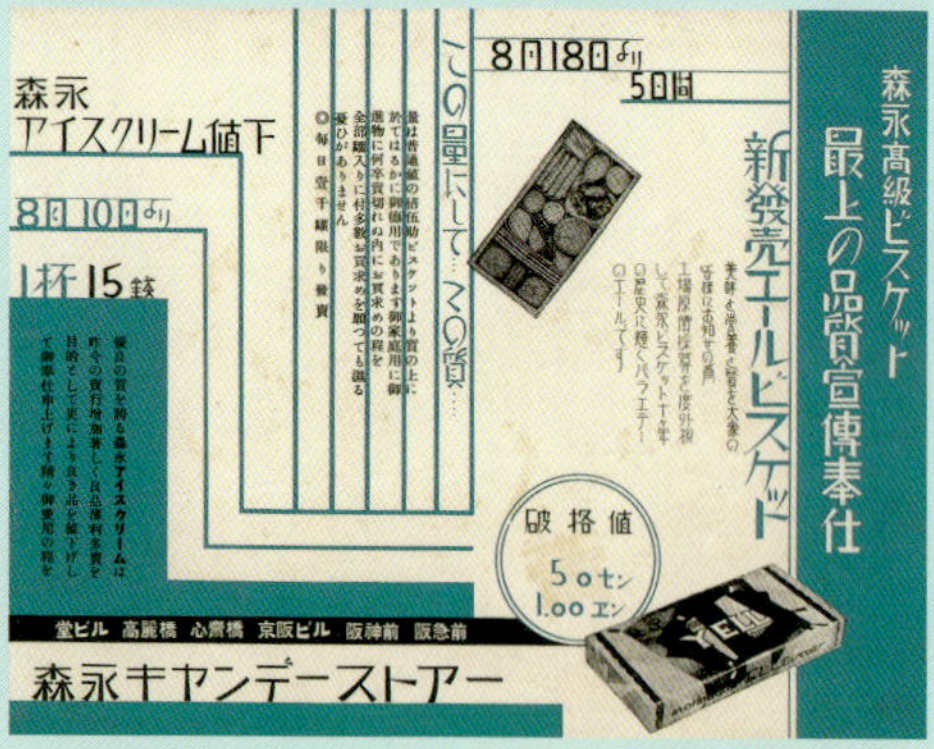

4. チラシ

2. マッチラベル

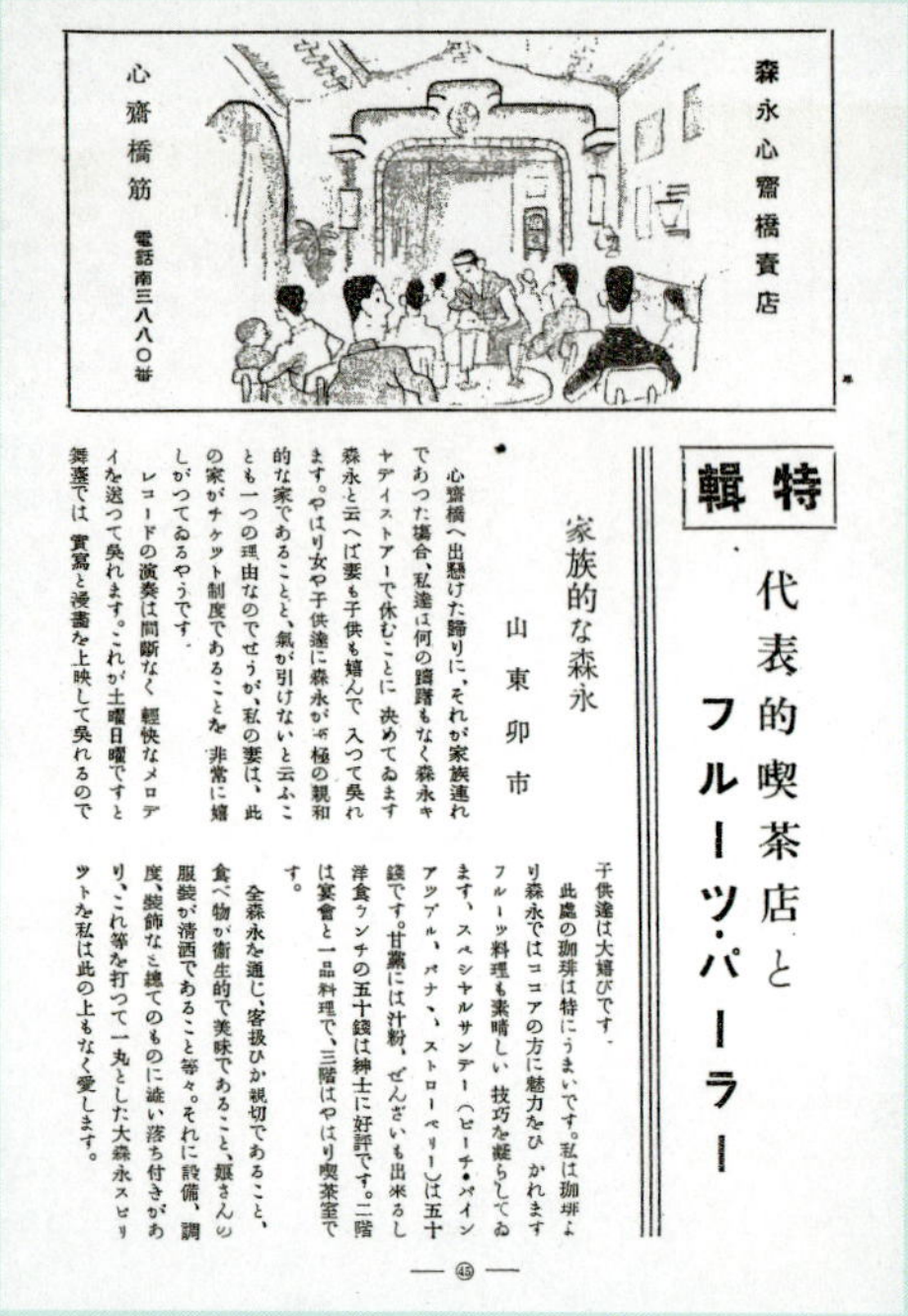
森永心齋橋賣店
心齋橋筋
電話南三八八〇番

特輯
代表的喫茶店とフルーツ・パーラー

家族的な森永
山東卯市

心齋橋へ出懸けた歸りに、それが家族連れであつた場合、私達は何の躊躇もなく森永キャンデイストアーで休むことに決めてゐます。森永と云へば妻も子供も嬉んで入つて呉れます。やはり女や子供達に森永が至極の親和的な家であることと、氣が引けないと云ふことも一つの理由なのでせうが、私の妻は、此の家がチケット制度であることを非常に嬉しがつてゐるやうです。

レコードの演奏は間斷なく輕快なメロデイを送つて呉れます。これが土曜日曜ですと舞臺では實寫と漫畫を上映して呉れるので子供達は大嬉びです。

此處の珈琲は特にうまいです。私は珈琲より森永ではココアの方に魅力をひかれます。フルーツ料理も素晴しい技巧を凝らしてゐます、スペシャルサンデー（ピーチ・パインアップル、バナヽ、ストローベリー）は五十錢です。甘黨には汁粉、ぜんざいも出來るし洋食ランチの五十錢は紳士に好評です。二階は宴會と一品料理で、三階はやはり喫茶室です。

全森永を通じ、客扱ひが親切であること、食べ物が衞生的で美味であること、孃さんの服裝が淸洒であること等々。それに設備、調度、裝飾など總てのものに盡い落ち付きがあり、これ等を打つて一丸とした大森永スピリツトを私は此の上もなく愛します。

— 45 —

6.「特輯 代表的喫茶店とフルーツ・パーラー」
「食通」1935年12月号より

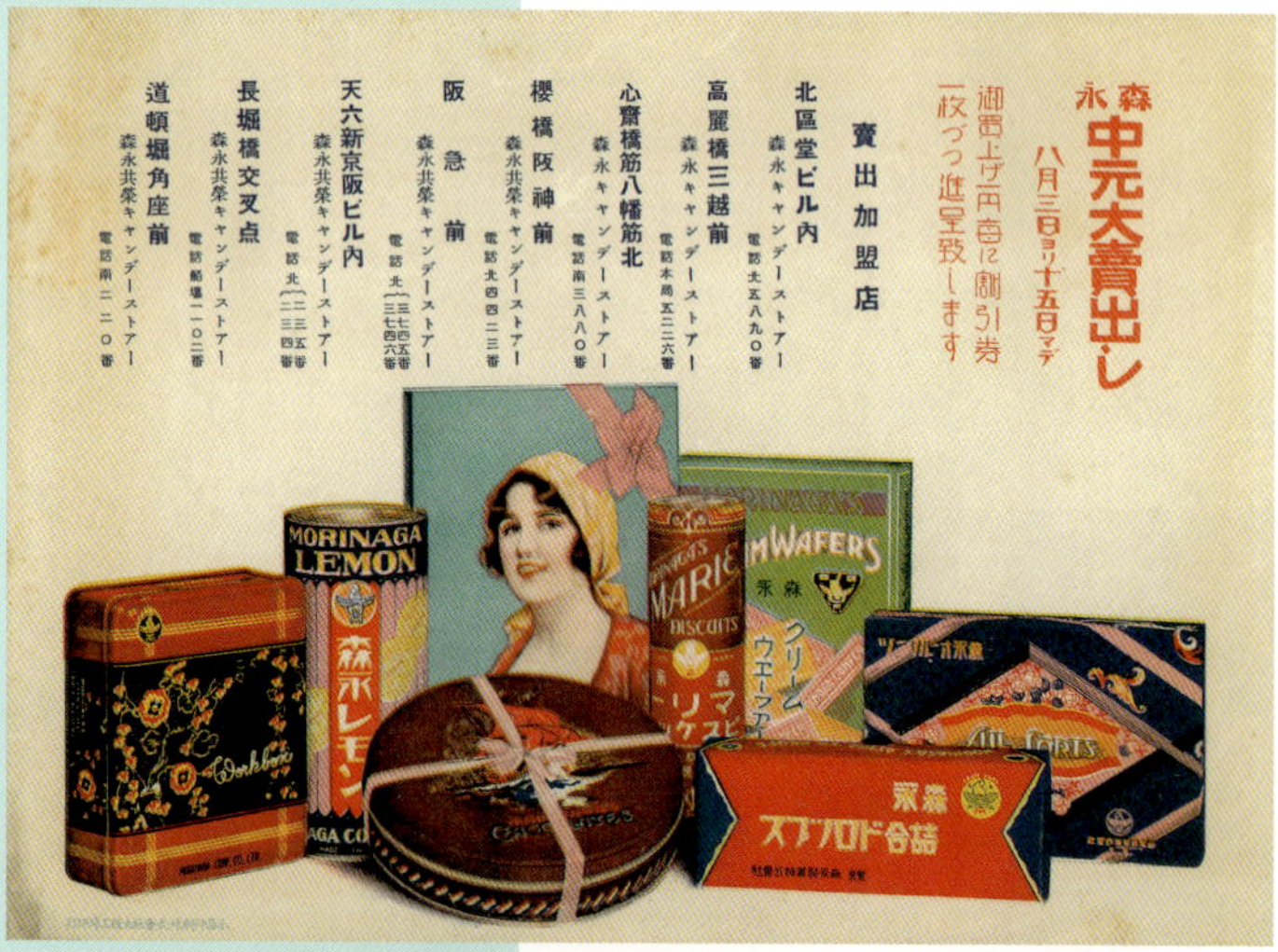

5. チラシ　大阪にあったキャンデーストアーの各店。

7. 店内
正面奥に構成主義的な舞台装置。終了した野球のスコアボードは何の試合？

9. マッチラベル

8. 店内 キャンデーストアーも夜になると大人ばかり。

お菓子屋さんのレストランもまた楽し
〈明治製菓売店〉〈不二家洋菓子舗〉

12.

13.

14.

15.

10. 明治製菓売店 挿絵　「食通」第2年8号（改題一周年記念　喫茶店とフルーツ・パーラー号）1934年10月

11. マッチラベル　右のラベルには全国の支店が。

「明治製菓売店」は東京以下、全国に二十八のチェーンストアがあった。一階では明治チョコレート、明治キャラメルなどの明治製菓のお菓子が売られ、一階二階は喫茶室と食堂、三階は集会場として使われていた。落ち着いた雰囲気の静かで上品な店で、食器も優美なものが使われていたという。家族連れ、学生たちが利用し、「明菓」の愛称で親しまれた。

「不二家洋菓子舗」は「銀座から来た店」と当時評判に。洋風の店内に、障子を思わせる和洋折衷の天井照明が斬新。フロアのまん中に、冬はストーブ、夏は噴水が置かれた。一階菓子部の売店を通り過ぎて喫茶室に入ると、雰囲気の良い音楽が流れ、時おり松竹歌劇のスタアが深夜近くまでくつろぐ姿があったとか。現在も同じ場所に不二家のレストランがある。

12. 明治製菓売店　一階喫茶室
13. 同 製品売場
14. 店頭
15. 二階喫茶室

17. 階上食堂

16. 不二家洋菓子舗 一階食堂

18. 店頭

19. 広告 「心斎橋新聞」1938年

不二家のアイドル・ペコちゃんの誕生は戦後で、1950年。

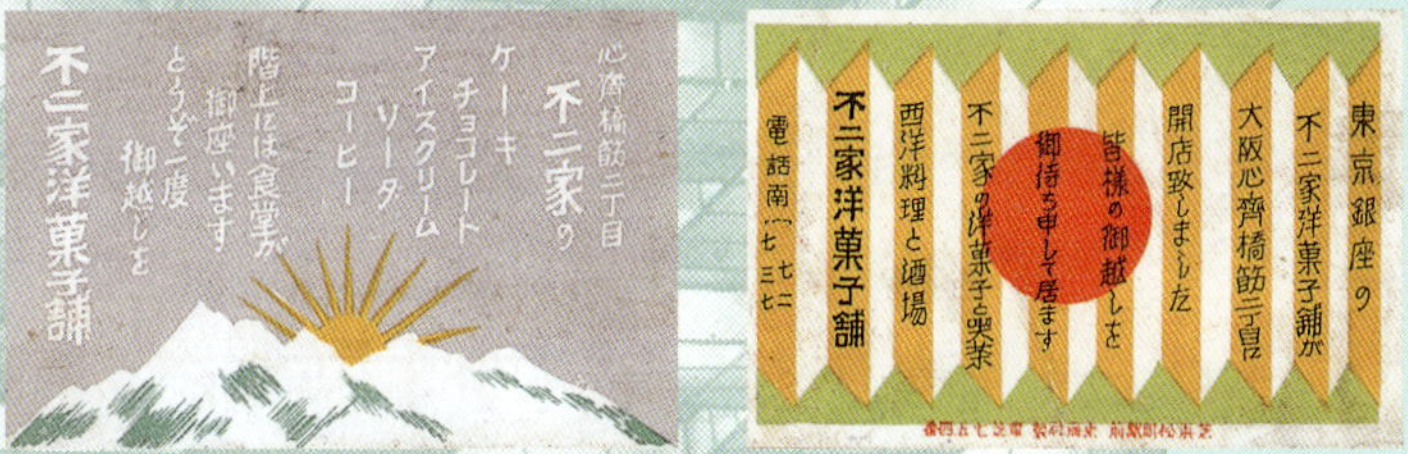

20. マッチラベル 右は開店当時のもの。

21. 背景：天井照明

船場の料亭の味、心斎橋に登場
〈つる家〉

高級料亭として有名な船《せん》場《ば》の今橋にあった「つる家」が経営。中国風の部屋、滝のある部屋（ポンプ式だったらしい）、洋風の部屋など凝ったしつらえに、客は大いに楽しんだ。ところでこの料亭、谷崎潤一郎の『卍《まんじ》』にも「鶴家」として登場している。主人公・光子のアリバイ工作のために使われるのだが……。

22. つる家 階上宴会場

23. 店頭

広告で宣伝されているのは鍋料理・すし。本店に比べるとカジュアル路線だろうか。とはいえ、心斎橋であの「つる家」の味を味わえたのだ。

24. 一階食堂　この滝がポンプ式。

25. 一階食堂

26. 階上食堂

27. チラシ　お土産、進物用のメニュー。おでんを関東《カント》だきと呼ぶのも懐かしい。さっそく売店へ行きましょう。

「つる家趣味園」とは。
ここも市中の山里？

28. マッチラベル

市中の山里「ちん座」して一献
〈心斎橋食堂〉

29. 心斎橋食堂 チラシ
「ちん座席」とは「賃座席」か？「鎮座席」か？

30. 店頭
『大大阪画報』1928年
大大阪画報社

31. マッチラベル

心斎橋筋で「心斎橋食堂」を名のる自信はなかなかのもの。マークも「心」の字をデザイン化する。一、二階が椅子席、三階が座敷。広告では男連れが盃を傾け「大阪の真中で山行の気分がする」「吾々忙しい者にハ経済でい、」と話す。三階の趣向〝ちん座席〟や如何に？ 店頭には「自慢の鰻まむし（蒲焼きのこと）三拾銭」「東京にぎり、浪花寿司」「折詰弁当」「ソーダ水 アイスクリーム 三つ豆」など看板がにぎやか。所在を八幡筋角と記すが実はこの食堂、連子窓《れんじ》が古風な高級呉服店・小大丸《こだいまる》の真正面、モダンな丹平ハウスの斜《はす》向かいにあった。後に喜久屋食堂北店に変わった。

しびれるようなネーミング
〈電気食堂〉

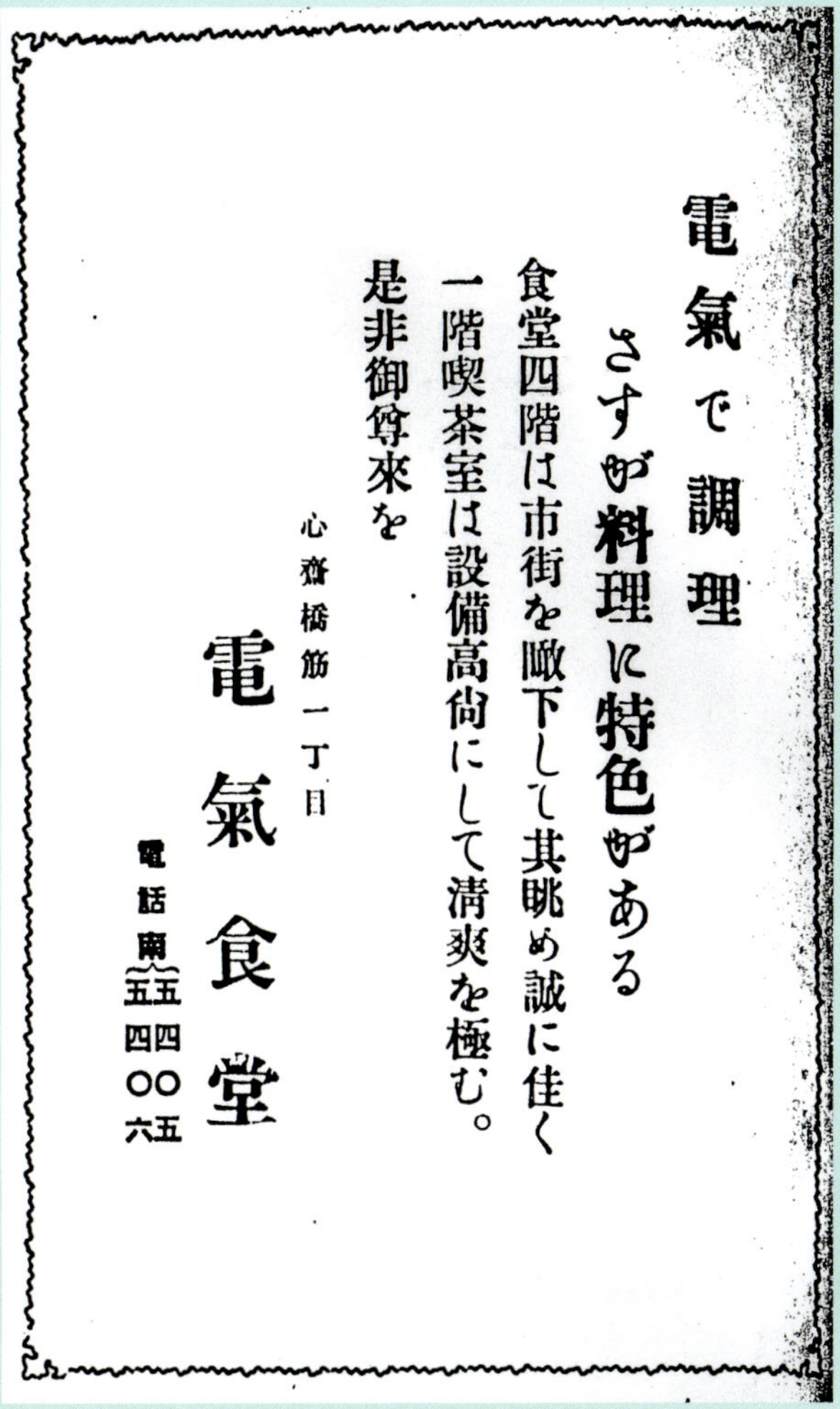
電氣で調理
さすが料理に特色がある
食堂四階は市街を瞰下して其眺め誠に佳く
一階喫茶室は設備高尚にして清爽を極む。
是非御尊來を
心斎橋筋一丁目
電氣食堂
電話南五四〇五 五四〇六

32. 電気食堂 広告　「道頓堀」第9号 1919年11月

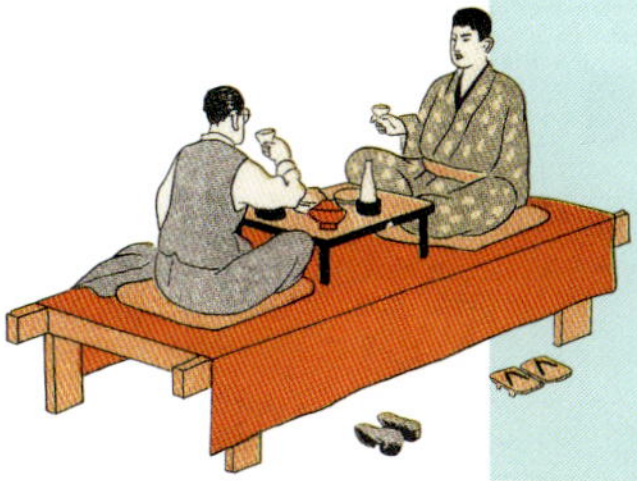

大正半ばの広告に発見した「電気食堂」。心斎橋筋一丁目で、一階が喫茶、四階の食堂は眺望がよいと宣伝する。東京の「デンキブラン」もそうだが、「電気」を冠する店名・商品名にはレトロな気分がある。大正時代の道頓堀にも「電気写真」という写真館があった。多少違うが、昭和八年（一九三三）に開業し、今も盛況なガスビル食堂の名も時代の気分を伝える。さらに戦前の四ツ橋には「南一温泉料理」なる店もあった。入浴随意の料理屋である。都市を支える電気にガス……さすがに〝水道バー〟はなかったが。それはさておき「電気食堂」。電気の力で調理した料理に客たちはシビレたのだろうか。

〈喜久屋食堂〉

眼前が道頓堀、十五銭均一の庶民派食堂

34. 北店一階15銭均一料理食堂

33. 喜久屋食堂 北店階上

37. 本店三階

36. 本店全景

38. 本店一階

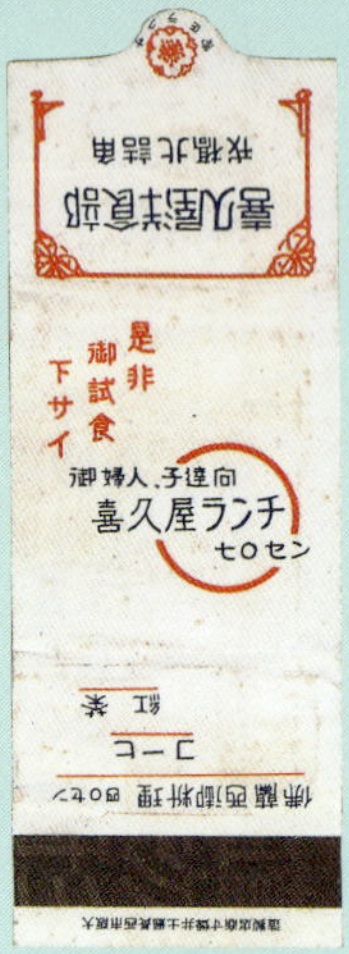

35. マッチラベル
ランチは70銭。

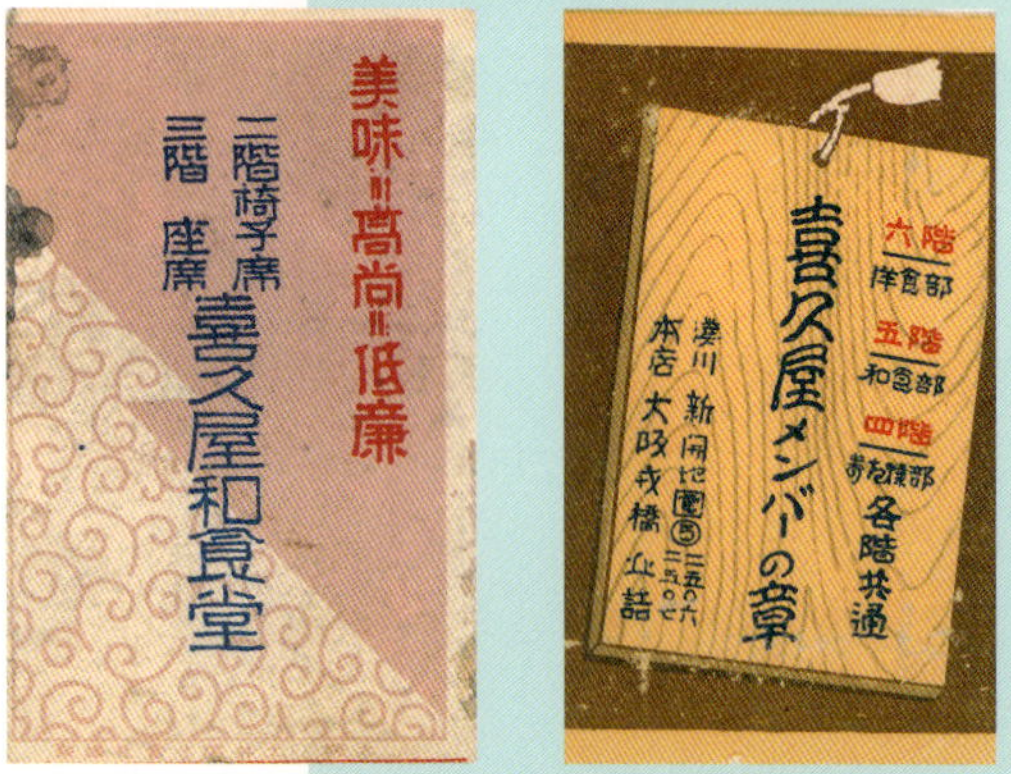

39. マッチラベル

心斎橋筋の南端、宗右衛門町の角にあった「喜久屋食堂」本店ではてんぷらにフランス料理。北店（もとの心斎橋食堂の位置）では十五銭均一の大衆料理、すき焼きを出した。均一食堂のテーブルの並び方もすごい。急いで食べるカウンター式。「コ」の字に折れ曲がって牛丼や回転寿司店のようだ。北の新地、神戸、京都に姉妹店があった。

おのおの方《がた》、新鮮なフルーツでござる
長谷川一夫の〈蝶屋〉

40. 蝶屋 店内

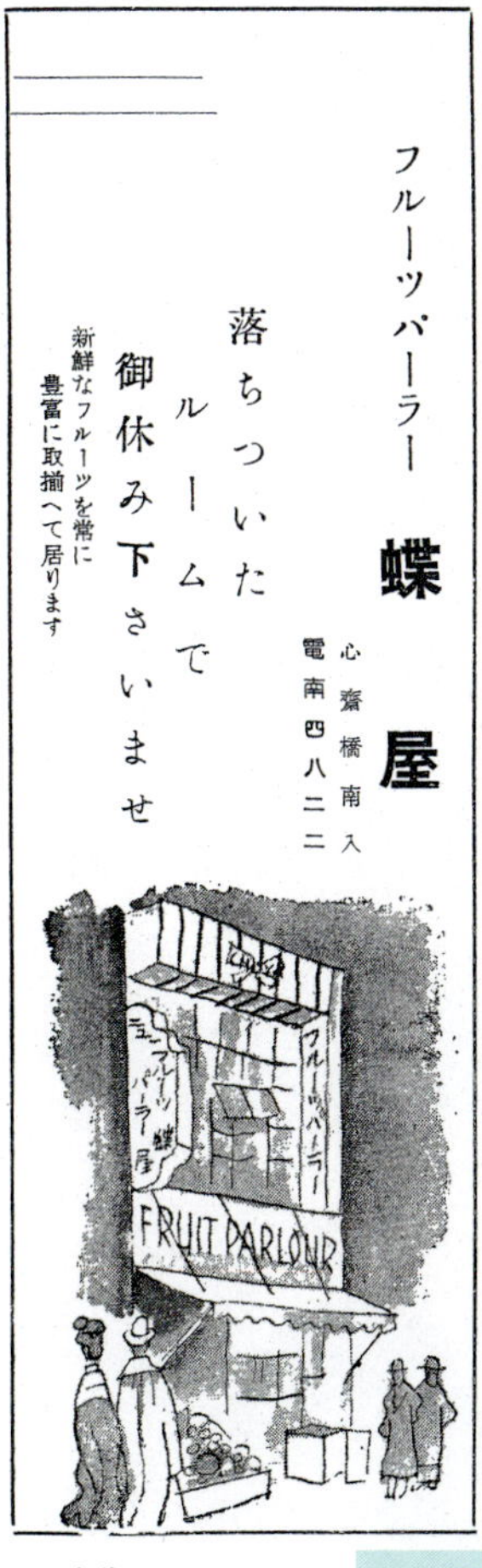

41. 広告 「食通」第3年11号（喫茶店フルーツ・パーラー号） 食通社 1935年12月

42. 広告 「食通」第2年8号（改題一周年記念 喫茶店とフルーツ・パーラー号） 食通社 1934年10月 同じ絵だが、別の広告。

「蝶屋」は銀幕の大スター長谷川一夫（当時は林長二郎）が経営した店。モダンガールや映画ファンたちがこぞって蝶屋を楽しんだ。フルーツみつ豆が人気メニューのひとつだったようで、おみやげ用も売られていた。

一句一服 お茶人は俳人

橋本雪後の茶舗〈川口軒〉

茶舗・川口軒の橋本雪後も学識高い趣味人で、青木月斗《げっと》の俳諧雑誌『同人』に参加した俳人であった。昭和十四年(一九三九)同人社から随筆集『今様つれづれ草』、翌年『茶趣』を刊行する。店頭には自作の句が掲げられ、川口軒の引札も絵に俳趣があって洒脱《しゃだつ》である。

43. 川口軒茶舗 店内

44. 引札

45. 川口軒本店 広告 「道頓堀」第8号 1919年10月1日

46. マッチラベル

こちらも一皿一服

〈お茶福〉はあんころ餅 〈番茶屋〉は高級茶

高級番茶専門の店と心斎橋土産として名物のあんころ餅が人気の店だった。店のマスコットは「おふくさん」。福々しいけどちょっとコワめ。番茶屋には紺絣《こんがすり》の着付けに姉さん被り、赤いたすきがけの茶摘み姿の娘さんが十数人。時には錦紗のそろえを着て華やかに店先に立った。

47. 番茶屋 店内

48. お茶福 店内

49. お茶福 本店 （心斎橋筋2丁目）

50. 番茶屋 店頭 （心斎橋筋1丁目）

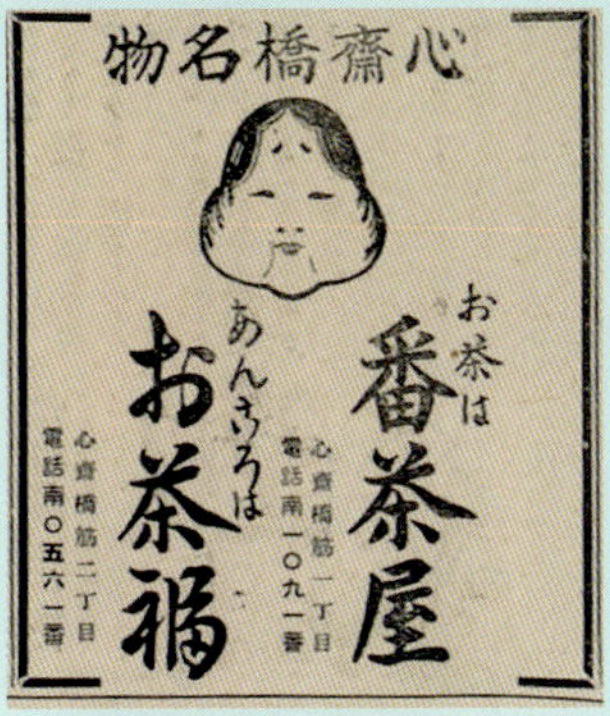

51. 広告 「心斎橋新聞」
姉妹店で登場。

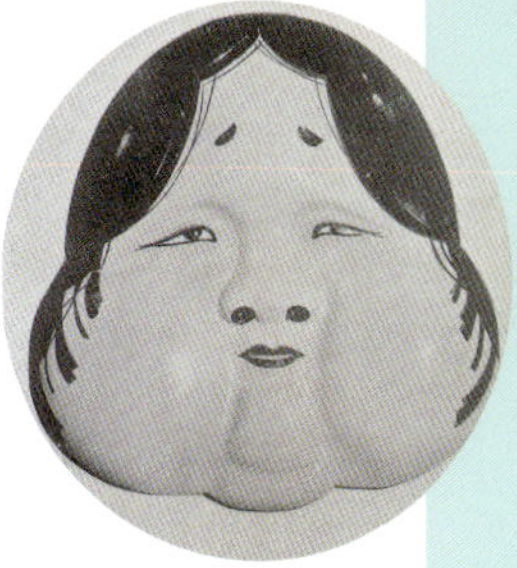

52. 両店のマスコット
おふくの面

チラシのコピーの度数もあがって……
カフェ、喫茶いろいろ

54．カフェー・オデオン チラシ　2周年で早くも増築。

53．マッチラベル

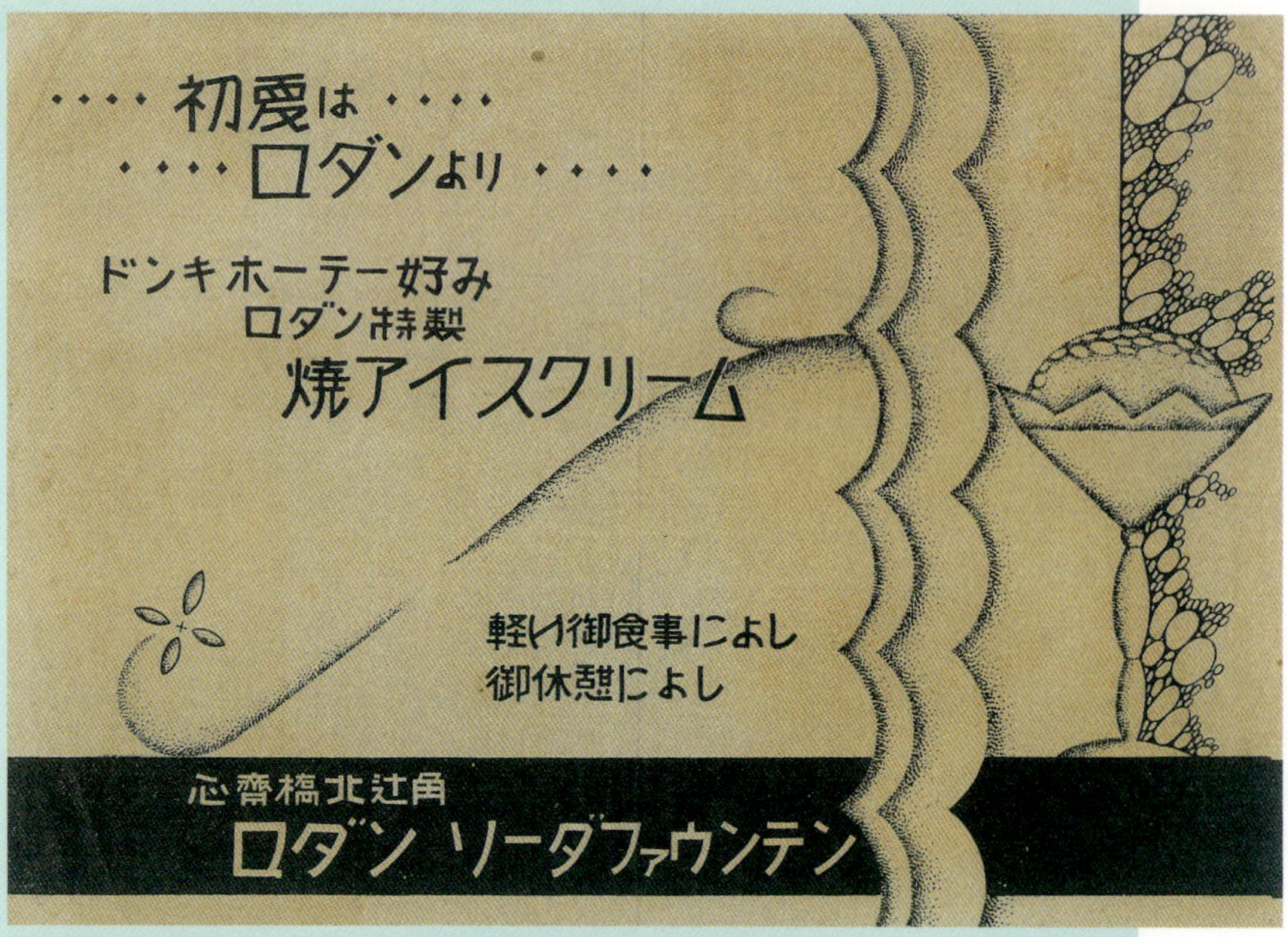

55．ロダン ソーダファウンテン チラシ　点描で描かれているのが焼アイスクリーム。

ロダンの特製「焼アイスクリーム」。溶けてなくならないのは知っているが、「ドンキホーテー好み」が気になる。〝CUCUMPER《キューカンバー》〟は〝CUCUMBER（キュウリ）〟の誤

字では？　しかし「人と話の出来る」のは、やはり〝九官鳥〟。さらに、急いでお燗してくれる〝急燗場《キューカンバ》〟、はたまた〝求歓場《キューカンバ》〟のどちらも正しい？　決して〝休肝場〟ではない。

57. マッチラベル

56. 喫茶キューカンパー チラシ　人と話の出来るのは、九官鳥？　店が静かだから？

モダン心斎橋マッチラベル・コレクション

CAFE《カフェ》巡礼 どこで火がつく⁉

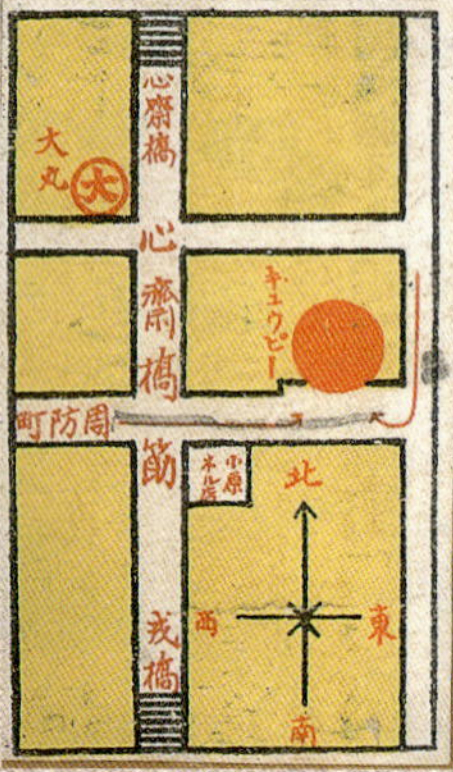

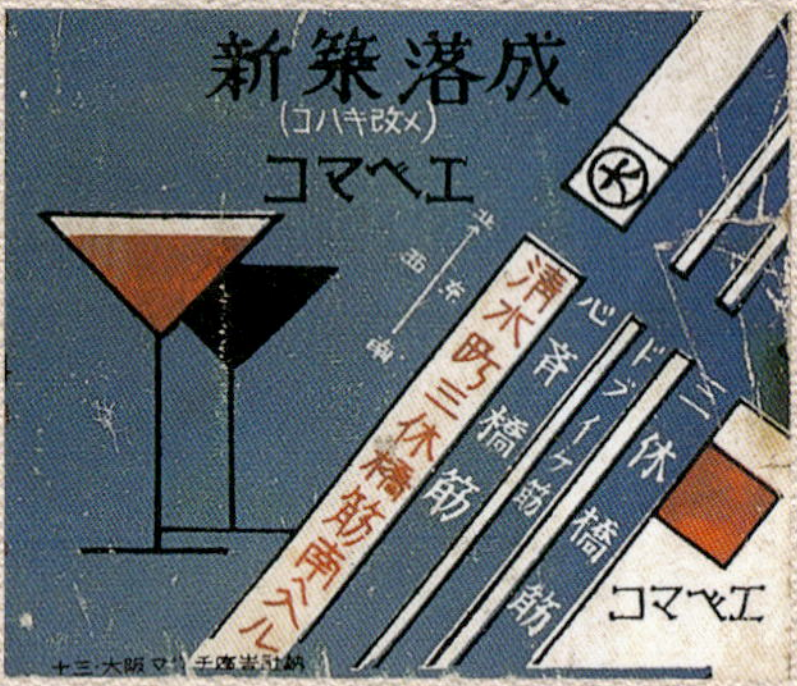

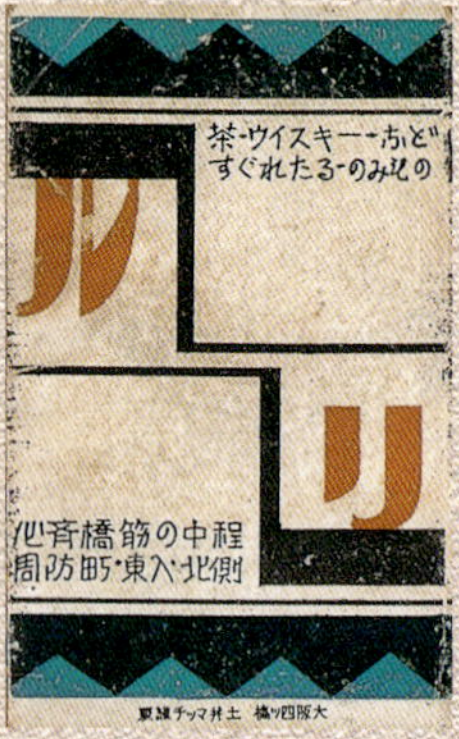

PAON BAR
BAR
心斎橋節大丸南側東入角
サロン 博多人形
電話南六七二四番
BAR & TAE CAFE NATASHA
SHIOMACHI 4CHOME OSAKA
BAR AND TEAROOM
Mon Paris
HIGASHI SHIMIZUMACHI MINAMIKU
シラサギバー
田舎娘の酒場
酒と食
BAR
HANAYA
大丸南横手
田舎娘の酒場
きよし
花屋
Hanaya Bar
心ブラの節は是非お立寄りを
サルン
キューピー
喫茶酒場
キューピー
RESTAURANT
VENUS
OSAKA SHINSAIBASHI
ヴヰーナス食堂

58、心斎橋マッチラベル・コレクション

〝ガラス張の中の人形たらんより〟
移動カフエ〈ノア・ノア〉へ〈ノア・ノア〉へ

59. ノア・ノアと眞島豪。右下のイラストにも描かれている。

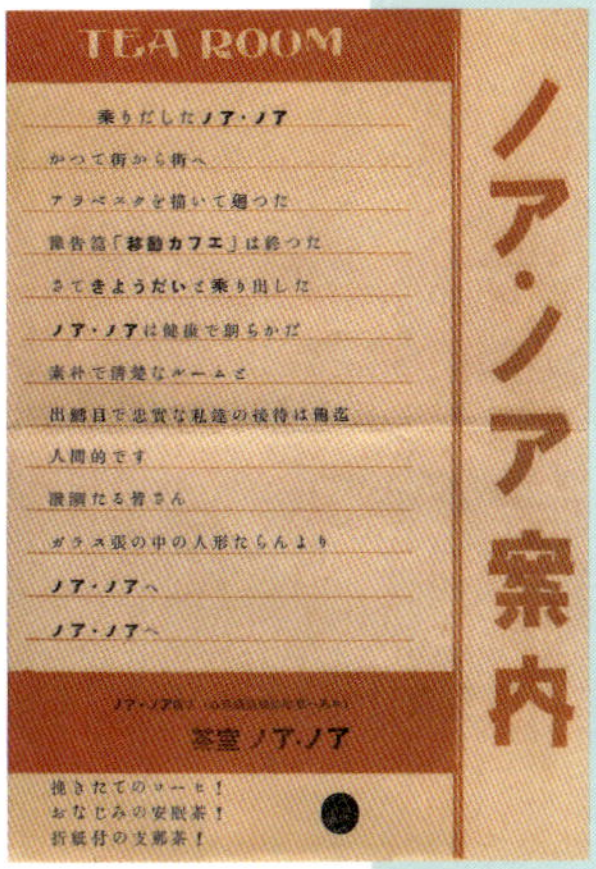

TEA ROOM

ノア・ノア案内

乗りだしたノア・ノア
かつて街から街へ
アラベスクを描いて廻つた
豫告篇「移動カフエ」は終つた
さてきようだいと乗り出した
ノア・ノアは健康で朗らかだ
素朴で清楚なルームと
出鱈目で忠實な私達の接待は飽迄
人間的です
溌剌たる皆さん
ガラス張の中の人形たらんより
ノア・ノアへ
ノア・ノアへ

茶室ノア・ノア

挽きたてのコーヒ！
おなじみの安服茶！
折紙付の支那茶！

62. ノア・ノア案内

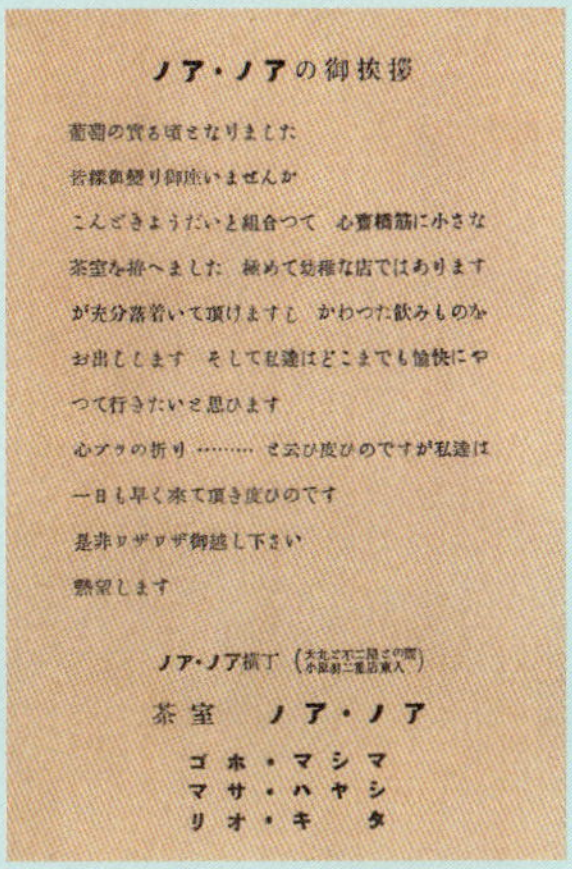

ノア・ノアの御挨拶

薔薇の實る頃となりました
皆様御變り御座いませんか
こんどきようだいと組合つて　心齋橋筋に小さな
茶室を拵へました　極めて幼稚な店ではあります
が充分落着いて頂けますし　かわつた飲みものな
お出しします　そして私達はどこまでも愉快にや
つて行きたいと思ひます
心ブラの折り………と云ひ度ひのですが私達は
一日も早く來て頂き度ひのです
是非ワザワザ御越し下さい
熱望します

ノア・ノア横丁

茶室　ノア・ノア

ゴホ・マシマ
マサ・ハヤシ
リオ・キタ

61. ノア・ノアの御挨拶

60. 「柳屋」第42号 考現の号 裏表紙より
乙三洞描くこの目玉もノア・ノアの一部。となりの「スモーク」とは？

「柳屋・考現《モデルノロヂオ》の号」（昭和六年）の表紙に描かれる「ノア・ノア」。ゴーギャンのタヒチ時代の自伝にちなむ名の移動式カフェだ。経営者の眞島豪は独立美術協会の洋画家。イラストにある巨大な目玉も、眞島と「ノア・ノア」を撮った写真の背後に写っている。移動式カフェはやがて心斎橋筋から周防町を入った場所に定着した。

「乗り出したノア・ノア。かつて街から街へアラベスクを描いて廻つた予告篇「移動カフエ」は終わった。さてきょうだいと乗り出したノア・ノアは健康で朗らかだ。素朴で清楚なルームと、出鱈目で忠実な私達の接待は飽迄、人間的です。溌剌たる皆さん、ガラス張の中の人形たらんより、ノア・ノアへ、ノア・ノアへ」。店の所在を〝ノア・ノア横丁〟と自称する案内状も洒落ている。

しる人ぞしる「しる屋」の汁
織田作もすすった〈しる市〉

63. しる屋 挿絵 麻生路郎「一ト昔前の大阪見物」1922年（『川柳漫談』所収 1929年 弘文社）

64. しる屋 挿絵 大久保恒次『うまいもん巡礼』1956年 六月社より

65. 織田作之助著『夫婦善哉』1940年 創元社
装釘は心斎橋筋出身の洋画家・田村孝之介。

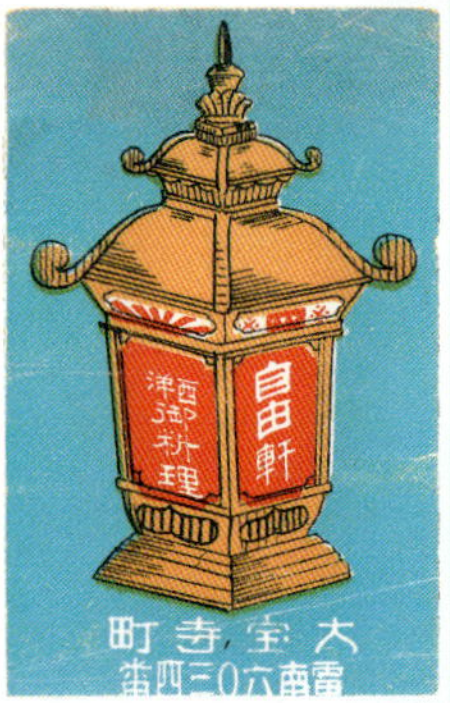

66. マッチラベル
千日前ではない
心斎橋の自由軒。

心斎橋筋は鰻谷（長堀通り南側）にあった"しる屋"の「しる市」。名の通り味噌汁の店で、メニューはトッピングの具のみ。現代なら「スープ屋」とでも呼ぶのだろう。心ブラついでに「汁でも飲んで行こか」と流行《はや》ったらしい。この店にちなむ謎がある。織田作之助は『夫婦《めおと》善哉《ぜんざい》』で「戎橋筋そごう横『しる市』のどじょう汁と皮鯨《ころ》汁」と書くが、正しくは「心斎橋筋そごう横」。織田作が手抜きするはずはない。高級呉服や貴金属店がならぶ心斎橋筋ではなく、大衆的な飲食店も多い道頓堀や千日前に近い戎橋筋に変えたのは、グルメを小道具に男女の機微を描く『夫婦善哉』での戦略ではなかったか。

恵方巻きは大阪から

巻きずしと福の神〈本福寿司〉

67．巻寿司と福の神 チラシ　1932年2月　御得意先に配られた。

『夫婦善哉』には有名な、お多福人形が登場するが、ここにもお多福がいる。文政十二年（一八二九）創業で、幕末のグルメ尽くし『花の下影』に載る大阪ずしの老舗・本福寿司。同店の昭和七年（一九三二）のチラシに、節分に巻き寿司を丸かぶりすることが宣伝され、寿司をくわえたお多福の絵が添えられている。恵方《えほう》巻きの古い資料だ。この習慣は大阪生まれの可能性が高く、チラシでは花柳界の古い伝統によるものとしている。

「市《いち》」か「一《いち》」、それが問題だ
みそ漬けの〈魚市〉？〈魚一〉？

68. 魚一チラシ

69. 魚市チラシ

70. 小松屋チラシ

「おい、みそ漬けの〈ウオイチ〉て、漢字でどう書くんやったかな？」「大丸とそごうの間の大宝寺の通りを西に入った店でしょ。」「見てみ、この二枚のちらし。一枚は〈魚一〉と書いてある。電話番号も同じや」「印刷で間違えはったんやろか。店名を変えはったんか。売り出しの時は〈魚市〉、年末の贈答の時は〈魚一〉と違いますか」「とりあえず〈南の五一三四〉に電話して訊ねてみイ」

チョットお電話下さいませ、「安い辨當」「美味しい辨當」
〈魚留〉の辨當

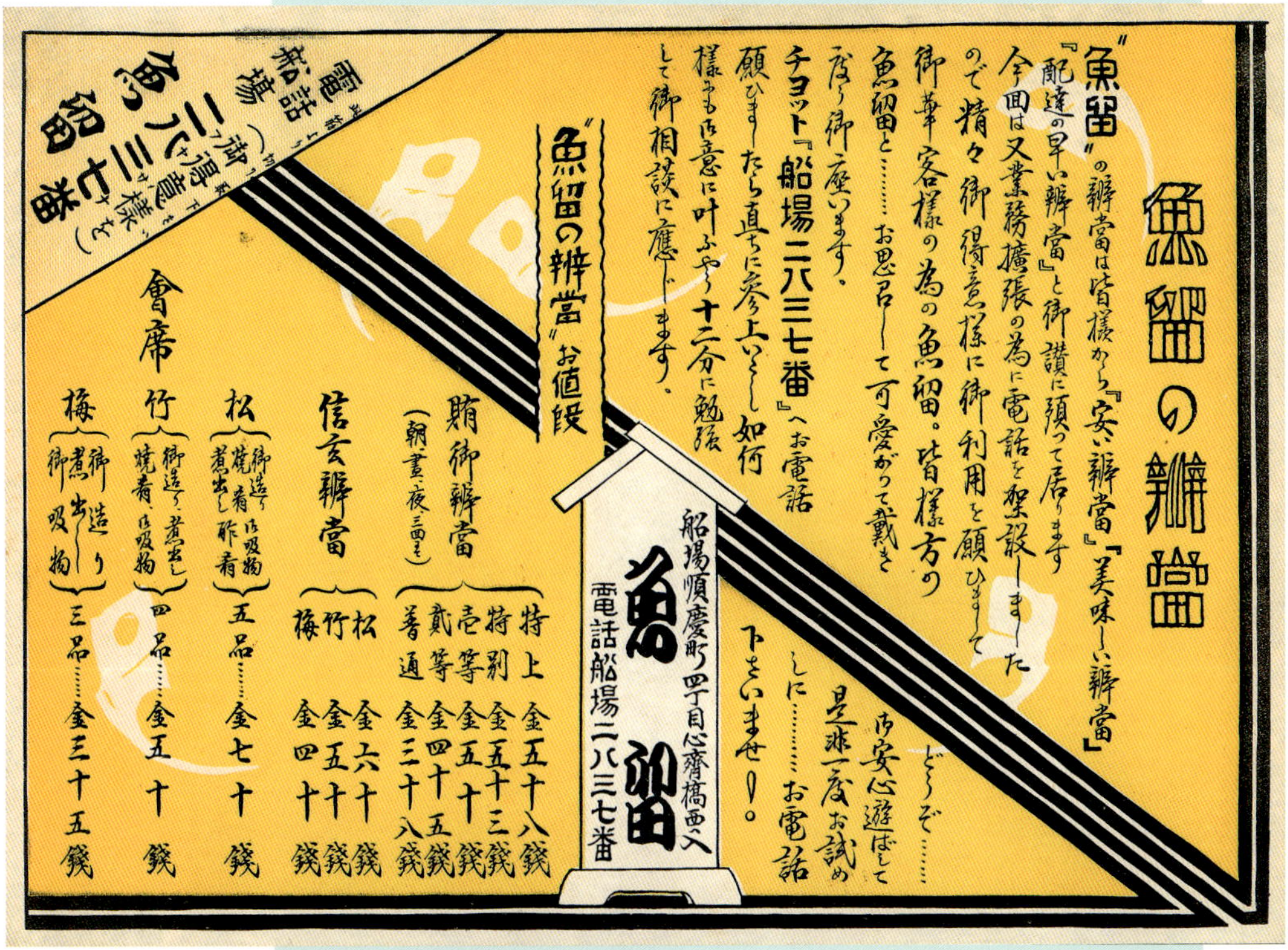

71. 魚留 チラシ

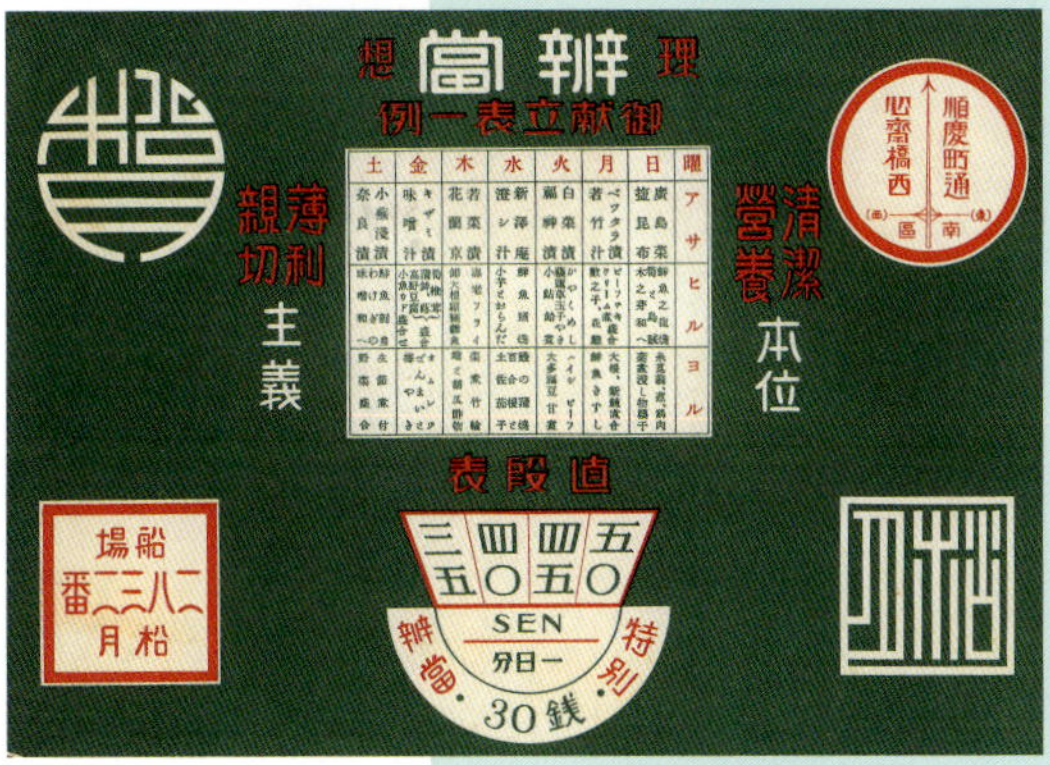

72. 松月 チラシ

73. つる源 チラシ

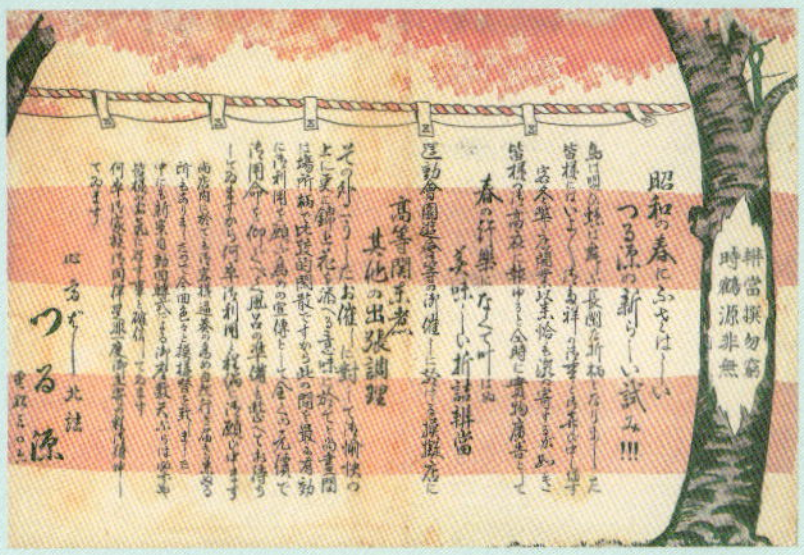

「魚留」「松月」「つる源」弁当屋さんの広告。電話で注文すれば配達してもらえたようだ。広告も弁当箱のように四角い。

〈播半〉

スッポン・ソップの宅配で知られる高級料亭

75. 洋館播半　スパニッシュ・バロック様式の外観。

74. 心斎橋播半　昭和初年
手前が末吉橋通り（現・長堀通り）。

76. 洋館播半 ホール

77. 洋館播半 ボックス席　乾御代子著『御代女おぼえがき』より

長堀川に面して心斎橋北詰のすぐ東にあった有名な料亭「播半《はりはん》」。牛乳配達同様に「スッポン・ソップ（スープ）」を宅配するサービスが、滋養によいと好まれ繁盛する。日本画家・北野恒富の還暦祝いの会が開かれるなど、画家をはじめとして当時の芸術家たちも多く集まる美術と関係の深い店である。本店から心斎橋筋をはさんで西側の御堂筋近くには、スパニッシュ・バロック様式のモダンな洋館播半、心斎橋筋から宗右衛門町に入ってすぐに鳥料理の播半支店があった。いずれも戦災で消失したが、西宮・甲陽園の播半は昭和初年から現在まで続き、地形を活かした広大な敷地と建物を誇っている。

第七章

丹平ハウスと、をぐらやビルディング—美術と文芸の拠点

Culture and Art supported by Pharmacy and Cosmetic Company

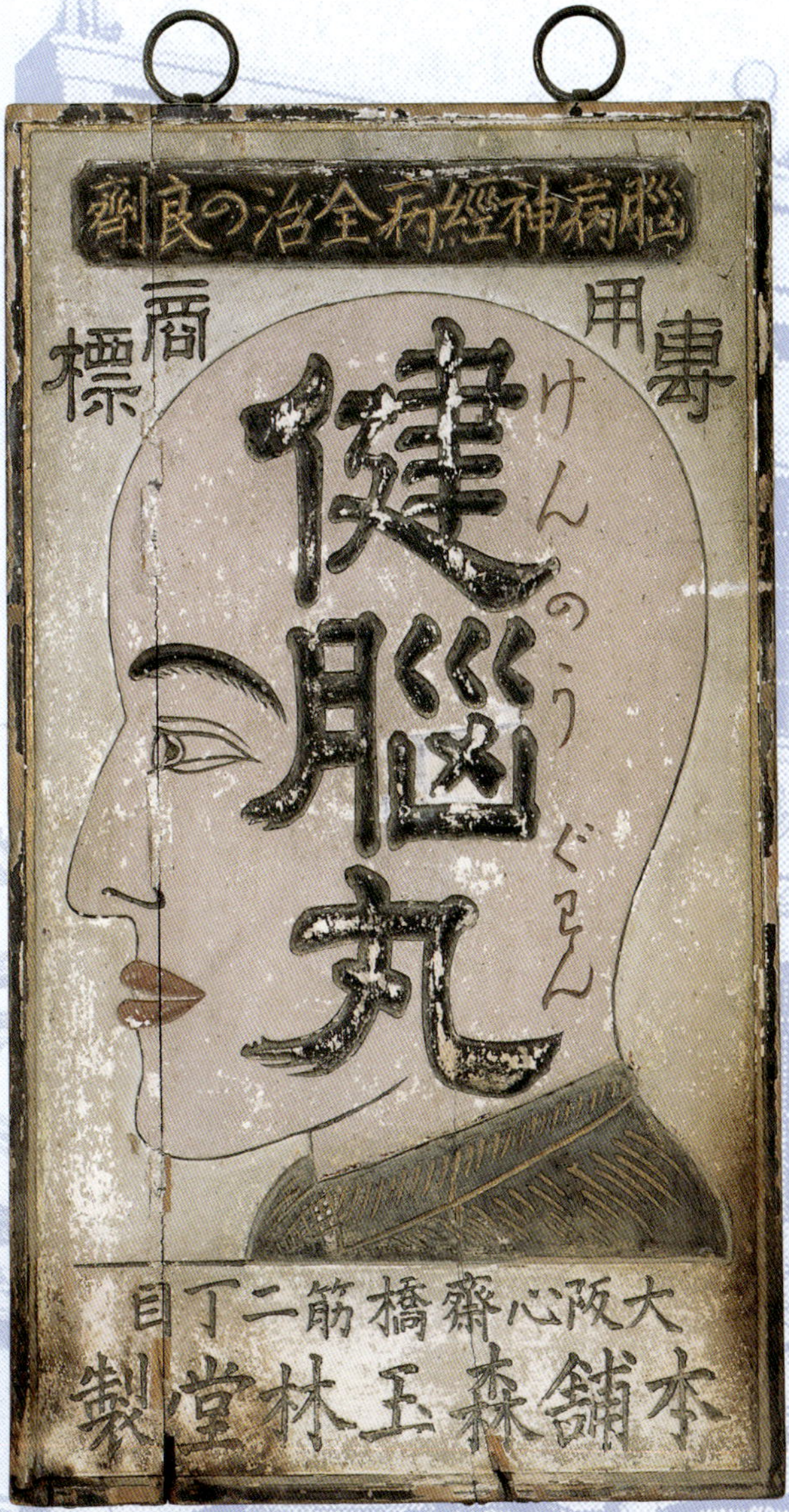

1．森玉林堂・丹平 健脳丸 看板

をぐらや 特製白椿香油　『写真心斎橋』より

橋爪 節也

カウンターでソーダ水を飲んで一服していると、カンヴァスやカルトンを抱えた若い芸術家の卵たちが、ぞろぞろ奥へ入っていく……心斎橋には、美術や文芸の拠点とも言える二つの施設があった。「丹平ハウス」と「をぐらやビルディング」である。

「健脳丸《けんのうがん》」で知られる心斎橋筋二丁目の森玉林堂・丹平製薬は、大正八年(一九一九)、隣家の高島屋の火災で類焼した。主人の森平兵衛は、後に大阪商工会議所の会頭にもなる優れた経営感覚の持ち主で、再建にあたっては製造・卸販売・小売販売を三位一体とした近代的経営を採用する。大正十三年(一九二四)に小売部門として建設されたのが、モダンな丹平ハウスであった。

一階は心斎橋筋から裏の別館まで通路が抜け、通路北側は薬局、南側のソーダ・ファウンテンでは、アメリカ式の大理石カウンターでソーダ水、アイスクリーム、ホットドッグ、丹平サンドウイッチなどを販売した。二階は美粧部(美容室)に写真室、画廊、貸事務所。美粧部はフランス風を意識しつつ、土地柄、日本髪も扱った。別館は内科、小児科、産婦人科のクリニックが入った。製薬会社のビルらしいテナントである。

この階上にあったのが赤松洋画研究所と丹平写真倶楽部である。洋画研究所は大正十五年(一九二六)に開設された。東京美術学校で学んだ赤松麟作《りんさく》を中心に、松本鋭次、田川寛一《かんいち》らが学生を指導し、一般学生のみならず、勤め帰りの百貨店のデザイナーもデッサンの腕を磨きに通った。丹平写真倶楽部は昭和五年(一九三〇)に結成。安井仲治《なかじ》、上田備山《びざん》を指導者に、超現実主義をとりいれた先鋭的な新興写真を開拓した。写真の審査には赤松も特別参加したという。その成果は昭和十五年(一九四〇)刊行の写真集『光』に結晶する。商業ビルに芸術関連施設を組み込んだセンスは現代的で、丹平ハウスは、街の活気も

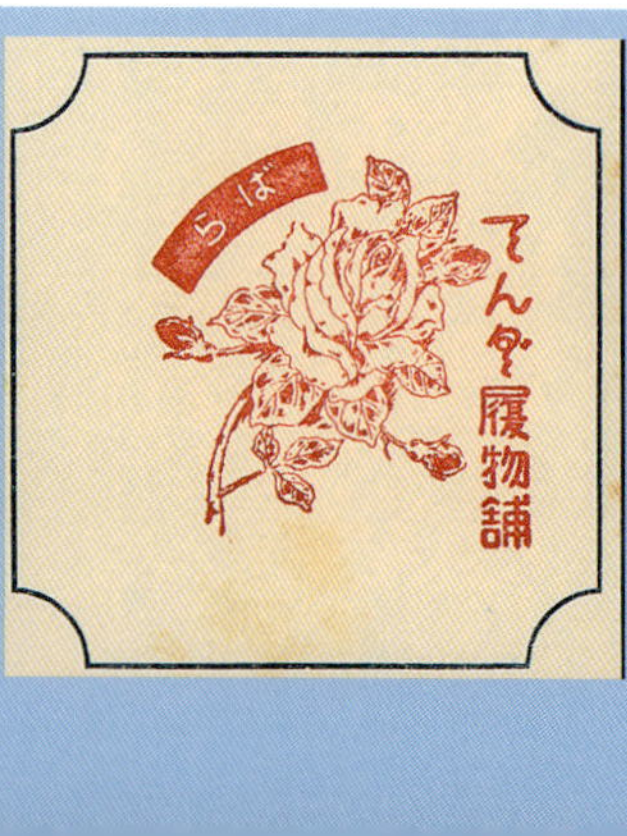

映したモダニズム美術の中心となる。

一方、落語「三十石《さんじっこく》」でも有名な鬢《びん》付け油の「をぐらや」は、白椿油の老舗《しにせ》。丹平ハウスの向かいの心斎橋筋二丁目に近代的ビルを建設し、モダニズム心斎橋の一方の核となる。

「ショップガイド社」は、昭和十二年（一九三七）の心斎橋筋の商店主や支配人の新年会で発案され、彼らを株主に、翌年、「をぐらやビルディング」に設立された。会員を募って会員証を発行し、加盟店において現金価格で割賦《かっぷ》購入できるサービスを提供する。会報「ショップガイド」は加盟店案内だけではなく、評論や小説や映画、音楽にも触れた雑誌で、川柳は塩路《しおじ》吉丁《きっちょう》、表紙や口絵は赤松麟作や田村孝之介、写真コーナーの「フォトページ」は、心斎橋周防町東の「商業写真場リヒト」の木村勝正《かつまさ》が担当、食満《けま》南北《なんぼく》の随筆も載る。ショッピングのための情報誌だが、文芸趣味もただようモダンな雑誌である。編集発行は同社取締役支配人である久保田秀吉、印刷はプラトン印刷社だった。

久保田秀吉は意欲的かつアイディアに富んだ編集者であった。同時期の「心斎橋新聞」も久保田が編集する。船場《せんば》から道頓堀以南までの心斎橋筋（戎橋以南は戎橋筋）に面した商店対象の業界新聞で、「心北版」「戎橋セクション」が加えられた。「心北版」は心斎橋以北、「戎橋セクション」は現在の戎橋筋商店街である。同社は昭和十年（一九三五）、大阪商工祭記念のスタンプ会も主催する。

丹平ハウスが美術展や写真展会場となったように、「をぐらやビルディング」でも展覧会や趣味の会が開かれた。心斎橋筋ごしに、お互いの階上の展覧会場から向かいの仲間に、声をかけることもあったという。昭和十年には、同ビル娯楽室での宝船交換会など、趣味人の会も開かれた。心斎橋筋で斜《はす》向かいに建っていた丹平ハウス、をぐらやビルディングの名は、心斎橋モダニズムの伝説として語り伝えられていくだろう。

2. 丹平ハウス薬局　『写真心斎橋』より

3. 心斎橋新聞社主催スタンプ会のスタンプ　1935年　大阪商工祭のイヴェントとして各店が用意したスタンプをラリーで捺していく。

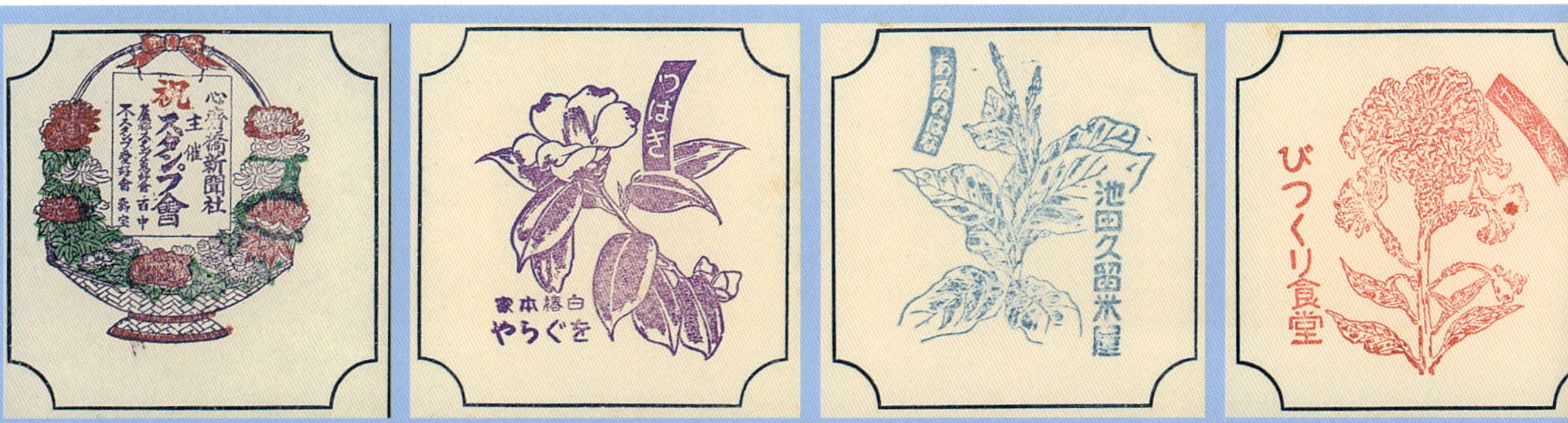

健脳丸のマークがいっぱい

丹平ハウスはモダニズムの殿堂

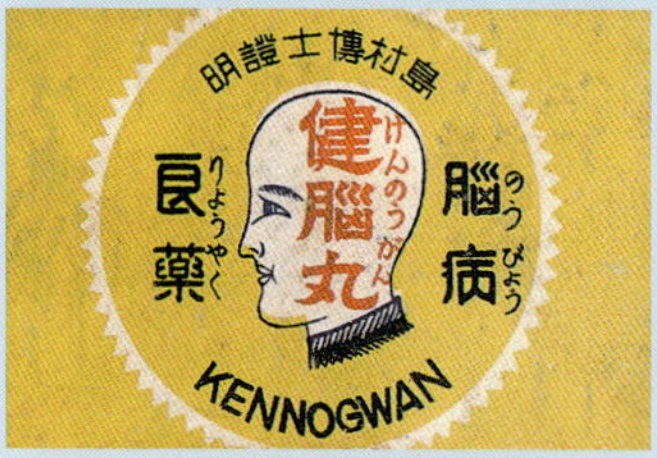

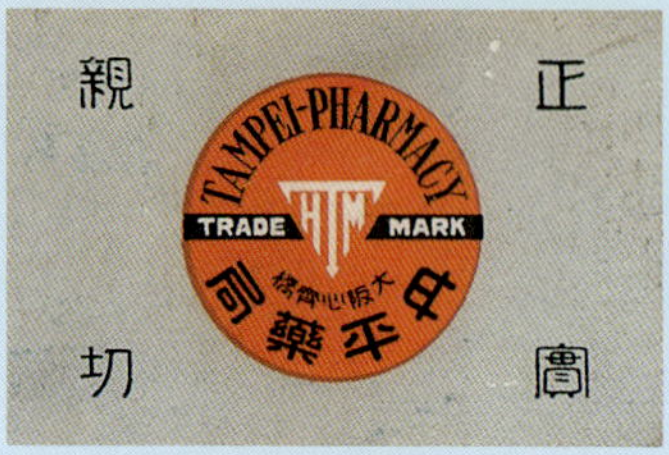

5. マッチラベル

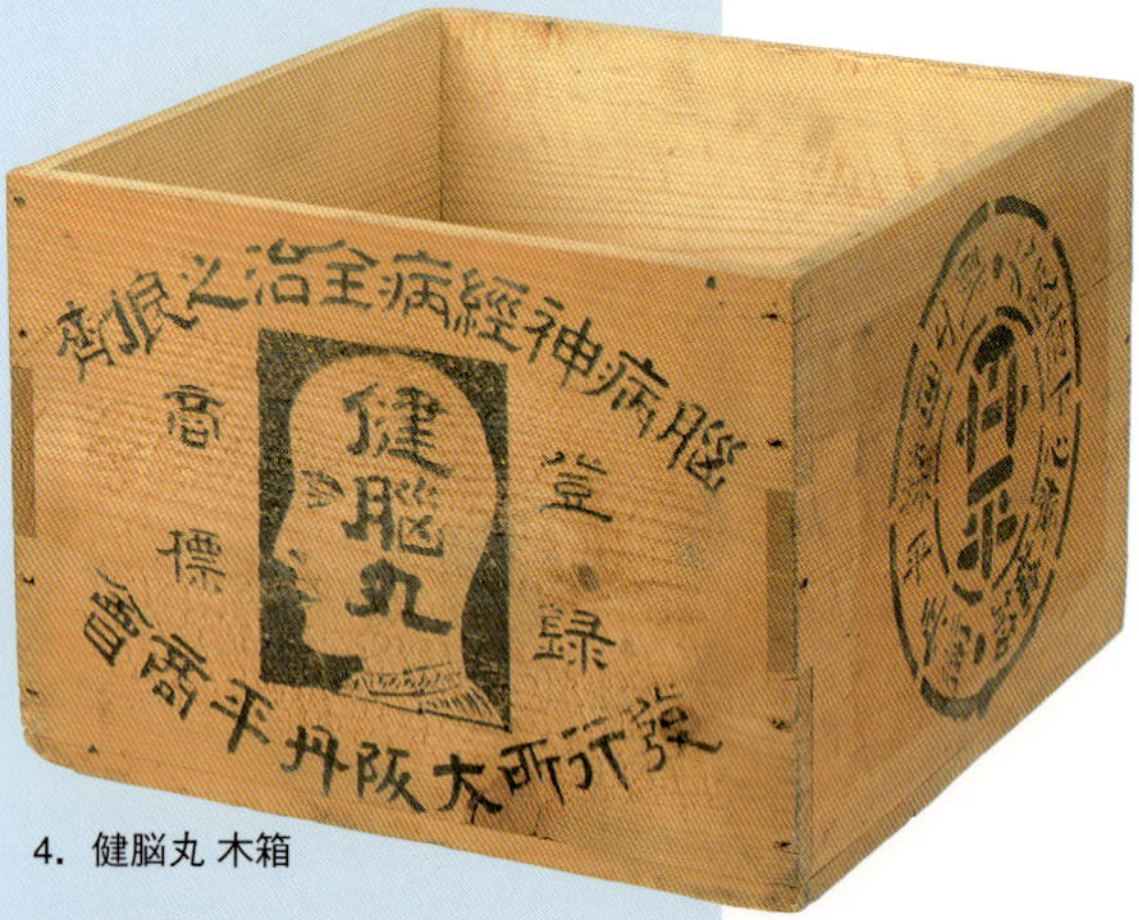

4. 健脳丸 木箱

6. 丹平ハウス 外観

「健脳丸」のマークは男の頭部で、明治の雰囲気を残してどこかキッチュ。しかし、ここから心斎橋モダニズムの拠点となる丹平ハウスが出現するのが面白い。建物は地上三階・地下一階の鉄筋コンクリートで、間口五間半、奥行二十間、一階中央は心斎橋筋から東側別館まで通路が抜け、通路北側の薬局では医薬品以外に化粧品、洋酒、家庭用機器、キャンディ、写真機材を扱い、二階には美容室、写真スタジオ、貸事務所、別館に内科、小児科、産婦人科の医院があった。建物経営はアメリカ式だが美容室はフランス風。チラシによると新着のワイン情報も流し、ラジオ販売の部もあったようだ。

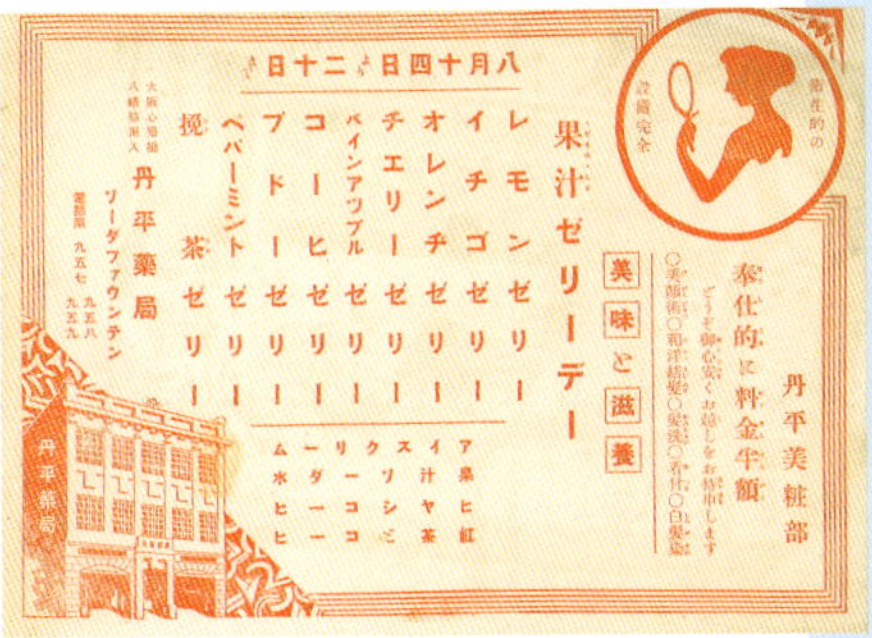

9. メニューの「ヒヤシコーヒ」に注目!

10. フランスワイン新着情報

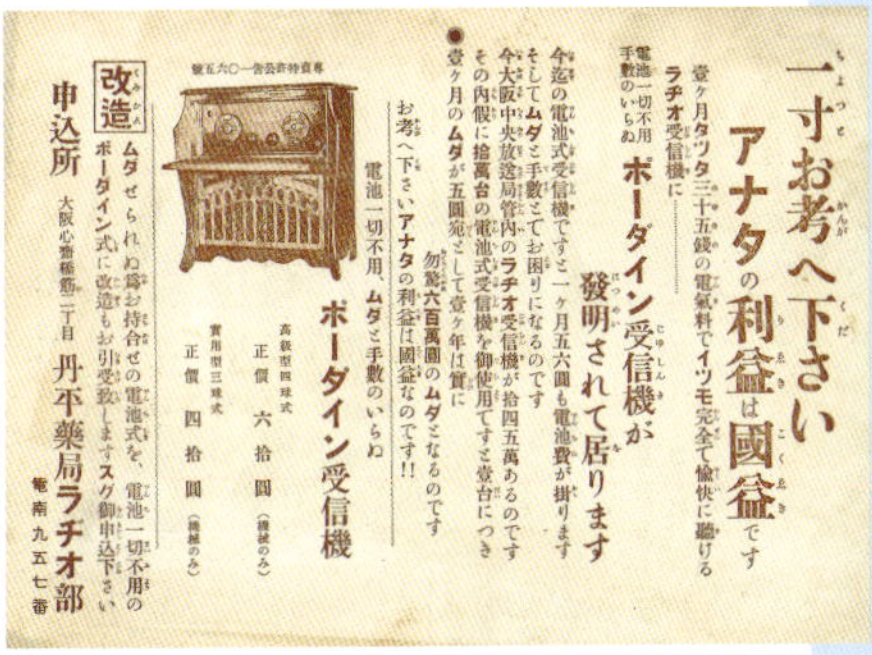

11. 電池不用のポーダイン受信機

7〜11. 丹平薬局 チラシ 裏面尽くし
様々なメッセージを送り続けた。

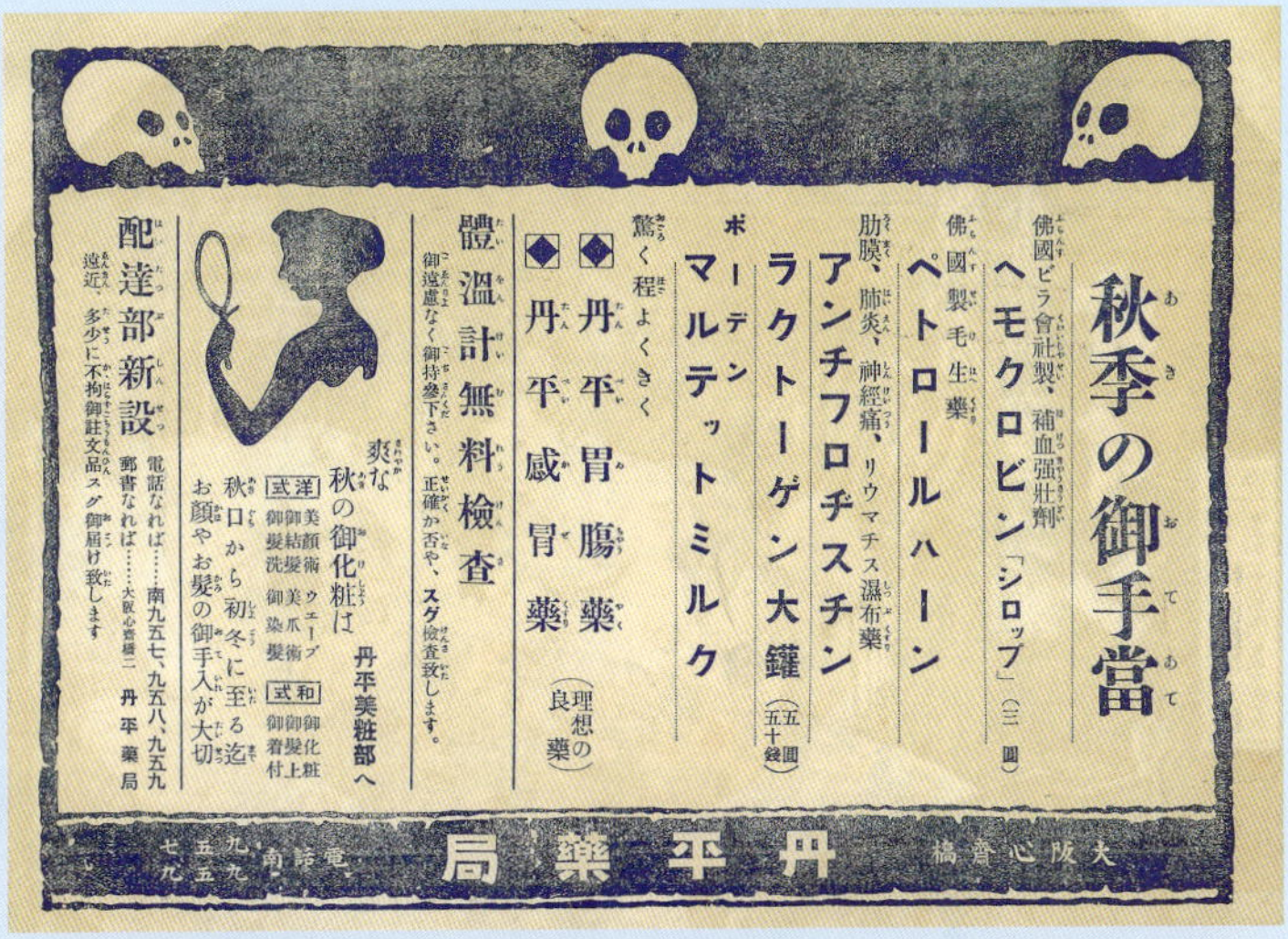

7. 骸骨の挿絵は赤松麟作のイラストか?

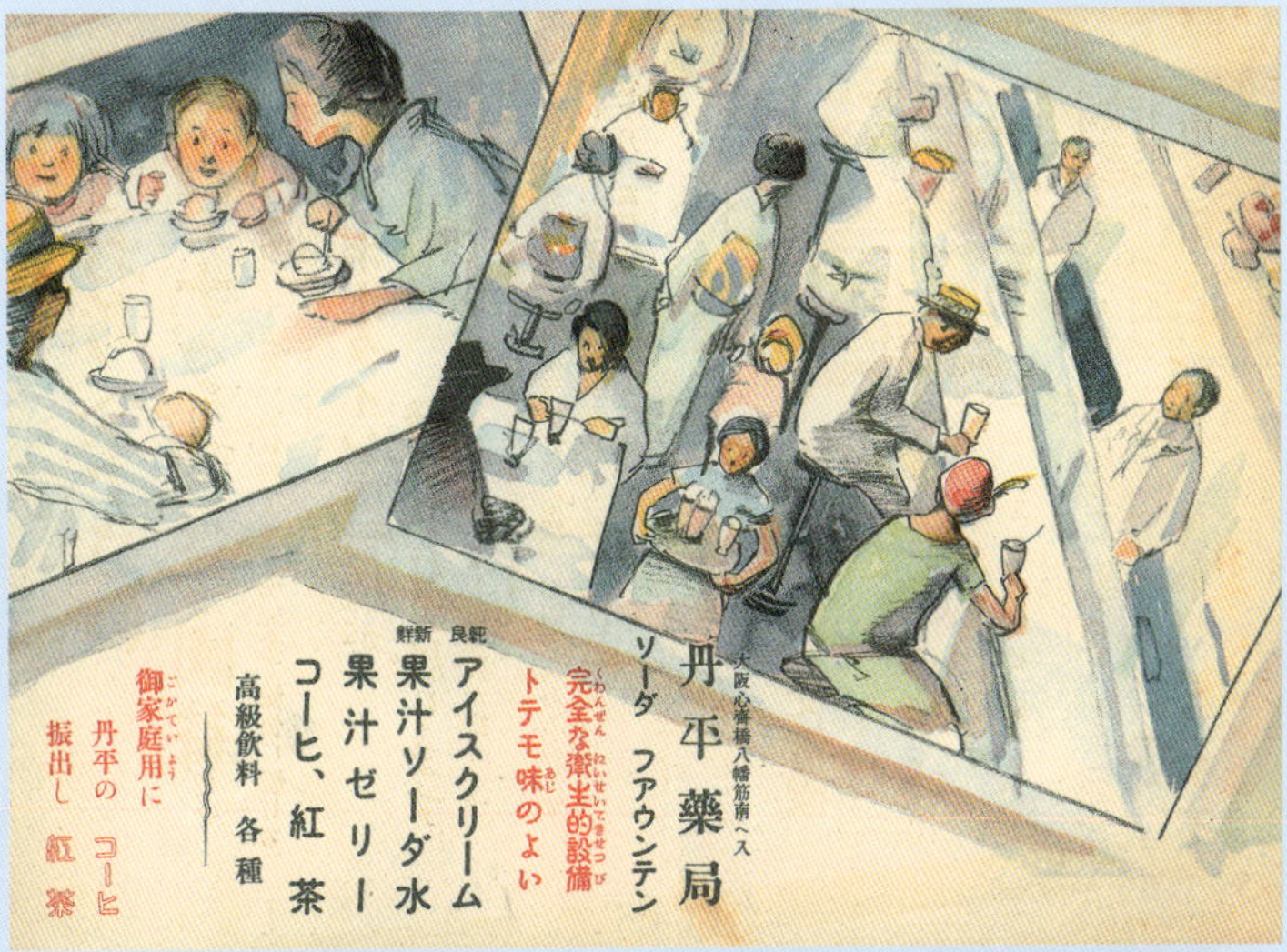

8. 右のカウンターの後ろに赤松画の「静物」(202頁)が。

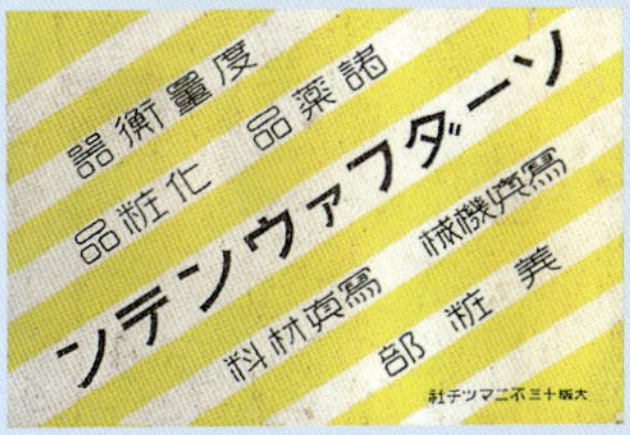

12. マッチラベル

ハイ、先生質問!

丹平の薬広告

元気が一番！　熱さましに目薬、石鹸にエトセトラ……

13．コドモのかぜねつ薬 オイン チラシ　子どもは風の子！

14．丹平商会薬房 直治水 チラシ

アイラインがどこかエジプト風。1926年に中之島に朝日新聞社が建てた「朝日会館」の内装もエジプト風だった。新聞社としてパピルスにちなんだという……

丹平の薬や石鹸の広告。主力薬は「健脳丸《けんのうがん》」だが、他に「今治水《こんじすい》」や「直治水」『オイン』なども あった。歯痛のとき「今治水」にはお世話になりました。「丹平石鹸」のちらしに描かれた裸婦は、丹平ハウスを拠点とした赤松洋画研究所の赤松麟作の描いたものかもしれない。

15. 丹平石鹸 チラシ

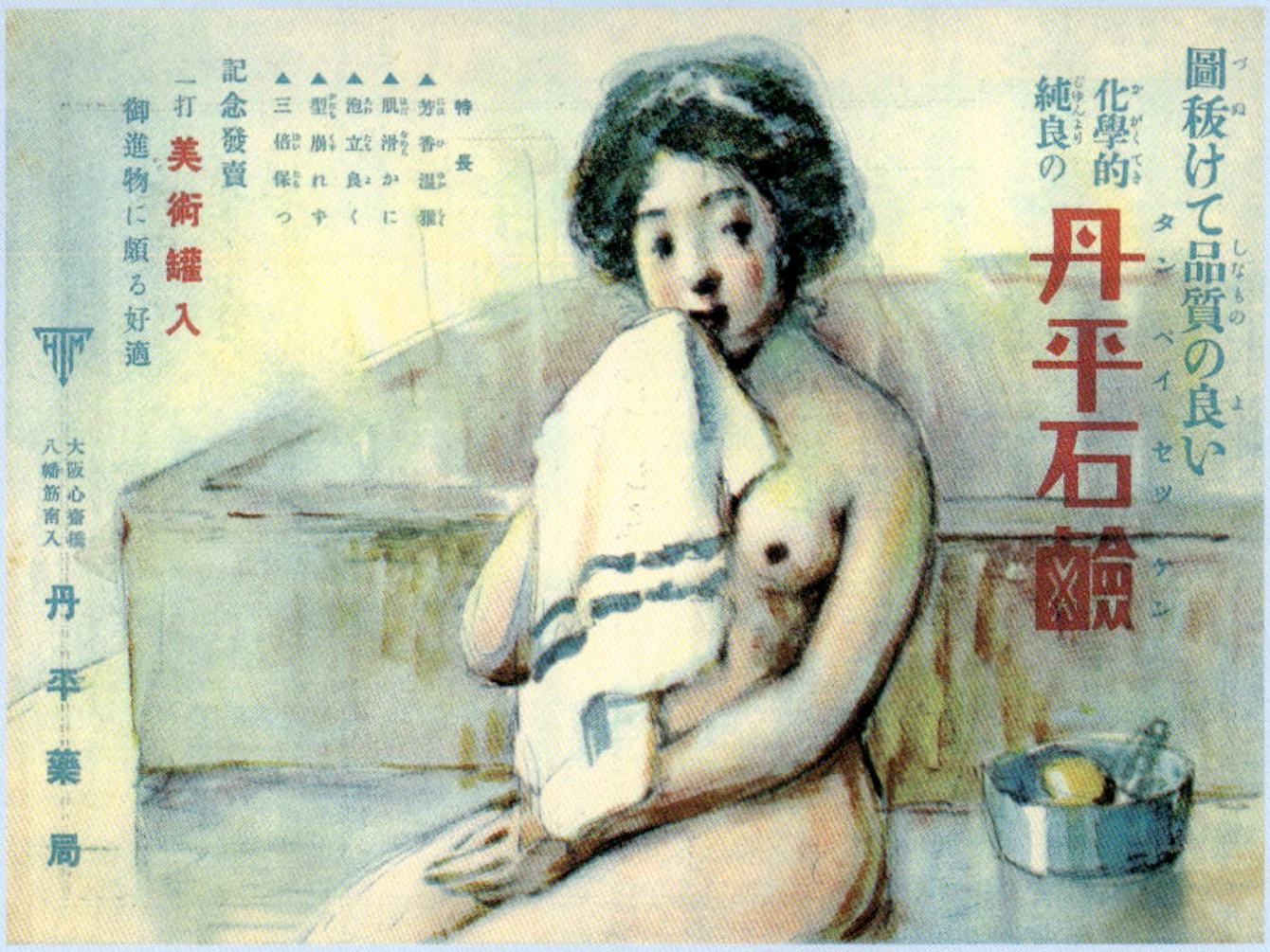

16. 同 チラシ
家庭用品チラシに裸婦！ 赤松麟作風の絵だが、記念発売の「美術罐」は誰がデザイン？

17. 赤松麟作「静物」
1930年 油彩、カンヴァス
70.0×163.0cm

18・ソーダファウンテン 調理場 『写真心斎橋』より

名画を見上げてソーダ水
〈丹平ソーダファウンテン〉

チラシによるとメニューには、「果汁ソーダ水」「果汁ゼリー」「アイスクリーム」「ホットドッグ」「サンドウヰッチ」「スウヰートポテト」「ベケードアップル」「コーヒ、紅茶」「フライケーキ」などがあった。珈琲を「コーヒー」と伸ばさず「コーヒ」と詰まって発音するのは大阪式。服部良一の名曲「一杯のコーヒーから」のメロディも、大阪式の「コーヒ」の発音を写したという。カウンターの壁に掲げられた赤松麟作の《静物》。さらに奥には湖水に天使たちが飛んでいるような赤松の裸婦の大作（大正十三年制作の《水辺》か）もあった。図版を指さし「この絵を見上げながらソーダ水を飲みました」と、河内洋画材料店の古老・吉田さんの話をうかがったことがある。

デッサンは厳しく　薬局の上は美術学校
心斎橋筋に赤松洋画研究所、開校す

19. 赤松洋画研究所の倉敷見学旅行　1942年
前列中央が赤松麟作、左右が白いコートの松本鋭次、長身の田川寛一。前列左から二人目が今も活躍中の洋画家・伊勢谷圭。右から三人目が大丸のデザイナーの沢野井信夫（ネクタイ姿）。

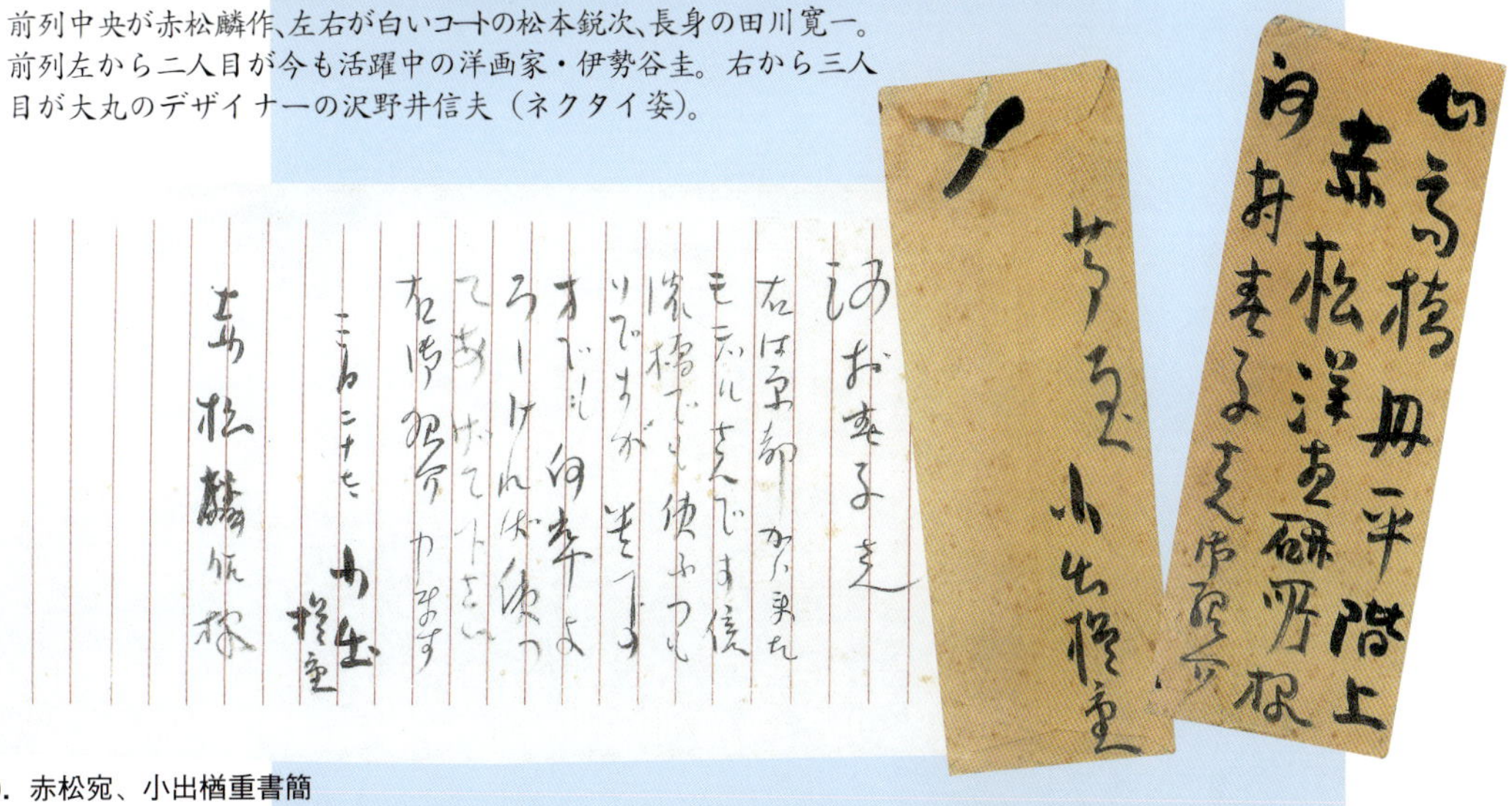

20. 赤松宛、小出楢重書簡

研究所には昼間部、夜間部、日曜部、クロッキー部を置いたが、開設当初から人気があり、在籍者二五〇名を超えたという。講師に松本鋭次、田川寛一、麟作の長男・赤松進がいた。上は昭和十七年（一九四二）、赤松洋画研究所の講師、学生が日帰りで大原美術館を訪れた時の写真。

下は赤松宛に小出楢重が書いたモデルの紹介状。封書の宛名は「心斎橋丹平階上、赤松洋画研究所」。モデルの河村さん、無事に採用されたろうか。

赤松はレンブラントを崇拝し、石膏による基礎デッサンを重視した。日頃は温厚だが芸術の道では厳しく、仕上げの日に「デッサンくるてるで」と掃除用のはたきで研究生の木炭デッサンを跡形もなく払った話を、門下生たちが懐かしく語っている。

モダン都市を描こうぜ

地下鉄工事に水泳選手

21. 松本鋭次「地下鉄工事」1932年 油彩、カンヴァス 127・5×190・3㎝

22. 田川寛一「水泳選手Mi嬢」1931年 油彩、カンヴァス 162・0×112・0㎝

研究所で赤松を補佐した二人の洋画家。上の作品は、欧州に留学しフランス女性と結婚したダンディな松本鋭次（一八九四〜一九六八）が大阪駅北側の鉄道管理局（現ヨドバシカメラ）から見た御堂筋線梅田駅の工事現場を描いたもの。第十三回帝展出品。画面中央を横切る省線（現在のJR）。正面のビルは阪急百貨店、左手に阪急の駅舎と線路。建設中のふたつの駅のドームが地表に露出する。

昭和八年（一九三三）日本最初の公営地下鉄が誕生し、ここから心斎橋駅までが開通した。一方、田川寛一（一九〇〇〜八八）が描く女子水泳選手。Mi嬢が誰か、調査した知人によると、当時のオリンピック級の女子選手である可能性もあるが確定しないという。スポーツと絵画のモダニズム。第十八回二科展出品である。寛一の弟の勤次、覚三もまた洋画家となった。

ご高覧ねがいます

丹平ハウスの展覧会

23. 大石輝一「六麓荘風景(B)」 1931年 油彩、カンヴァス 97・4×130・4cm

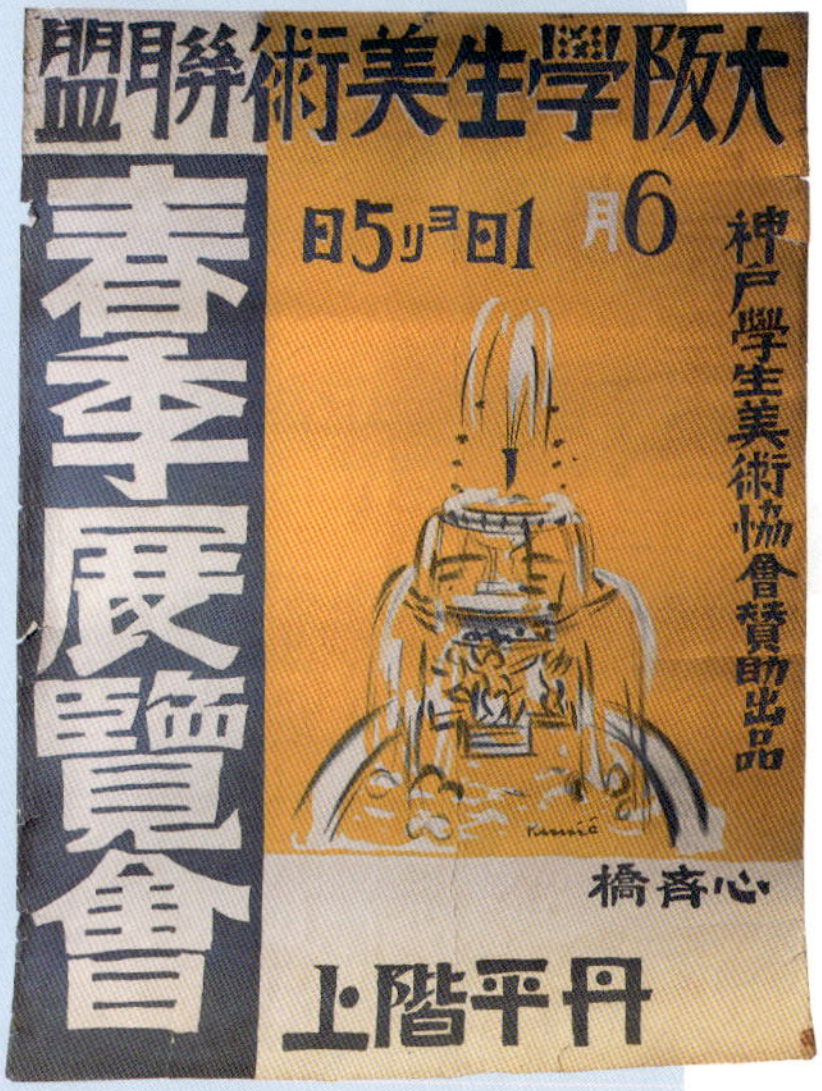

24. 大阪学生美術聯盟 春期展覧会 ポスター 1928年頃

25. 野人社 第1回洋画展覧会 ポスター 1928年頃

大石輝一(一八九四〜一九七二)の作品は、昭和六年(一九三一)の丹平ハウスでの個展に出品されたもの。大石は昭和九年(一九三四)、芸術家らしい雰囲気に満ちた喫茶店「ラ・パボー二」を夙川《しゅくがわ》に開いたことでも知られる。

下は丹平ハウスで開かれた学生たちによる展覧会ポスター。大阪の文人画家・森琴石《きんせき》の孫である森寿太氏の大阪外国語学校(現、大阪外国語大学)時代のもので、在校時期から推測して昭和三年(一九二八)頃の展覧会と考えられる。昭和十一年(一九三六)には赤松洋画研究所の在籍者で結成したル・プルプル展も開かれた。

丹平写真倶楽部

ファインダーを覗けばモダニズム

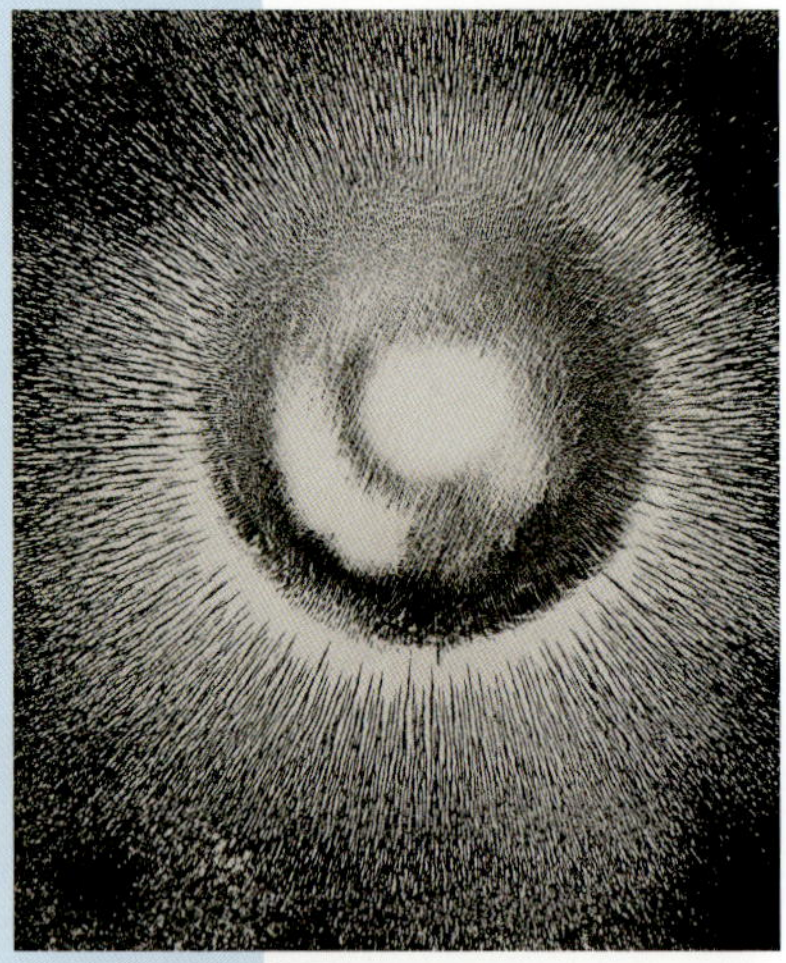

26．安井仲治「磁力の表情」
1940年 写真集『光』より

27．棚橋紫水「民」 同

28．川崎亀太郎「マヌカン」 同

アマチュア写真倶楽部の活躍は、大阪のモダニズムの象徴でもある。丹平写真倶楽部は、昭和五年（一九三〇）丹平ハウスを本拠に、浪華写真倶楽部の上田備山《びざん》、安井仲治《なかじ》を指導者に招いて誕生した。丹平製薬社長・森平兵衛が名誉会長で同社がスポンサー的存在であったと推測されている。創立時は赤松麟作《りんさく》や丹平ハウス支配人の吉川源次郎など十一人の団体だったが、「誠友写真会」と合併して陣容を整え、シュールレアリスムの傾向が強い写風で全国に知られた。昭和十五年（一九四〇）に写真集『光』を刊行。翌年には集団創作とも呼ばれる連作「流氓《るぼう》ユダヤ」を発表した。会員には心斎橋の近くで写真スタジオを営む棚橋紫水《しすい》、木村勝正《かつまさ》のほか、平井輝七、椎原治、岩浅貞雄、音納《おとの》捨三《すてぞう》、天野龍一、川崎亀太郎、本庄光郎《こうろう》、さらに手塚治虫の実父・手塚粲《ゆたか》、後に東大寺管長になる佐保《さほ》山堯海《やまぎようかい》らが所属した。

29. 上田備山「漁」 1930年代 ゼラチン・シルバー 31・6×31・4cm 貴重なオリジナルプリント。

31. 丹平ハウス
写真材料部
『写真心斎橋』より

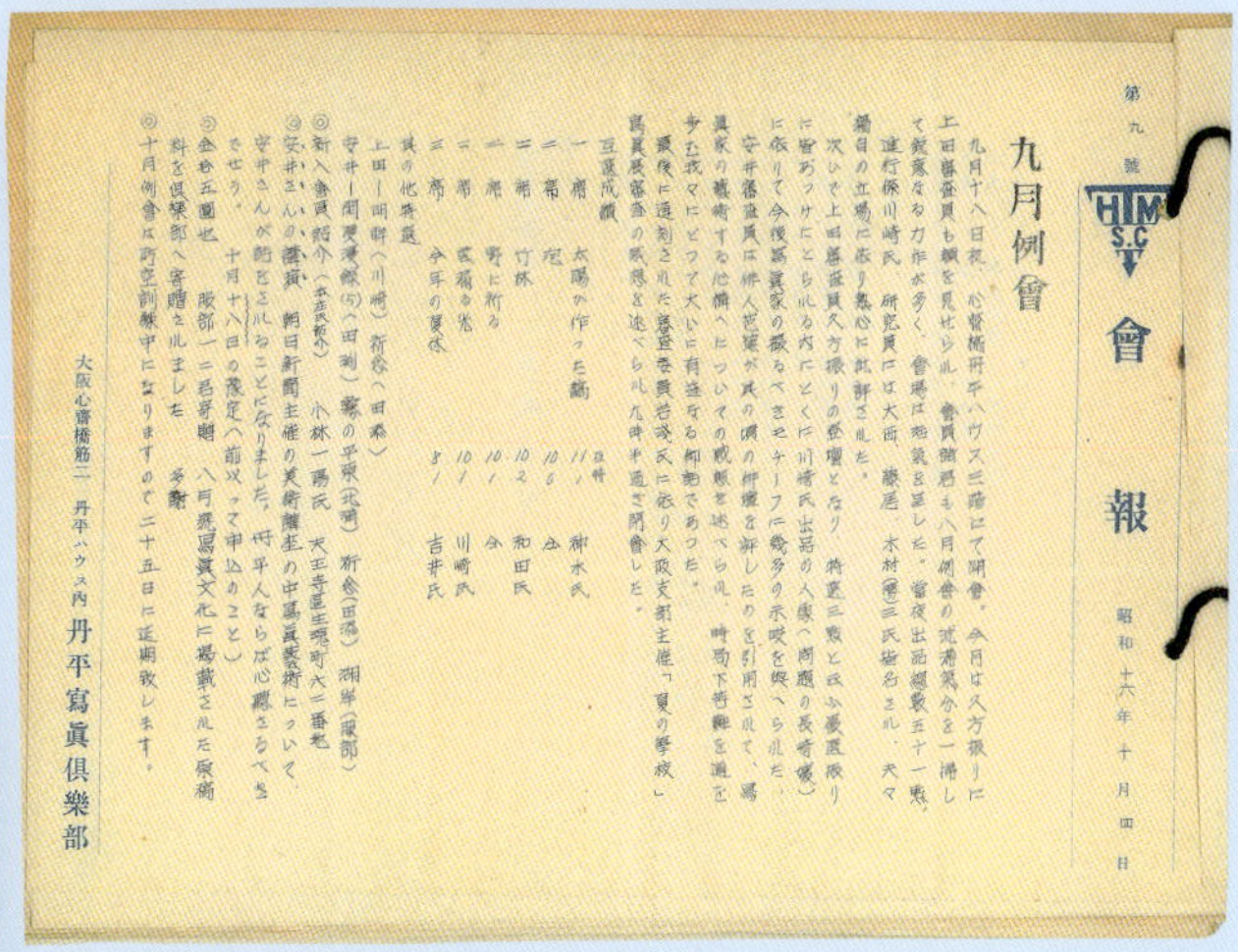

第九號

HTM S.C.

會報

昭和十六年十月四日

九月例會

九月十八日夜、心齋橋丹平ハウス三階にて開會。今月は久方振りに上田審査員も顔を見せられ、會員諸君も八月例會の沈滞氣分を一掃して熱意ある力作が多く、會場は活氣を呈した。當夜出品總數五十一點。進行係川崎氏、研究員には大西、藤居、木村(實)三氏指名され、夫々獨自の立場に依り熱心に批評された。

次いで上田審査員久方振りの登壇となり、特選三點と云ふ優良振りに皆あっけにとられる内にとくに川崎氏出品の人像(問題の長崎娘)に依りて今後寫眞家の撮るべきモチーフに幾多の示唆を與へられた。安井審査員は俳人芭蕉が其の頃の俳壇を評したのを引用されて、寫眞家の藝術する心構へについての感想を述べられ、時局下藝術を通じての我々にとって大いに有益なる御説であった。

最後に通知された審査委員若林氏に依り大阪支部主催「夏の學校」寫眞展審査の感想を述べられ九時半過ぎ閉會した。

互選成績

		得點		
一席	太陽が作った繪	11	1	神水氏
二席	庭	10	0	仝
二席	竹林	10	2	和田氏
二席	野に祈る	10	1	仝
二席	屋根の光	10	1	川崎氏
三席	今年の夏休	8	1	吉井氏

其の他特選

上田ー明暗(川崎) 祈念(田添)

安井ー[illegible](5)(田渕) 夢の平原(北浦) 祈念(田添) 湖岸(服部)

◎新入會員紹介(木庄氏紹介) 小林一陽氏 天王寺區生魂町六二番地

◎安井さんの講演 朝日新聞主催の美術講座の中寫眞藝術について安井さんが話をされることになりました。丹平人ならば必聽さるべきでせう。十月十八日の豫定(前以って申込のこと)

◎金參五圓也 服部一二君寄贈 八月號寫眞文化に掲載された原稿料を倶樂部へ寄贈されました 多謝

◎十月例會は防空訓練中になりますので二十五日に延期致します。

大阪心齋橋筋二 丹平ハウス内 丹平寫眞倶樂部

30.「丹平写真倶楽部」会報 1941年10月

古くも新しい香油の匂い

老舗〈をぐらや〉の最新ビルディング

32. をぐらや 店内
『写真心斎橋』より

34. 建物全景　同

33. 大提燈　同

丹平ハウスの向かいに建設された、もう一つの個性あるビル。時代の流れで廃業したが、「をぐらや」は落語ファンなら誰でも「三十石《さんじっこく》」で知る江戸時代からつづく白椿油の老舗《しにせ》だ。『写真心斎橋』の店内写真は、〝和〟の化粧品店の王者らしく、店員も着物姿でシック。白椿油のガラス瓶も高級ブランドの香水瓶を思わす風格がある。このをぐらやビルディングの階上に「ショップガイド社」や「心交社」があり、展示会場などもあった。展覧会では、をぐらやビルディングと丹平ハウス階上とで、心斎橋筋ごしに掛け合いもやったという。ちなみに有名な昆布の老舗「をぐら屋」は嘉永元年（一八四八）、鬢《びん》付け油の「をぐらや」から暖簾《のれん》分けしたもの。当時の暖簾分けは主家と別の業種で独立するのが慣習だった。

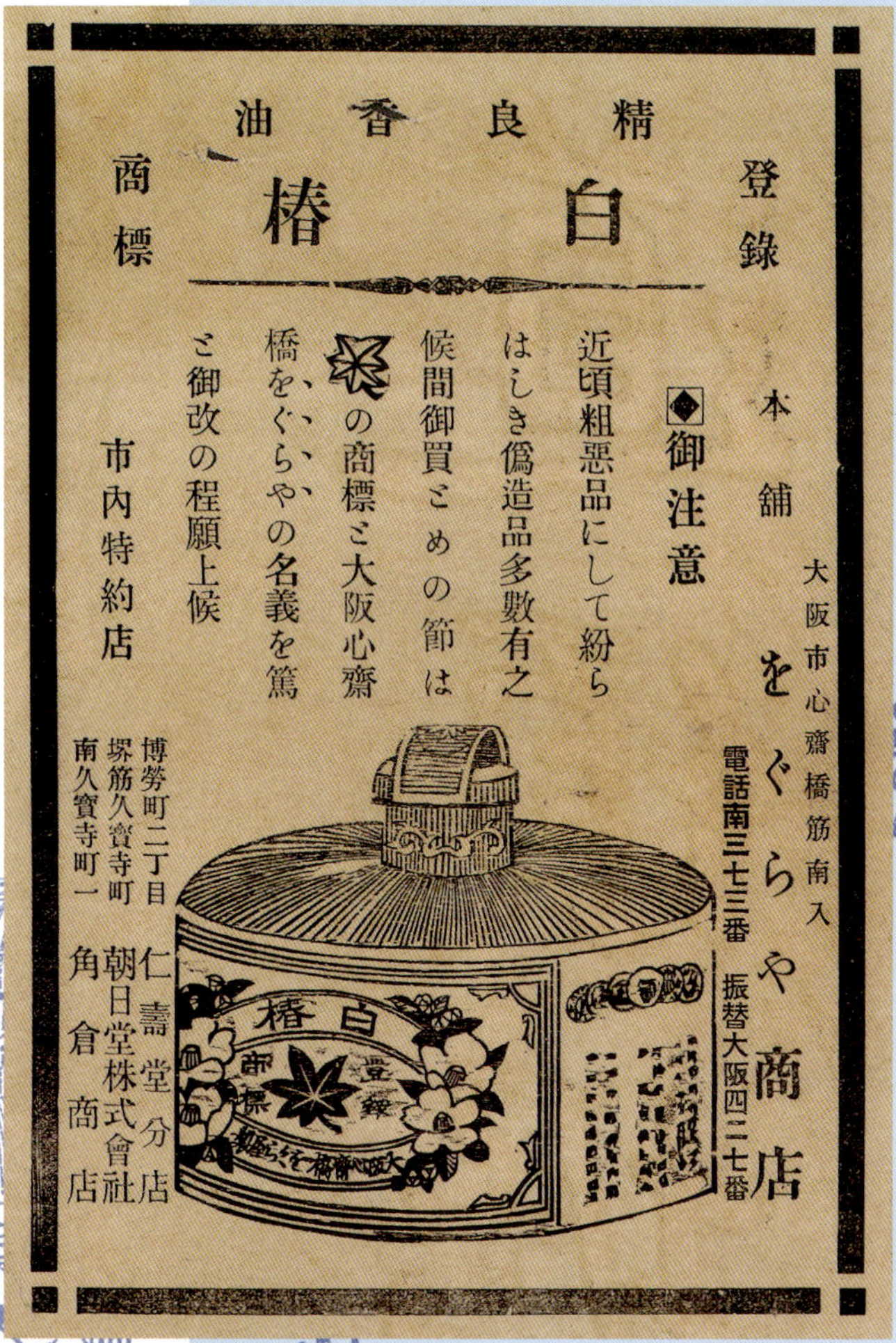

35. をぐらや商店 精良香油「白椿」広告 「道頓堀」第18号 1920年8月

37. 特製白椿香油 『写真心斎橋』より

36. 龍梅香 ラベル

「ショップガイド」はアート好き
アイディアは、をぐらやビルの編集室から

38. 塩路吉丁（左端）ら川柳作家の集合写真。右から小田夢路、岸本水府ら。
昭和7年 をぐらやビルディングにて
田辺聖子著『道頓堀の雨に別れて以来なり』
1998年 中央公論社

39. ショップガイド社の少年自転車隊
「ショップガイド」創刊号 1938年8月

40. ショップガイド社内　同

をぐらやビルディングを本拠に、加盟店と会員カードによる新しいアイディアに富んだ購買システムを提供する「ショップガイド社」。ずらりと並ぶ少年たちの自転車部隊は、会員にいち早く会員証をとどけるためという。いまも都心を駆けめぐる書類宅配便のようだ。機関誌「ショップガイド」も、アートをうまく取り込み、一ひねりある編集だ。岸本水府《すいふ》と関係深い川柳の塩路吉丁《しおじきっちょう》も編集にかかわった。

また同誌に「五月の心斎橋」の画文を書く田村孝之介（一九〇三〜八六）は、心斎橋筋は南久太郎町の北にあった書店・漑春堂《きしゅんどう》に生まれ、小出楢重に師事し、信濃橋洋画研究所に学んだ洋画家である。大阪の洋画家たちは、小出にしろ鍋井克之にしろ足立源一郎にしろ、随筆集を出すなど文才にも恵まれ、田村も後に藤澤桓夫《たけお》と共著『大阪 我がふるさとの……』（昭和三十四年、中外書房）を出している。なお「心交社」は、をぐらやビルディングにあった心斎橋筋の商店主たち中心の会員制社交クラブであったという。

43. 田村孝之介「5月の心斎橋」　「ショップガイド」第3号 1939年4月より

41. 「ショップガイド」創刊号　1938年8月

44. マッチラベル

42. 「ショップガイド」第2号　1938年11月

ここにも写真の新世界

ショップガイドの前衛写真

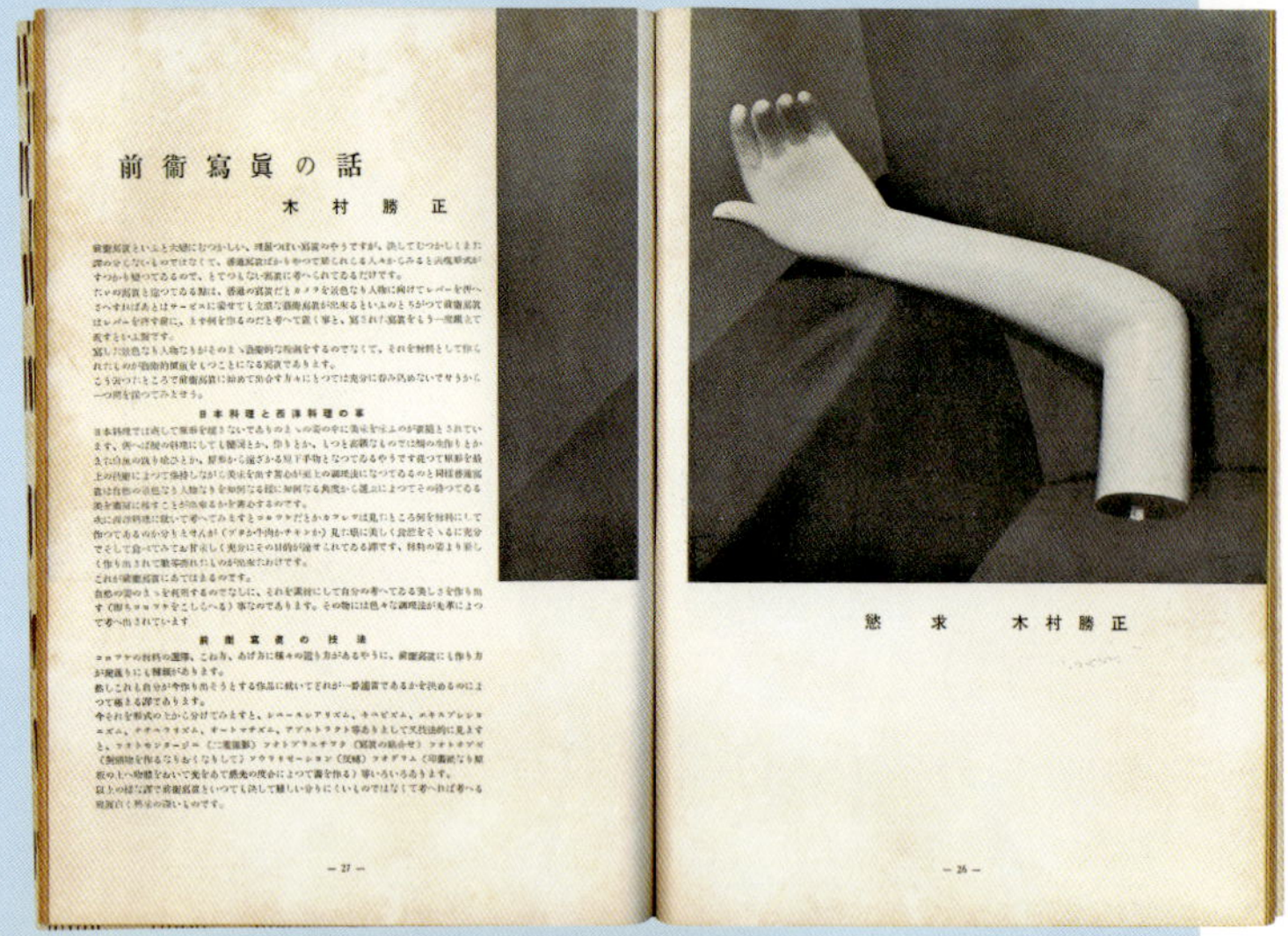

45. 木村勝正「前衛写真の話」
「ショップガイド」第2号
1938年11月より

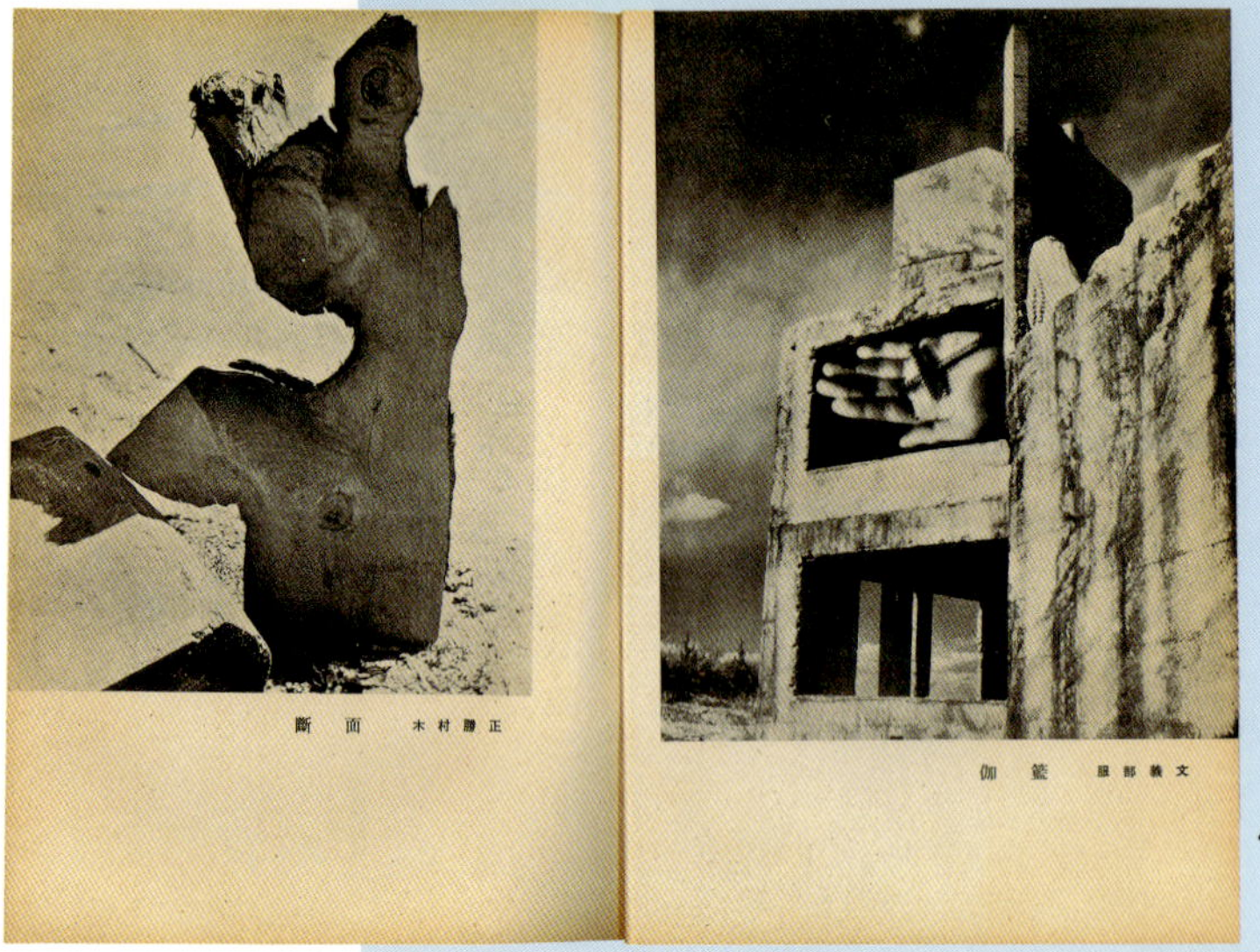

46. （左）木村勝正「断面」
（右）服部義文「伽藍」
「ショップガイド」第4号 1939年11月より

「ショップガイド」誌のアート欄を支えた人物がもう一人いる。前衛写真の紹介記事をのせる写真家・木村勝正《かつまさ》だ。木村は丹平写真倶楽部の会員であるとともに、心斎橋筋周防町を東に入った場所で商業写真館「リヒト」を経営した。〝LICHT〟（リヒト）はドイツ語で「光」の意味（丹平写真倶楽部の記念写真集のタイトルも『光』）。「ショップガイド」に掲載されるたくさんの超現実主義的な作品を見て、「さすがは流行の街、心斎橋！ナンダカ分からないけれど驚かされることが、ともかく新しい！」と、一般の「ショップガイド」会員が叫んだかどうかは知らない。前衛写真の解説で、ふつうの芸術写真を日本料理、前衛写真をコロッケにたとえているのが何とも大阪である。

節分に見た夢は趣味人たちの自慢合戦

宝葉会 宝船交換会

47.「宝葉会」アルバム　1935年

宝船は節分の夜、枕の下に敷いて寝たもの。画中にある「獏」は悪夢を食べるという霊獣。

昭和十年（一九三五）三月、をぐらやビル娯楽室で宝葉《ほうよう》会主催の宝船交換会が開かれた。自主制作した刷り物の宝船を交換しあう、明和の絵暦《えごよみ》交換会を思わせる趣味人の集い。会の中心は浪花贅六庵《ぜいろくあん》。田中亀文洞《きぶんどう》、梅谷紫翠《しすい》、森田乙三洞《おつさんどう》、川西蒐楽児ら。さぞ楽しかっただろう。「柳屋二世淳雄」のための一枚は蔵書票で有名な版画家中田一男（一九〇七〜三八）のもの。中田は昭和五年（一九三〇）に抒情社を設立し「エキス・リブリス」を創刊した。恒富門下の小川茂麻呂の妖艶な美人を描く宝船もある。

ショールのマネキンが少しシュール

大雪の日の思い出「心斎橋新聞」

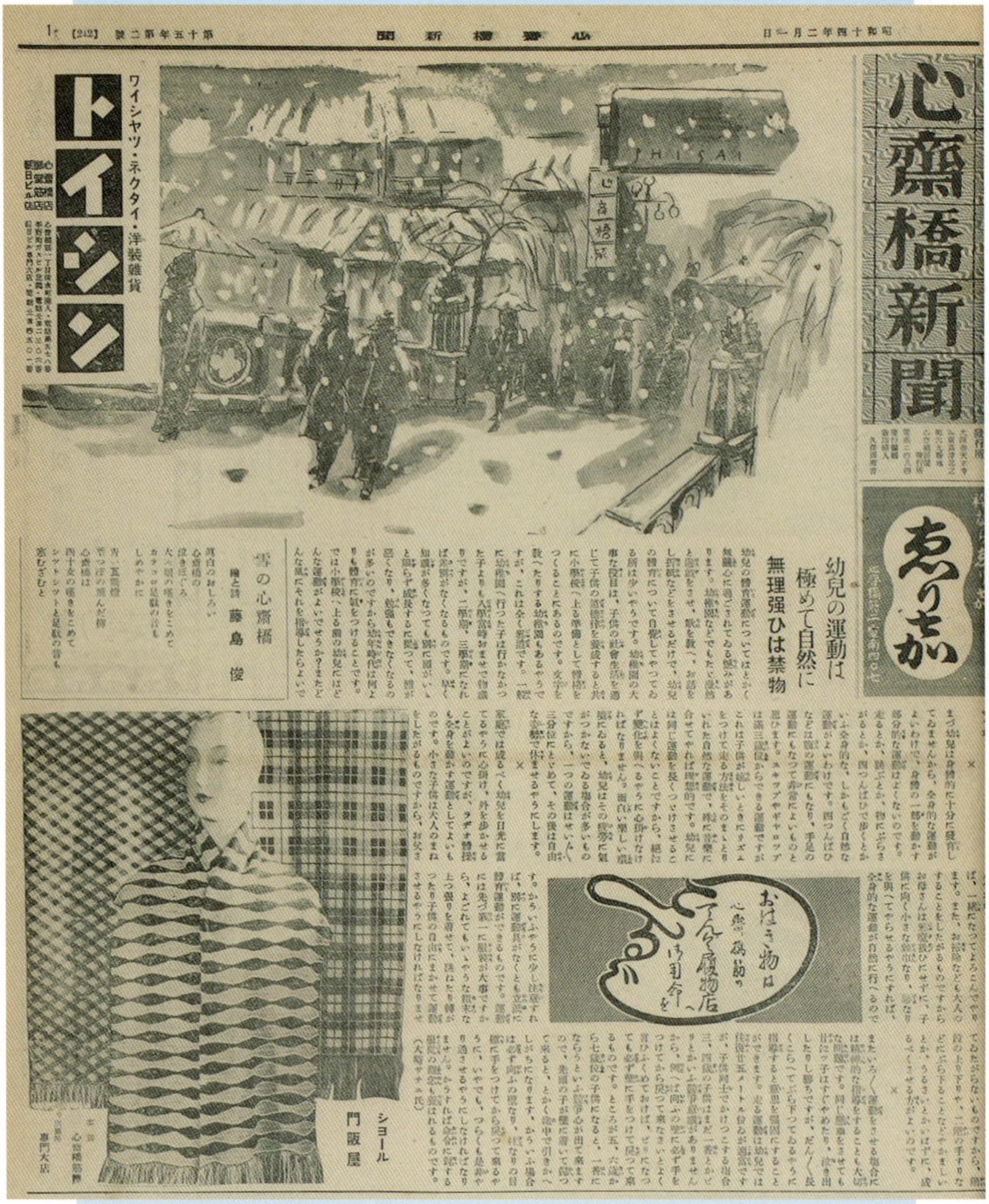
心齋橋新聞

ワイシャツ・ネクタイ・洋装雜貨

トイシン

幼兒の運動は極めて自然に 無理强ひは禁物

雪の心齋橋 繪と詩 藤島俊

おはき物は 心齋橋筋の アイ履物店へ

ショール 門阪屋

48・「心斎橋新聞」（部分） 1939年2月1日

ショップガイド社の久保田秀吉が編集する月刊紙「心斎橋新聞」は、商店主が情報交換する業界紙として情報が詰まっていて面白い。心斎橋筋一丁目・二丁目を中心に「心北阪」「戎橋セクション」を設けるのも地域の実情を反映する。「ショップガイド・セクション」というのもあった。編集は「ショップガイド」メンバーとほぼ同じ。この号には、大阪では珍しい雪の日の心斎橋のイラストに詩が添えられている。文化的な内容が多いのも特色。

第八章

アートづくし心斎橋—美術・デザイン・写真・音楽・文芸

Blessed by the Muse

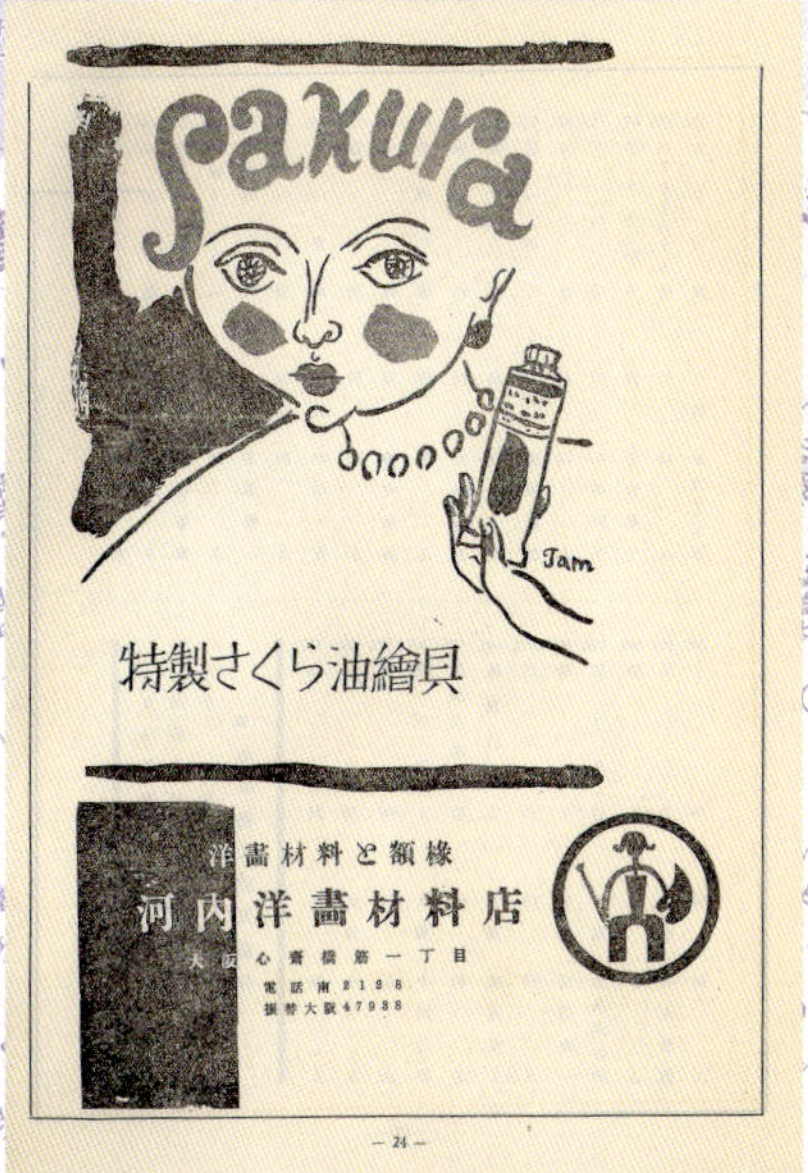

3. 同 広告　第12回全関西洋画展覧会目録 1938年

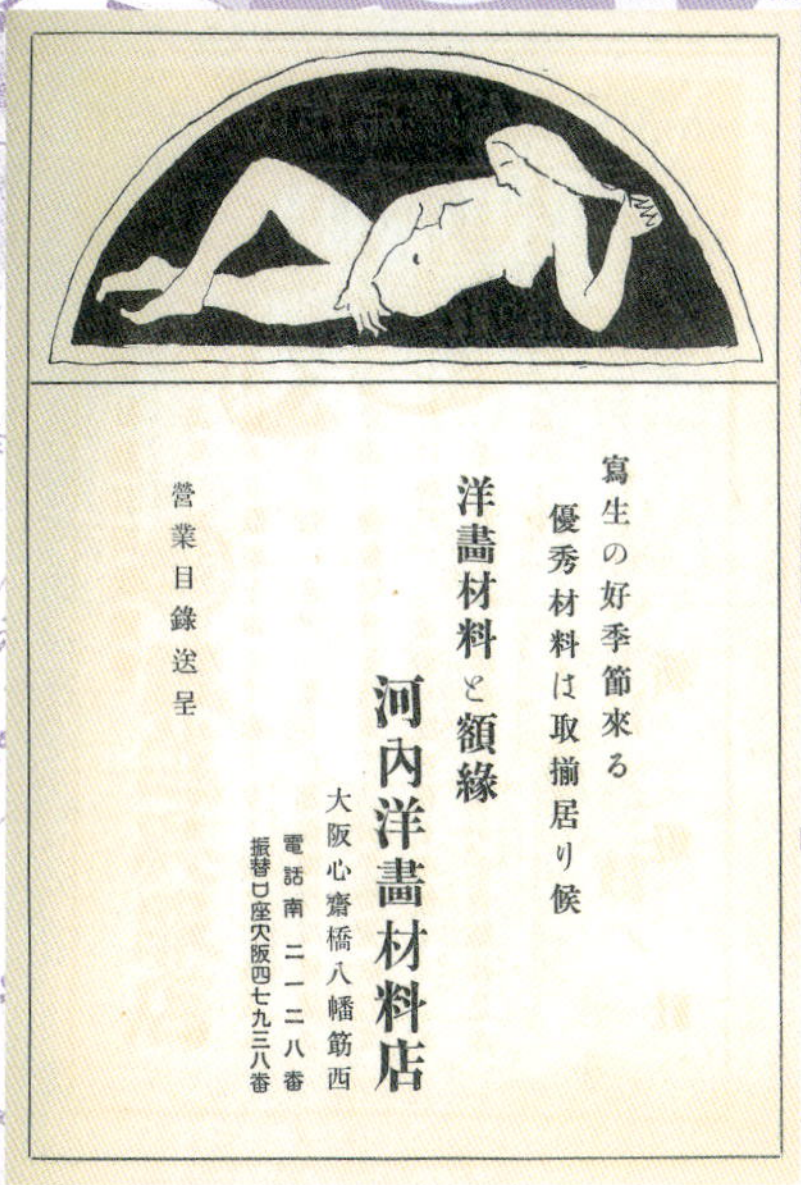

1. 河内洋画材料店 広告　「L'ART ET LES ARTISTES」第1巻5号 1924年

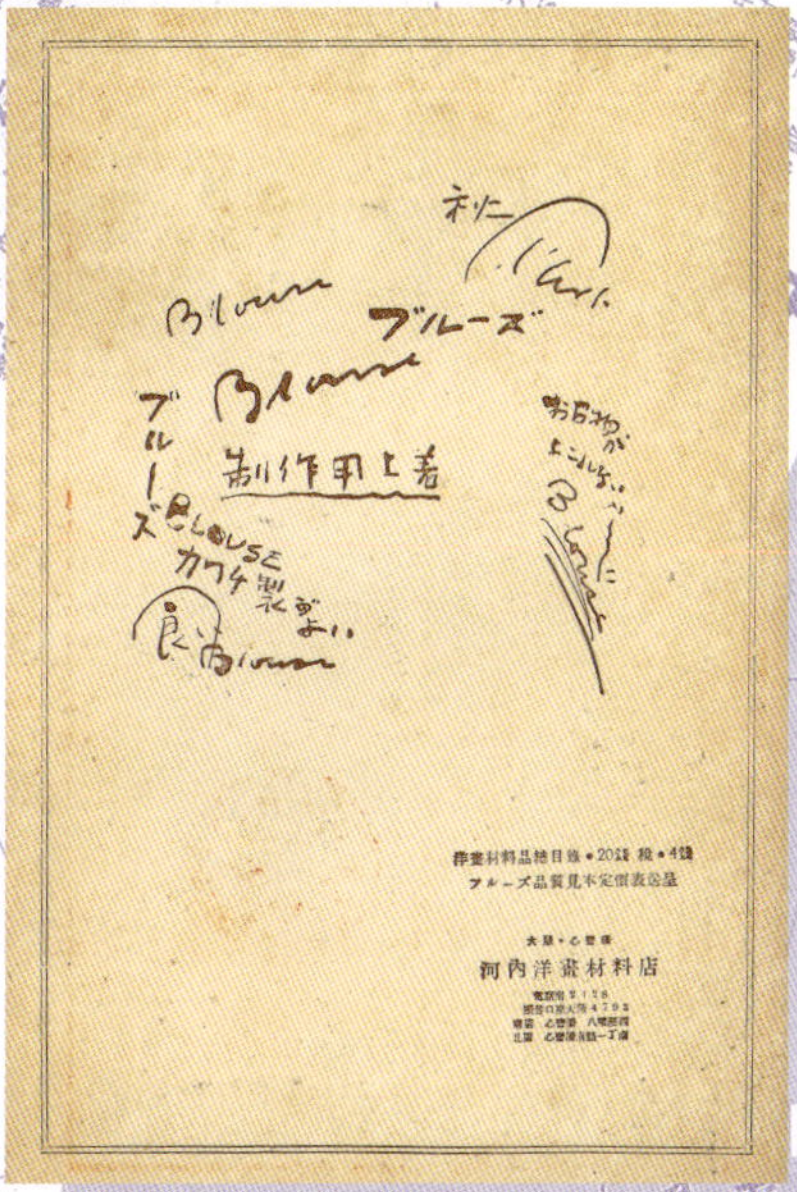

2. 同 広告　「美術新論」第4巻11号 1929年

橋爪節也

モダニズムのミューズはどこに光臨したか……芝居や演劇の道頓堀に対し、心斎橋は造形芸術や音楽など、アートの街だった。大阪のアート・シーンなら心斎橋からが鳥瞰《ちょうかん》しやすい。

まず美術だ。画廊には大阪画廊、天賞堂画廊があり、丹平ハウス、をぐらやビルディングも展覧会が可能だった。画材では河内洋画材料店が「中央美術」「アトリエ」など美術雑誌の広告で全国に名を馳せたほか、文房堂大阪支店、廣瀬文廣堂、えつぼ屋があり、フランスに渡る直前、佐伯祐三は廣瀬文廣堂のスケッチ板を購入して風景を描いている。

美術学校では、赤松麟作《りんさく》、斎藤与里《より》、普門暁《ぎょう》の三人の洋画家を講師に、大正十年（一九二一）笠屋町に求我堂洋画研究所（自由美術研究所）が開かれ、つづいて赤松洋画研究所が開設される。贅沢で洒脱《しゃだつ》、フランス趣味が濃厚な美術雑誌「セレクト」も心斎橋筋で発行された。デザインでは百貨店の宣伝部が活動し、大丸の柴田可壽馬、そごうの二渡亞土らが腕をふるう。デザイナーの交流は、ポスターやパンフレットなど実際の印刷物を付録につけたデザイン研究誌「プレスアルト」に名をとどめている。

心斎橋北側は貴金属、時計、眼鏡など舶来品の店が多かった。写真機材もそうした品目で、「写翁《しゃおう》」こと桑田正三郎の桑田商会（SKUWADA & SONS）は開拓者であった。日本最古のアマチュア写真クラブは明治三十七年（一九〇四）に難波で発足した浪華写真倶楽部だが、桑田商会の階上を拠点に、初期の芸術写真から前衛的な新興写真へと展開した。他に丹平写真倶楽部も活躍、個人では棚橋紫水《しすい》や入江泰吉のスタジオが心斎橋の近くにあった。

音楽では「鉄道唱歌」を刊行した三木開成館・三木楽器が名高い。楽器楽譜の販売や演奏会、講習会を開催した。作曲家・貴志康一がヴァイオリン演奏でデビューしたのも三木ホールで、山田

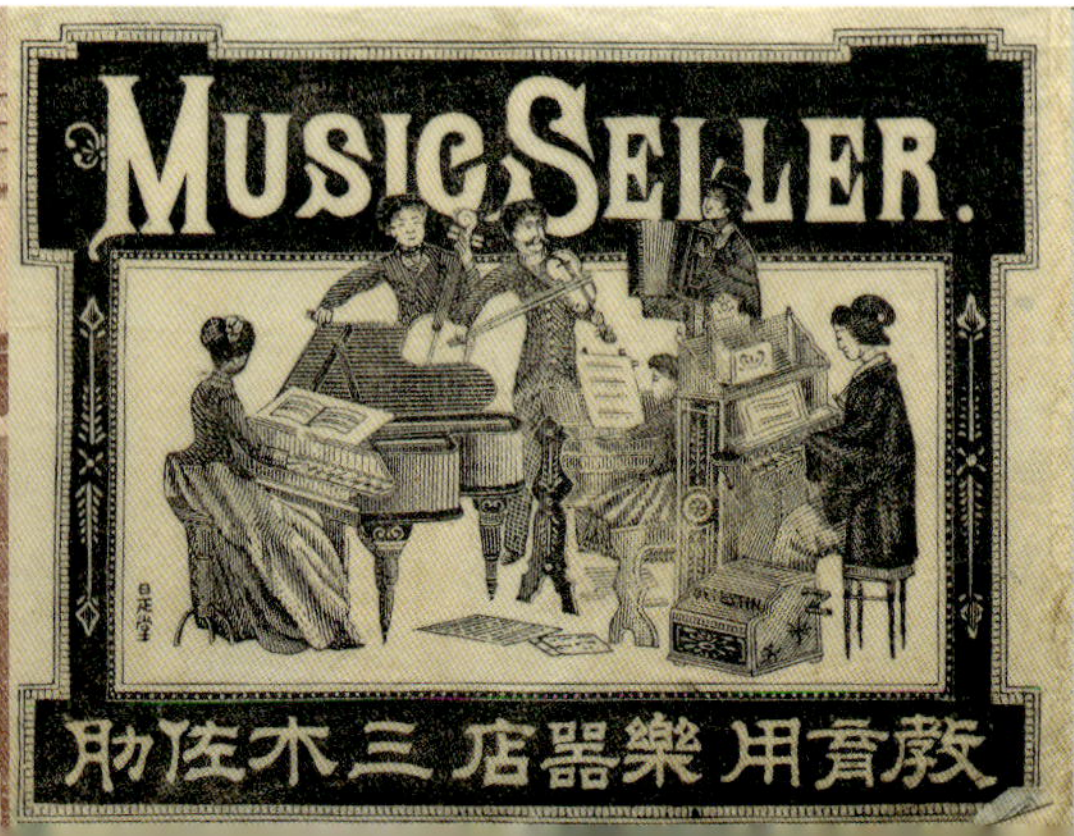

耕筰の作曲講座も開かれた。前川、阪根、スワンなどの楽譜も心斎橋で発行され、大正四年（一九一五）、大阪音楽大学の前身である大阪音楽学校も心斎橋に近い塩町二丁目に開校されている。

書店では青木嵩山堂《すうざんどう》、金尾《かなお》文淵堂《ぶんえんどう》、駸々堂、古書では鹿田松雲堂、「難波津」を刊行したたるまや書店、「大阪の中心地、心斎橋の一大奇観」を標榜した荒木伊兵衛書店が心斎橋を彩る。八幡筋には杉本梁江堂《りょうこうどう》も開業、周防町筋を東に入った尾上蒐文堂《しゅうぶんどう》を、帰宅途中の俳人・山口誓子がよくのぞいた。

心斎橋筋から八幡筋を東に入った柳屋の三好米吉も「滑稽新聞」社員時代に宮武外骨の薫陶《くんとう》を受けた名物店主で、富本憲吉や竹久夢二など美術家と交流して、美術書や短冊、色紙、版画を発売、柳屋発行の夢二の版画は「柳屋版」と呼ばれる。『上方』を創刊した南木芳太郎も三津寺付近で育ち、鰻谷には、おもちゃ絵の川崎巨泉がいた。

文芸では、昭和三年（一九二八）から発表された谷崎潤一郎の「卍《まんじ》」に、心斎橋付近が登場するほか、宇野浩二、直木三十五、武田麟太郎、藤澤桓夫《たけお》、織田作之助、長谷川幸延《こうえん》ら、大阪出身の小説家が心斎橋に縁が深い。昭和七年（一九三二）、大阪に戻った武田麟太郎が入りびたった三津寺筋西入るの喫茶カスターニアは前進座の大阪支部であり、文学青年が集い、村井武生の詩集『着物』を発行した。『辻馬車時代』に前衛作品も残す藤澤桓夫も心斎橋を愛し、林重義装釘の『花粉』（昭和十二年）は、この地が舞台の都会小説である。そのほか、播磨屋呉服店主・岡田播陽《ばんよう》は美術批評も残す文筆家で、青木月斗《げつと》の俳句雑誌「同人」に参加した茶舗・川口軒の橋本雪後も、店頭に句を掲げ、随筆集も残す俳人であった。

多彩な文化芸術関係の店や施設、人物が密集していた例は日本でも珍しい。ああ、この話、一気呵成《かせい》に、ずらずらずらと名を列挙したので息が切れた。最後は、心斎橋松竹座の映画か文楽座、あるいはプラネタリウムでも見て一休みすることにしよう。

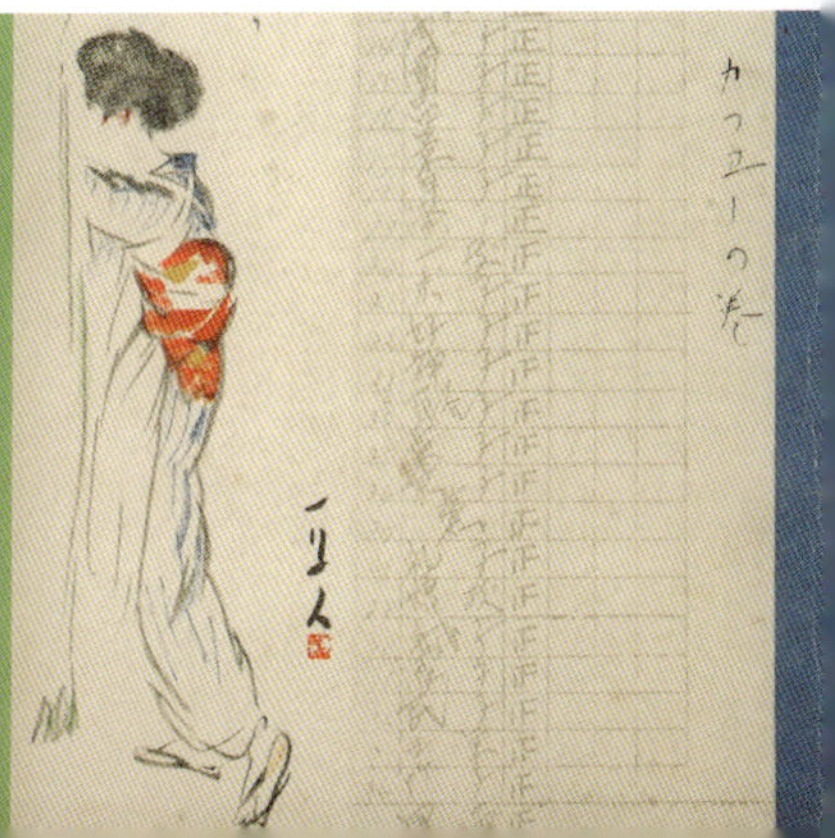

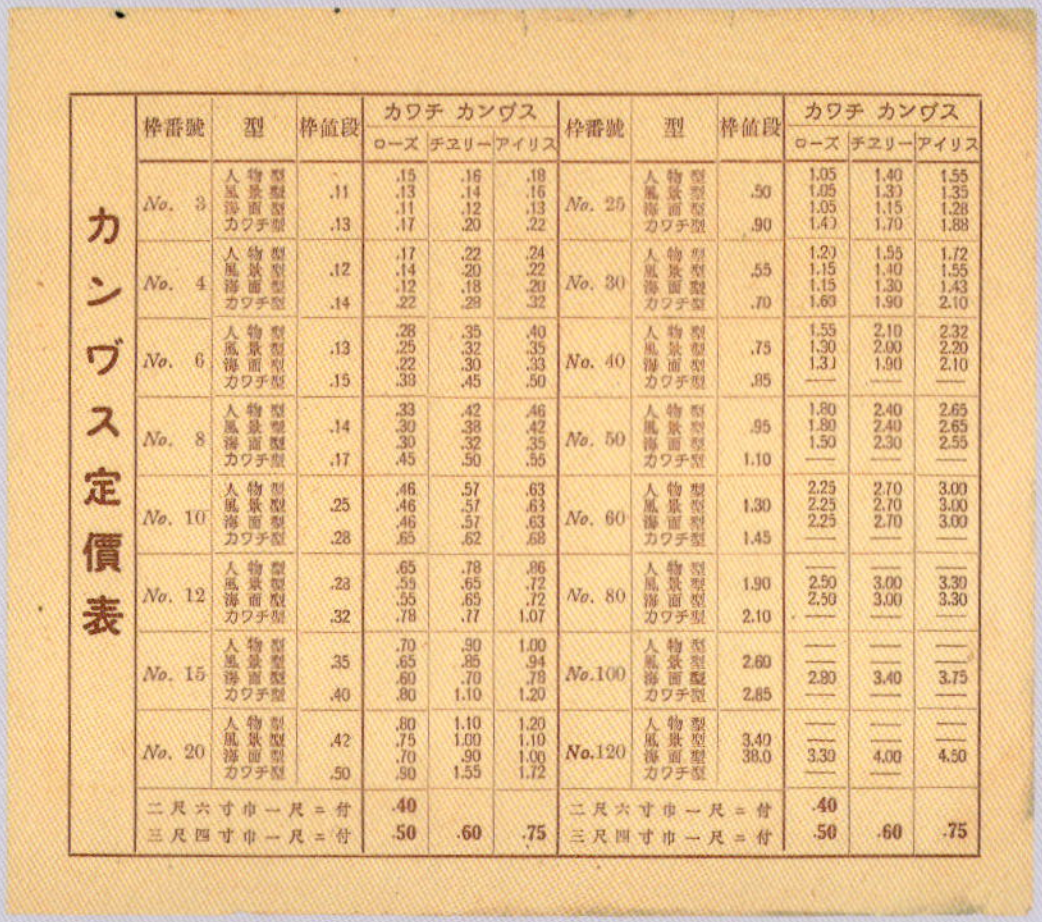

枠番號	型	枠値段	カワチ カンヴス ローズ	カワチ カンヴス チヱリー	カワチ カンヴス アイリス	枠番號	型	枠値段	カワチ カンヴス ローズ	カワチ カンヴス チヱリー	カワチ カンヴス アイリス
No. 3	人物型		.15	.16	.18	No. 25	人物型		1.05	1.40	1.55
	風景型	.11	.13	.14	.16		風景型	.50	1.05	1.30	1.35
	海面型		.11	.12	.13		海面型		1.05	1.15	1.28
	カワチ型	.13	.17	.20	.22		カワチ型	.90	1.40	1.70	1.88
No. 4	人物型		.17	.22	.24	No. 30	人物型		1.20	1.55	1.72
	風景型	.12	.14	.20	.22		風景型	.55	1.15	1.40	1.55
	海面型		.12	.18	.20		海面型		1.15	1.30	1.43
	カワチ型	.14	.22	.28	.32		カワチ型	.70	1.60	1.90	2.10
No. 6	人物型		.28	.35	.40	No. 40	人物型		1.55	2.10	2.32
	風景型	.13	.25	.32	.35		風景型	.75	1.30	2.00	2.20
	海面型		.22	.30	.33		海面型		1.30	1.90	2.10
	カワチ型	.15	.33	.45	.50		カワチ型	.85	—	—	—
No. 8	人物型		.33	.42	.46	No. 50	人物型		1.80	2.40	2.65
	風景型	.14	.30	.38	.42		風景型	.95	1.80	2.40	2.65
	海面型		.30	.32	.35		海面型		1.50	2.30	2.55
	カワチ型	.17	.45	.50	.55		カワチ型	1.10	—	—	—
No. 10	人物型		.46	.57	.63	No. 60	人物型		2.25	2.70	3.00
	風景型	.25	.46	.57	.63		風景型	1.30	2.25	2.70	3.00
	海面型		.46	.57	.63		海面型		2.25	2.70	3.00
	カワチ型	.28	.65	.62	.68		カワチ型	1.45	—	—	—
No. 12	人物型		.65	.78	.86	No. 80	人物型		—	—	—
	風景型	.23	.55	.65	.72		風景型	1.90	2.50	3.00	3.30
	海面型		.55	.65	.72		海面型		2.50	3.00	3.30
	カワチ型	.32	.78	.77	1.07		カワチ型	2.10	—	—	—
No. 15	人物型		.70	.90	1.00	No.100	人物型		—	—	—
	風景型	.35	.65	.85	.94		風景型	2.60	—	—	—
	海面型		.60	.70	.78		海面型		2.80	3.40	3.75
	カワチ型	.40	.80	1.10	1.20		カワチ型	2.85	—	—	—
No. 20	人物型		.80	1.10	1.20	No.120	人物型		—	—	—
	風景型	.42	.75	1.00	1.10		風景型	3.40	—	—	—
	海面型		.70	.90	1.00		海面型	38.0	3.30	4.00	4.50
	カワチ型	.50	.90	1.55	1.72		カワチ型		—	—	—
二尺六寸巾一尺＝付			.40			二尺六寸巾一尺＝付			.40		
三尺四寸巾一尺＝付			.50	.60	.75	三尺四寸巾一尺＝付			.50	.60	.75

5. 河内洋画材料店 カンヴァス定価表

4. 河内洋画材料店 KAWATI-GATA NO.7 表紙
「カワチ型」の正方形である。

〝画人印〟の描き味はいかに
画材なら〈河内洋画材料店〉へ

7. 英国リーブス会社製 高級図案絵具 河内洋画材料店

6. 画人印

小出楢重《こいでならしげ》や藤田嗣治《つぐはる》、東郷青児ら有名画家が来店した大阪で最も有名な画材店。大正九年(一九二〇)中之島にあった吉村商店(現ホルベイン)から河内俊が独立し、心斎橋筋順慶町で創業した。最初、写真の暗箱を扱ったが洋画材料へ移り、大正末頃に河内洋画材料店に改名する。一時、八幡筋の西へ移転、昭和初期はそこを卸部に心斎橋筋一丁目の現在地に本店を開いた。さらに中之島朝日ビルでも営業する。絵筆とパレットをもつ愛嬌ある〝画人《がじん》印《じるし》〟(48頁)の商標は、心斎橋や道頓堀を描いて「ホリトラさん」の愛称で親しまれた堀寅造のデザイン。正方形のカンヴアスと額縁を創案し、「カワチ型」と呼んで商品化した。カレンダーも他のカタログもすべて正方形。

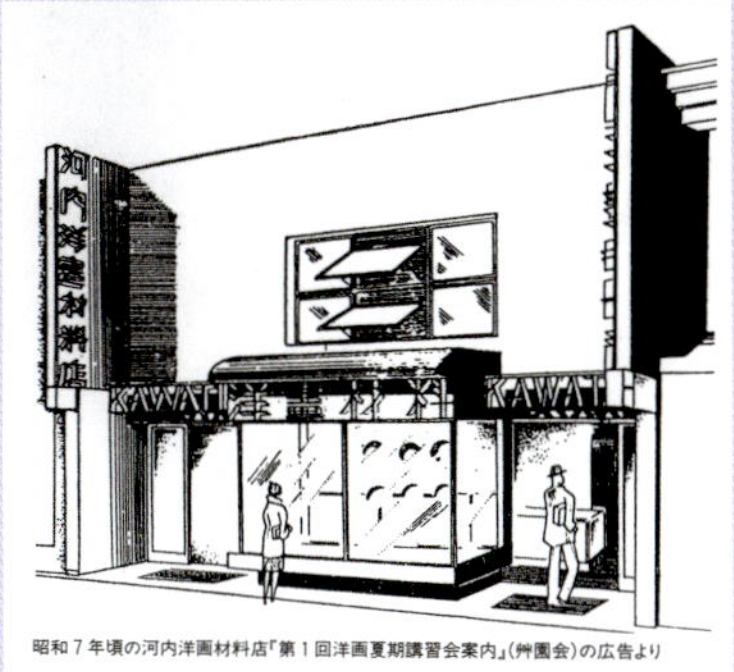

9. 1932年頃の河内洋画材料店
「第1回洋画夏期講習会案内」(艸園会)の広告より

8. 河内洋画材料店 広告
「美術新論」第2巻11号 1927年
広告に「詩集のやうな美しさで洋画材料品目録が出来ました」とある。上の製作用上着も着て、洋画家はオシャレでなくっちゃ。

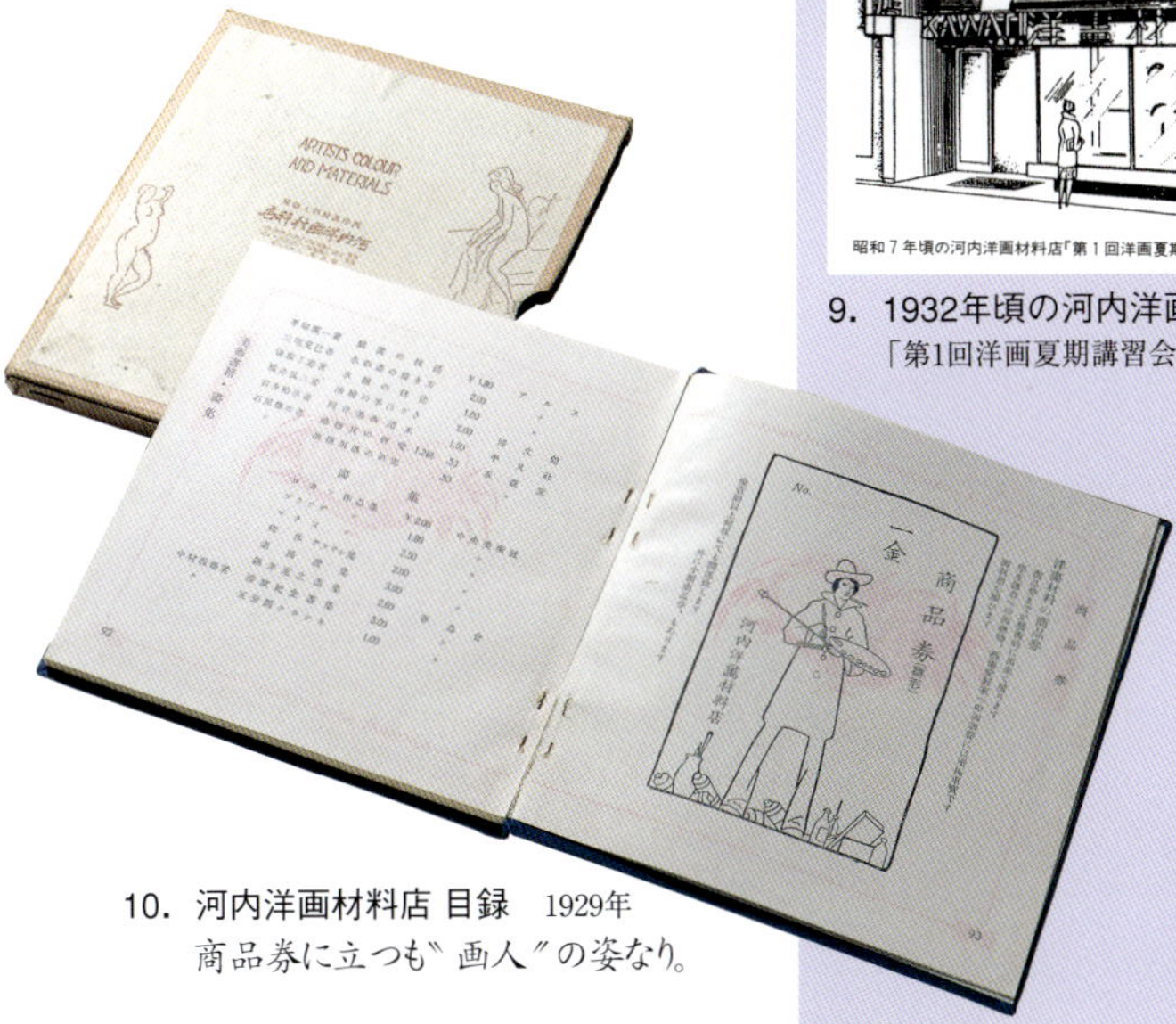

10. 河内洋画材料店 目録　1929年
商品券に立つも〝画人〟の姿なり。

11. 河内洋画材料店カレンダー
昭和初期
ピカソやマチス・シャガールの素描をカレンダーにしたもの

Futurismo《フューチャリズモ》 心斎橋を疾駆する
普門暁は未来派で全速力

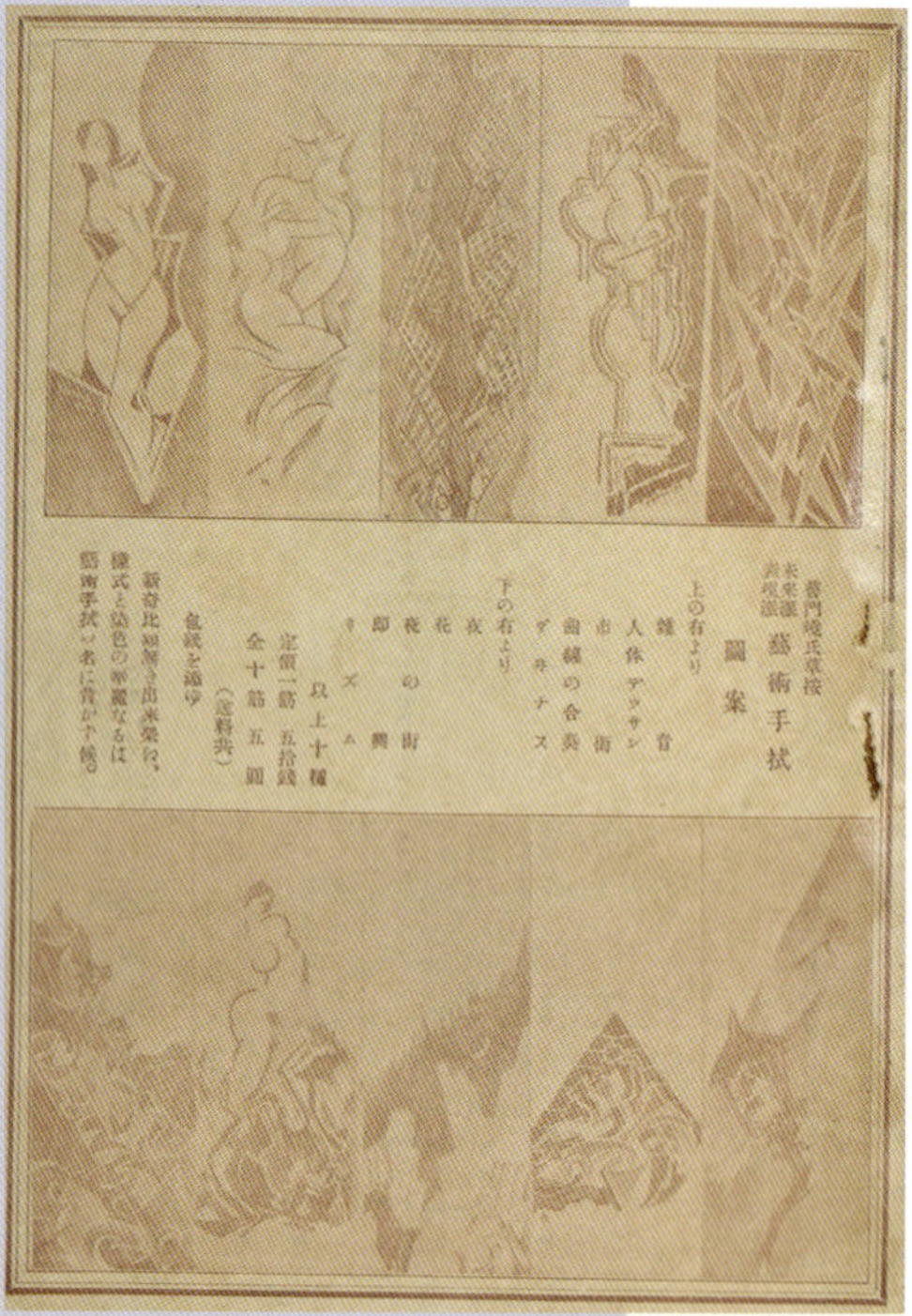

普門暁氏意匠
未来派 表現派 藝術手拭
圖案
上の右より
雑音
人体デッサン
市街
曲線の合奏
ヴヰナス
下の右より
夜
花
夜の街
即興
リズム
以上十種
定價一筋 五拾錢
全十筋 五圓
（送料共）
包紙を添ゆ
新奇比類なき出来榮に、様式と染色の華麗なるは藝術手拭の名に背かざる候。

12.「未来派表現派芸術手拭」の広告 「柳屋」26号 1924年11月

13. 普門暁装釘「柳屋」25号表紙 1924年

14. 同 裏表紙

15. 普門暁画 柳屋の年賀状

未来派は二十世紀初頭、電気や光、スピードなど新しい機械文明の美を主張してイタリアで起きた新しい芸術運動。イタリア未来派に関心をいだいたのが普門暁《ぎょう》（一八九六〜一九七二）である。奈良に生まれ、東京高等工業学校、川端画学校に学ぶ。大正九年（一九二〇）に大阪ホテルで未来派美術協会第一回展を開催。翌年には笠屋町の求我堂洋画研究所（自由美術研究所）で赤松麟《りん》作《さく》、斎藤与里《より》らと指導にあたった。大正十一年、そごうのショーウィンドーの意匠を未来派の青年画家が担当したことはすでに紹介したが（116頁）、普門と関係しているのかもしれない。柳屋とも親密で、大正十三年の「柳屋」表紙のほか、普門デザインの「未来派表現派芸術手拭」「未来派宝船」も柳屋から発売した。祐生《ゆうせい》出会いの館（鳥取県西伯郡）が所蔵する現存の手拭いの色彩は鮮烈である。

16. 普門暁「鹿、青春、光り、交叉」 1920年 油彩、カンヴァス 65.0×80.0cm

古都・奈良からこんな前衛画家が出たのが面白い。この激しい絵は鹿を描いたもの。普門は小出楢重とも親しかった。

屋上で楢重が見たもの――

モダニスト小出楢重と〈小大丸〉

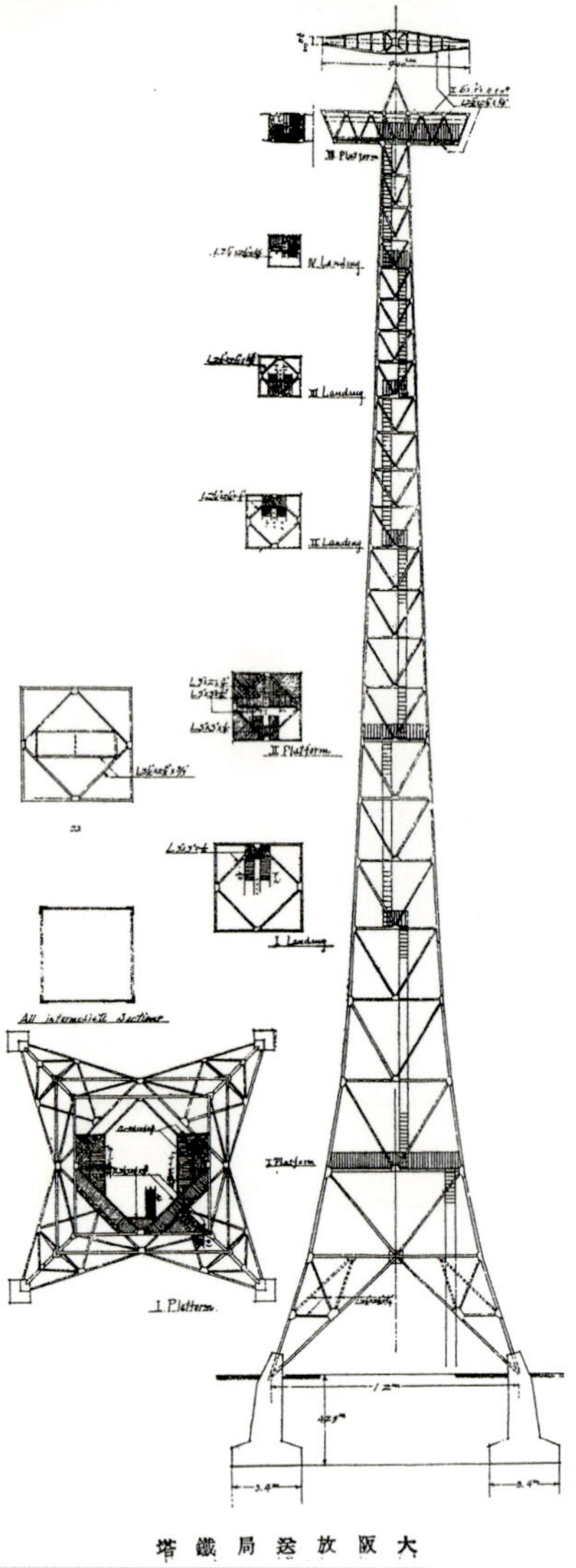

17. 大阪放送局（JOBK）の鉄塔 「建築と社会」1927年3月号

18. アトリエの前にて 1928年4月頃

19. 「周秋蘭立像」を制作中の楢重 1928年2月頃

この鉄塔はなんだろう？《Nの家族》などで知られる日本を代表する洋画家・小出楢重（一八八七〜一九三一）はエッセイ「上方近代雑景」で「私は子供の如く百貨店の屋上からの展望を好む」と書き、大丸の屋上から見える大阪の古い街並みを「徳川時代の家並」「名所図会的情景」と記し「ただ遠い森の中にJOBKの鉄柱が漸《ようや》く近代を示す燈台であるかの如く聳えている」と述べた。上図はそのラジオ放送局の鉄塔、小出が云う森の中の「近代を示す燈台」の図面である。当時の大阪中央放送局（JOBK）は現在の馬場町ではなく、上本町九丁目に大正十五年（一九二六）に落成している。織田作之助が小説「木の都」で書いた生国魂神社や寺町の森の向こうに、「近代を示す燈台」は見えたはずである。

20. 小出楢重「雪の市街風景」 1925年 油彩、カンヴァス 41.0×56.0cm

かたや小大丸――小出楢重は、心斎橋にも近い長堀橋筋の薬種商・天水香に生まれ、大宝小学校、市岡中学校から東京美術学校に学び、卒業後、大阪で活躍する。根っからの都会人であった。小出の有力なパトロンが心斎橋筋二丁目の小大丸の八代目当主・白井忠三郎である。大正十五年（一九二六）、南仏のように風光明媚な芦屋（当時は武庫郡精道村）にあった白井家の別荘に転居し、昭和二年（一九二七）にアトリエを新築する。小出は乗馬をたしなんだり、白井と有馬へドライブするなどモダンな生活を楽しんだ。

上の作品は大正十三年（一九二四）に信濃橋交差点の日清ビルに開設した信濃橋洋画研究所から見た都会風景。右むこうに心斎橋筋の北出時計店の時計台（69頁写真）が描かれる。

美意識もいろいろ

心斎橋ゆかりの画家たち

心斎橋ゆかりの画家たち。日本画では北野恒富《つねとみ》、島成園《せいえん》、岡本大更《たいこう》ほか様々な画家がいるが、ここでとりあげた樫野《かしの》南陽《なんよう》(一八八七〜一九五六)は、大正三年(一九一四)頃、大丸の美術部に在籍して近くに画室を構えた。南陽は後に小林一三の援助も得ている。中村貞以《ていい》(一九〇〇〜八二)は船場《せんば》で生まれ、長谷川貞信に手ほどきをうけた後、北野恒富に学んだ。日本美術院同人であり、横山大観記念館理事長もつとめた。《涼み相撲》はその初期の個性的な作品。

22. 樫野南陽「てらし」
1915年 紙本着色 114.5×26.8cm

21. 中村貞以「涼み相撲」 1924年 紙本墨画着色 68.0×87.1cm 童画のような初期の作品。繊細な描線だ。

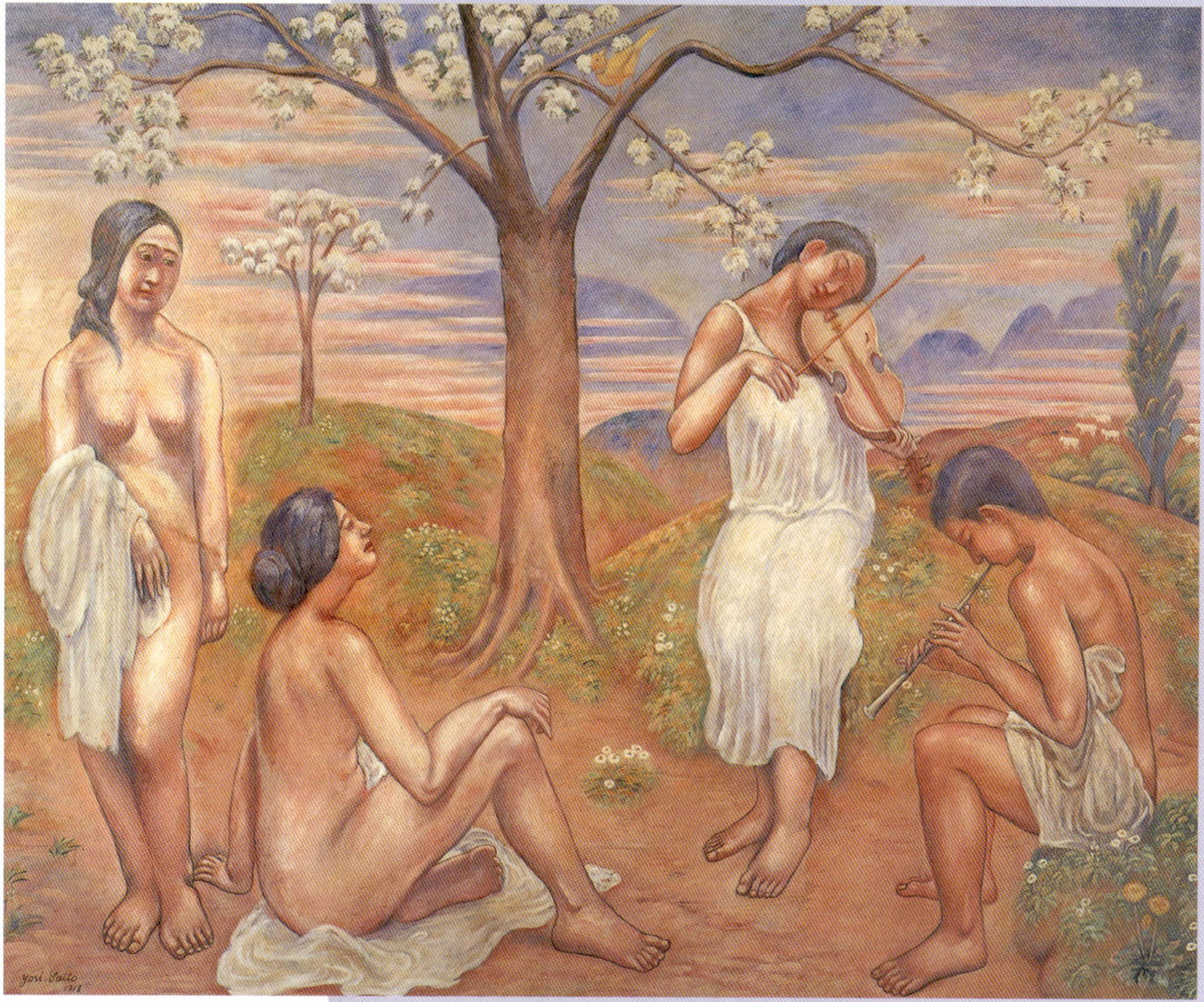

23. 斎藤与里「春」 1918年 油彩、カンヴァス 130・9×162・4cm

24. 足立源一郎「サント＝ヴィクトワール山」
1919年 油彩、カンヴァス 99.8×80.4cm

洋画では、田村孝之介が心斎橋筋の書籍卸業に生まれているほか、長堀橋筋生まれの小出楢重が関係が深い。そのほか足立源一郎（一八八七〜一九七三）も三休橋筋に生まれた。道頓堀の有名な「キャバレー・ヅ・パノン」に関係した生まれついての都会人だが、日本山岳協会を創立するなど山岳を描いた絵で知られた。そして斎藤与里《より》は、大正十年（一九二一）に上田天昭が心斎橋に近い笠屋町に設立した求我堂洋画研究所（自由美術研究所）の講師として、赤松麟作、普門暁らと指導にあたった画家である。後に矢野橋村《きょうそん》の大阪美術学校の創立にも参加している。

佐伯祐三、画材を買う

心斎橋を渡る天才画家の面影

25. 佐伯祐三「河内燈油村附近」　1923年 油彩、板 24.4×33.6cm　中央右の白い部分は夕陽に反射する池。

パリで三十歳の若さで客死する佐伯祐三。大阪は淀川に近い中津(現、大阪市北区)の光徳寺の出身で、赤松麟作に学び、北野中学校(現、大阪府立北野高校)から東京美術学校へ進んだ。大正十二年(一九二三)、はじめて渡仏する直前の秋、大阪に帰郷し、叔父、浅見慈雲の住する四条畷《しじょうなわて》の光圓寺を訪ねた。日本を離れる名残りだろうか、寺の付近で夕日を描いて慈雲に渡したのが「河内燈油村附近」である。実はこの絵が描かれたスケッチ板の裏に、心斎橋北詰の廣瀬文廣堂の商品と分かる印が捺されている。渡仏のチケットを探しに心斎橋にでも来て、スケッチ板を買ったのかもしれない。石橋の心斎橋を渡るこの天才画家の姿が浮かんでくる。

26. 廣瀬文廣堂 広告
「道頓堀」第20号 1920年3月

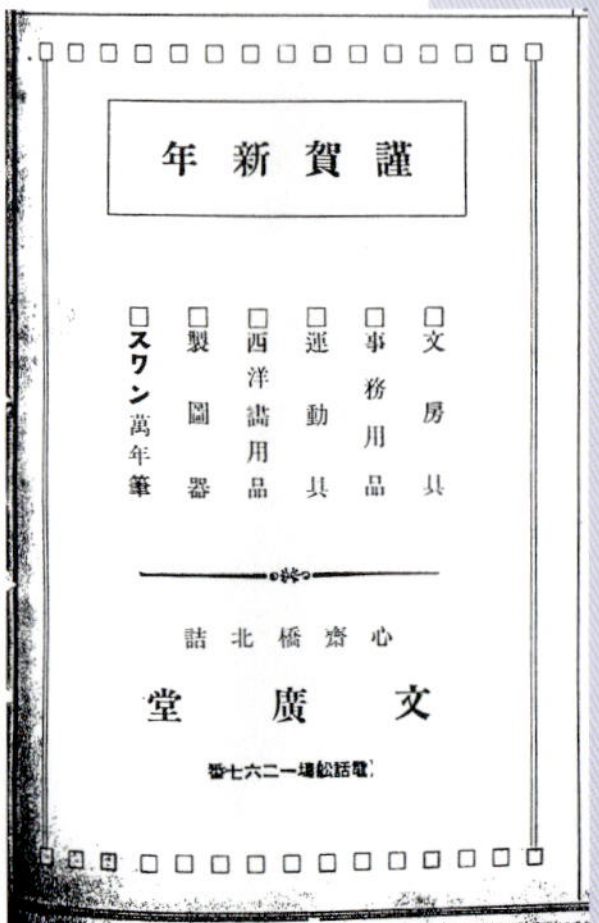

27. 同 広告　同 第11号 1920年1月

神戸＝大阪の画廊チェーンつながる

大阪画廊、心斎橋の北に開廊

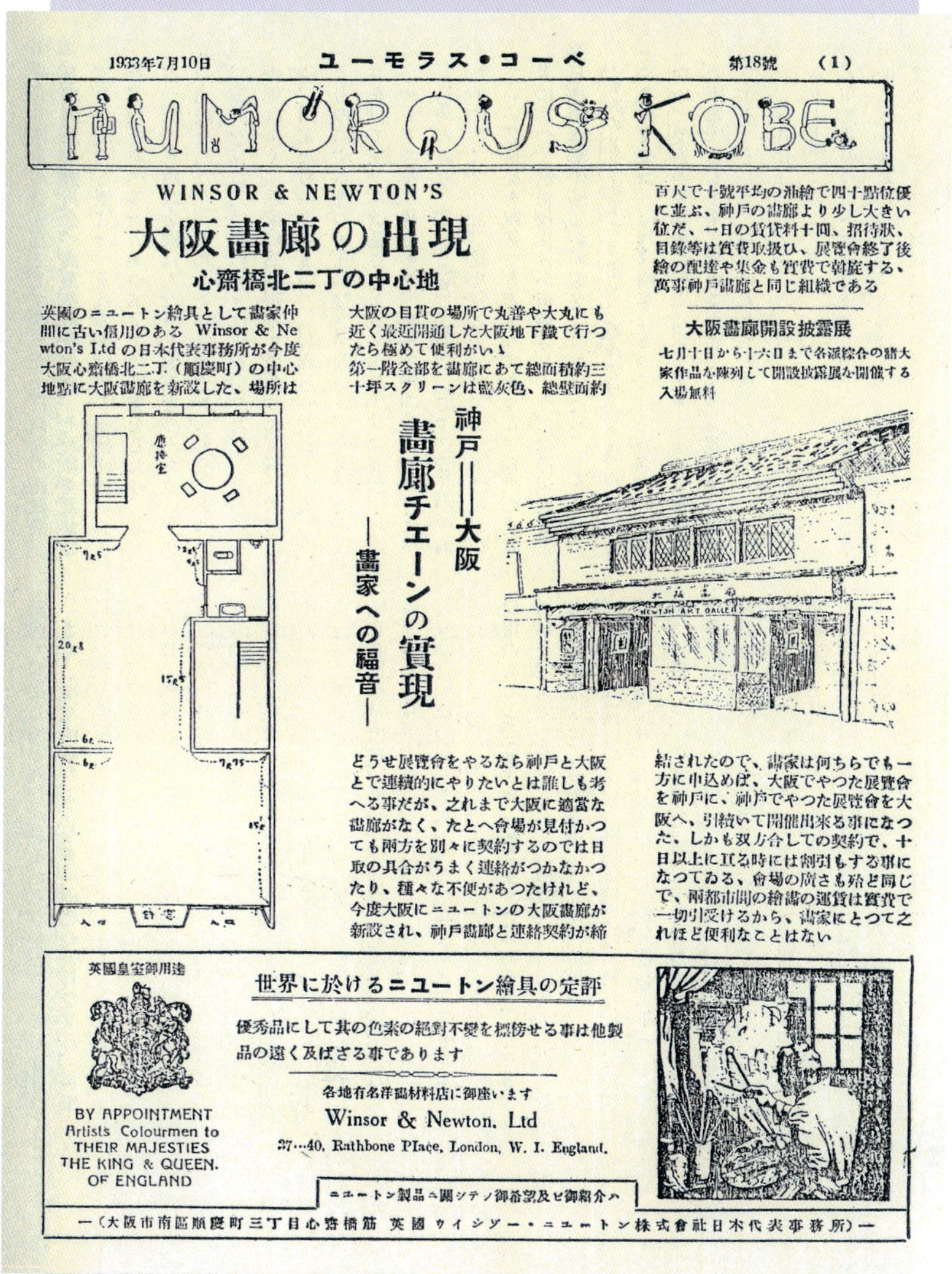

1933年7月10日　ユーモラス・コーベ　第18號　（1）

HUMOROUS KOBE

WINSOR & NEWTON'S

大阪畫廊の出現

心齋橋北二丁の中心地

英國のニユートン繪具として畫家仲間に古い信用のある Winsor & Newton's Ltd の日本代表事務所が今度大阪心齋橋北二丁（順慶町）の中心地點に大阪畫廊を新設した、場所は大阪の目貫の場所で丸善や大丸にも近く最近開通した大阪地下鐵で行つたら極めて便利がいゝ

第一階全部を畫廊にあて總面積約三十坪スクリーンは藍灰色、總壁面約百尺で十號平均の油繪で四十點位優に並ぶ、神戸の畫廊より少し大きい位だ、一日の貸賃料十圓、招待狀、目錄等は實費取扱ひ、展覽會終了後繪の配達や集金も實費で斡旋する、萬事神戸畫廊と同じ組織である

大阪畫廊開設披露展

七月十日から十六日まで名派綜合の諸大家作品を陳列して開設披露展を開催する入場無料

神戸＝大阪

畫廊チエーンの實現

―畫家への福音―

どうせ展覽會をやるなら神戸と大阪とで連續的にやりたいとは誰しも考へる事だが、之れまで大阪に適當な畫廊がなく、たとへ會場が見付かつても兩方を別々に契約するのでは日取の具合がうまく連絡がつかなかつたり、種々な不便があつたけれど、今度大阪にニユートンの大阪畫廊が新設され、神戸畫廊と連絡契約が締結されたので、畫家は何ちらでも一方に申込めば、大阪でやつた展覽會を神戸に、神戸でやつた展覽會を大阪へ、引續いて開催出來る事になつた、しかも双方合しての契約で、十日以上に亘る時には割引もする事になつてゐる、會場の廣さも殆ど同じで、兩都市間の繪畫の運賃は實費で一切引受けるから、畫家にとつて之れほど便利なことはない

英國皇室御用達

BY APPOINTMENT Artists Colourmen to THEIR MAJESTIES THE KING & QUEEN. OF ENGLAND

世界に於けるニユートン繪具の定評

優秀品にして其の色素の絶對不變を標傍せる事は他製品の遠く及ばざる事であります

各地有名洋畫材料店に御座います

Winsor & Newton. Ltd

37…40, Rathbone Place, London, W. I. England.

ニユートン製品ニ關シテノ御希望及ビ御紹介ハ

―（大阪市南區順慶町三丁目心齋橋筋 英國ウイシゾー・ニユートン株式會社日本代表事務所）―

28・「ユーモラス・コーベ」第18号　1933年7月10日

アルファベットの文字が人の形を組み合わしてユーモラス。

神戸画廊（鯉川筋画廊）の機関誌「ユーモラス・コーベ」に載る昭和八年（一九三三）の大阪画廊の広告。もともとロンドンのニユートン絵の具の日本代表事務所が心斎橋筋順慶町に開いた画廊で、神戸画廊と提携して画家の展覧会開催の便宜を図った。イラストにある店舗の外観は、二階が低い、いわゆる「つし二階」。モダンだがクラシックな近代都市・大阪の特質を示している。

29. 池島勘治郎「はらから」1935年 ガッシュ、紙 52.0×66.7cm

▲第一回形成藝術協會展　關西在住の同志達によつて形成藝術協會が組織され形成文藝作品大綜合展開催の豫定なるも會場の都合上小規模に其の第一回展をマヴォ「構成派團體」ドドド「ダダイスト集團」後援のもとに大阪心齋橋カタヤキヤンデーストアー階上に開いた。主なる出品者、萩原恭次郎、星野祐二、伊藤和三郎、ワシリイ、カンデンスキイ、輕部馨、村山知義、岡田達夫、奥村秀夫、多田文三、飛地義郎、東郷青兒、吉川謙吉、永野芳光、牧壽男、矢橋公麿、戸田達夫、高見澤路直の諸氏、事務所は大阪市港區市岡町六八に置いた。二月十日より十五日まで晝夜。

▲小村亘氏個展　二月十五日から二十日まで、大阪大丸に開催。

▲後藤工志氏個展　二月二十日から二十五日まで、大阪丸善にて開催された。

▲大阪美術展　三月一日から七日まで大阪三越。

▲滿谷國四郎氏個展　三月九日から十五日まで、同上。

▲全關西洋畫第一回展　三月十五日から二十四日まで、大阪市朝日會館にて開催。

30. 第一回形成芸術協会展の記事　「芸天」第37・38合併号 芸天社 1927年3月

心斎橋の新傾向

池島勘治郎と前衛美術の展覧会

池島勘治郎(一八九七〜一九八〇)は当時の南区湊町の味醂《みりん》・焼酎醸造業「大勘」に生まれ、両親を早くに亡くしたので家業を継ぎ、独学で絵を学んだ。水彩や不透明水彩のガッシュを得意とし、四ツ橋や御堂筋界隈をはじめ大阪風景を描くとともに、早くから独自の抽象作品を追求した。昭和八年(一九三三)の初入選以来、独立展で活躍。《はらから》は第六回展の入選作である。終戦後は心斎橋筋周防町で飲食店「つぼ平」も経営する。現在のアメリカ村三角公園近くのアトリエで長く創作活動をつづけ、四天王寺の舞楽に触発された作品も残した。

心斎橋は様々な前衛美術団体の展覧会場や会合の場所になった。カタヤキャンデーストアーで開かれた「第一回形成芸術協会展」を報じた美術雑誌の記事には、日本の錚々《そうそう》たる前衛芸術家やカンディンスキーの作品が展示されたことが報じられる。

アートはまず贅沢なフランス趣味で「セレクト」

31. 美術雑誌「セレクト」 1930年創刊 セレクト社
これで全冊揃い。カラフルな色見本のよう。

心斎橋も南御堂に近い南久宝寺四丁目のセレクト社の創刊。洋画家鍋井克之の発刊のことばによると、中川紀元《きげん》、小出楢重らと編集した「マロニエ」廃刊後、美術雑誌を求める声が高く、「セレクト」を創刊したという。二科の画家たちが執筆し、創刊号表紙は超現実主義の古賀春江《はるえ》。黒田重太郎のルオー論、中川一政の和歌、鍋井の詩が載る。光沢あるコート紙を用いた表紙の質感も瀟洒《しょうしゃ》で、フランスの美術雑誌を思わす。凝りに凝ったこの雑誌は一月号から十二月号までの十二冊ちょうどで休刊したが、それも巻末に「愛狐園雑記」を記す鍋井らしい、贅沢な美術雑誌を作るため資金繰りまで計算した周到な計画だったかもしれない。

浪華写真倶楽部も本拠に
〝写翁〟の写真館〈桑田商会〉

写真機械・材料の直輸入・製造販売の店で、〝写翁《しゃおう》〟こと桑田正三郎が京都に創業。明治二十年（一八八七）に心斎橋筋安堂寺町南入に支店を設け、明治三十年（一八九七）大阪店を本店とした。写真雑誌『写真界』なども刊行する。正三郎の自叙伝が『桑の若苗《わかな》』『月乃鏡』。現在も続く日本最古のアマチュア写真倶楽部「浪華写真倶楽部」（明治三十七年創立）が階上を本拠としたことでも知られる。梅阪鶯里《うめさかおうり》（一九〇〇〜六五）は初期の浪華写真倶楽部を代表する写真家で、絵画のように写真を仕上げる「芸術写真」に優れた世界を開いた。

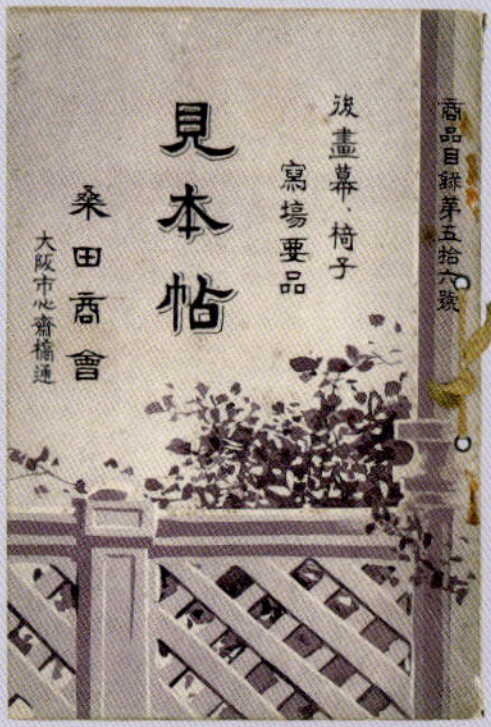

33. 桑田商会 見本帖 表紙

34. 同 裏表紙

32. 古い時代の桑田商会全景
『桑の若苗』1930年より
心斎橋筋に面している。

36. 昭和初期の桑田商会全景
『大大阪画報』1928年 大大阪画報社

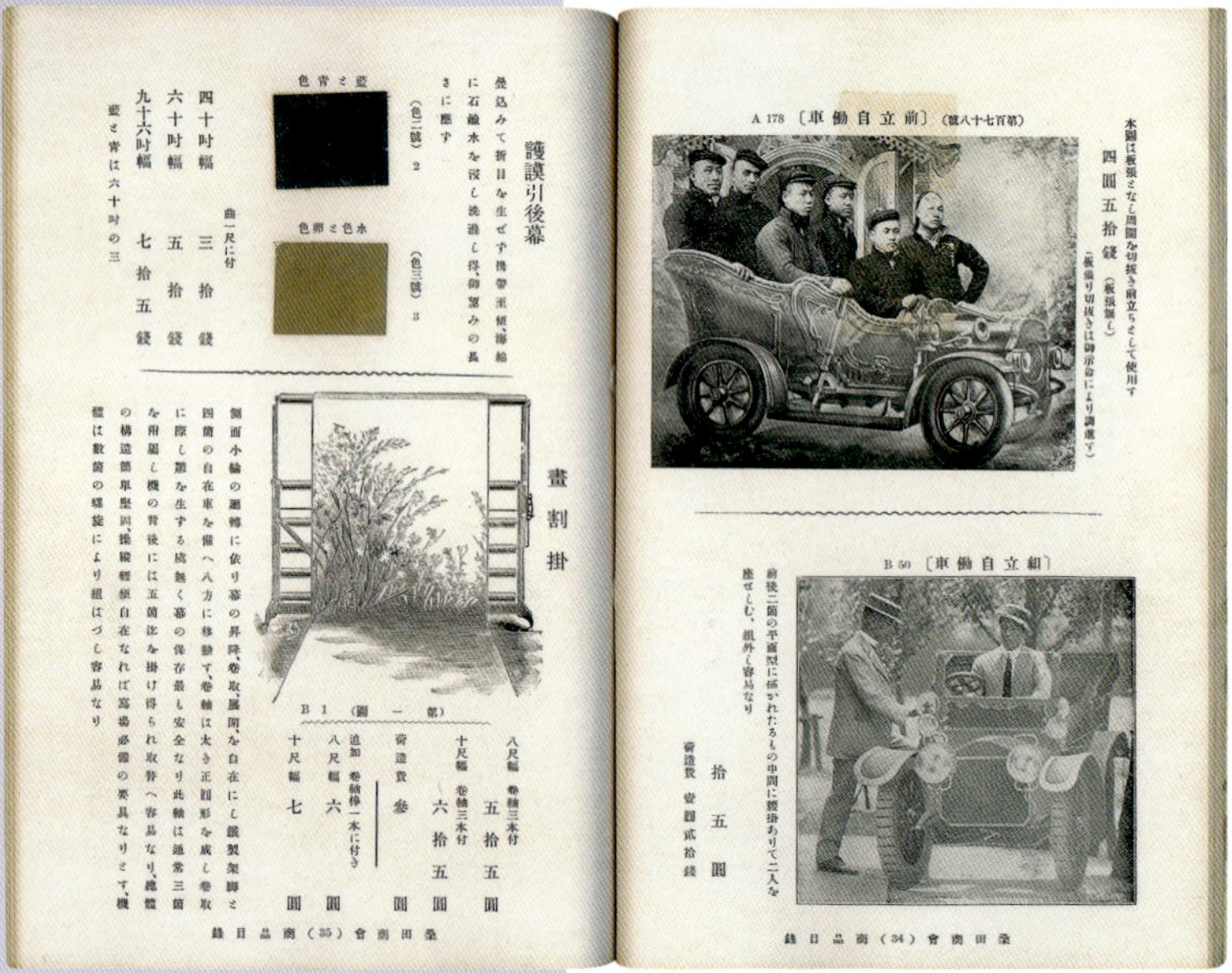

35. 桑田商会 見本帖より　右は写真スタジオで用いる営業用の自動車（看板）。

37. 梅阪鶯里「題不詳(芥子)」 1930年代 ゴム印画 29.0×23.7cm
ゴム印画による端正な画面。「芸術写真」の名品である。

連帯するデザイナーたちの研究誌「プレスアルト」

ブック、ペン、ブラッシュ、インクの四氏、心斎橋に集まる

38.「プレスアルト」第15号 1938年 表紙：二渡亜土

Ribbons
ADO FUTAWATARI

リボンを結ぶ夫人

女性の頭の上に
可愛い感嘆詞がとまつてゐる。
流行の魔術師は時々悪戯をする。
——菜標を表札に見せかけたり——
すると、人々は、
「流行は循環する」と云ふ。

時は圓を描くコンパスを持たない。
時は直線しか描かない畫工です。
地球が廻つてゐると云ふ事を
知つてゐる人々は、
時が變化を決定すると云ふ事も
知つてゐるでせう。

それでも分らない人があれば、
そつとリボン達に聞いて御覧なさい。
リボン達は笑つて答へるでせう
「私達は純絹製品ではありません」
つて、
それから
「ロマンさんは死にました」つて
それから
「今の人は同姓異人のロマンさんです」
つて。

二渡亞土

— 3 —

39. 二渡亞土「リボンを結ぶ夫人」
「プレスアルト」第34号 1940年
画家やデザイナーたちはこうした自作の詩画をよく発表した。

昭和十二年（一九三七）創刊の「プレスアルト」は、「実物宣伝印刷の発表と研究誌」「印刷工芸作品の公開誌」をうたうデザイン研究誌である。京都高等工芸学校の本野精吾、霜鳥之彦、向井寛三郎が校閲、大丸の柴田可壽馬、そごう宣伝部の二渡亞土、高島屋の今竹七郎などデザイナーたちが当番で責任編集した。プレスアルト研究会発行。毎号、京阪神で活躍中のデザイナーが作ったポスター、パンフレットなどの実作品が二十点ほど附録についた。

41.「プレスアルト」　第19号 1938年 表紙：二渡亞土

教授《ミスター・ブック》・宣傳人《ミスター・ペン》・圖案家《ミスター・ブラッシュ》・印刷業者《ミスター・インク》

P・A 第二回

印刷美術座談會

2月19日　心齋橋・ドンバル

脇　一寸御挨拶申上げます。お忙しいところを御越し願ひまして有難う御座いました。では只今からお話し願ふ事に致します、私の方からかうと云ふ話題でなしにその邊は皆様から一つ御自由に話の種をお出し願ひまして、お立場、お立場からお話し願へれば結構です。先づお話の中心はやはり戰時體制下に於ける廣告、印刷、商業美術と云ふものがどう云ふ風に……或は又事變後に於てそれ等のものがどう云つた風に統制されるかと云ふ問題であらうと存じますが。（話題が出さないと云ひ乍ら先づ一問を提出する）………聞くならないでどなたかどうぞ……

切手の稲穂

脇　このあひだ都新聞に一錢切手の圖案が問題になつて居りましたが、どう云ふものかと存じまして、實は今日持参致して参りましたが。

霜島先生　大毎にも三度か四度出ました。都が一番早かつたと思ひます。日本の稲刈と云ふものを全然知らぬ人が描く爲に、稲刈になつてゐないと云ふ様な事が書いてありました。

山澤氏　ほんとにこれぢや稲刈になつてゐませんね。

脇　稲は決して穂を持つて刈るものぢやない根元を持つて刈り取るもんだと云ふんですが。

霜島先生　繪其ものが甚だ貧弱で、繪になつていないと云ふんです。

本野先生　繪のことでよくこれは間違つてゐるとか、本當だとか云ふ事を聞きますが、僕は繪はどうせ嘘を描いてゐるものだと思ふし、どの程度に嘘かと云ふ事が問題だと思ふんです。よく展覽會の繪を見て植物學者や動物學者がこれは辨の數が違つてゐるとかゐないとか云ひますが、一寸お可笑しいと思ひます。一面の眞理がないではないが、植物學的に、動物學的に繪を描くと云ふ事のみが繪の使命ではない。然し眞實性を失つていゝと云ふ事ではなくて、さう云ふ風に藝術を見るのはどうかと思ひます。ところでこの問題の切手は眞實を誤る程嘘か、本當か、と言ふ事だ、これでは稲刈になつてないと云ふ事であれば全然駄目だが、一寸ばかり違つてゐるから藝術的價値が無いと云ふのはどうかと思ふ點があります。

山澤氏　これを見て稲刈だとは誰も思へないのです。

本野先生　それだけ眞實から遠かつたらやはりいけないですね。

出席者

前列左ヨリ

幾洲陽氏
大田健一氏
本野精吾氏
霜島之彦氏
向井寛三郎氏
岸本卿郎氏
高場秋彌氏
井上敏行氏
柴田可壽馬氏

後列左ヨリ

淺井卯三郎氏
中島末吉氏
方田鋼一
河村運平氏
渡邊唯夫氏
山澤勝一氏
土山宮二氏
黑田清氏
鐵榮三郎氏
井上貞一郎氏
井上好太郎氏
堀内鶴樟氏
尊島氏
宮本順三氏
脇清吉

外に

今井治吉氏
長尾恒行氏
田中康雄氏

3

40.　印刷美術座談会 心斎橋・ドンバルにて　「プレスアルト」第15号 1938年より

心斎橋筋の喫茶ドンバルでの座談会も収録する。ドンバルは心斎橋の北、順慶町の心斎橋筋にあり、隣が有名な古書肆・鹿田松雲堂の心斎橋店であった。昭和十三年（一九三八）、藤田嗣治、東郷青児を顧問に二科会の前衛作家たちが設立した九室《きゅうしつ》会の大阪支部（吉原治良、井上覚造、石丸一、難波架空像ら十名）の例会もドンバルで開かれている。

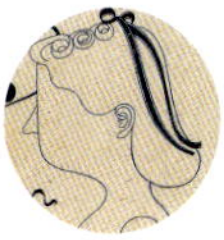

世紀のテレヴィはデザイン室の窓

高島屋から見た大丸、そごう
今竹七郎「窓」

窓

（繪と文）今竹七郎

二つとない
世紀のテレヴィ
私の眼は
生きた繪を持つてゐる。

モチーフ

1 建物

大丸と そごうと
松竹座と ガスビルと。
もり〳〵 うづ高く もり上つた
重なりあつた 白い軍艦。

エルンストの太陽は
これを いんさんな 工場にした、
アンダルセンの 城にした。

明日を孕んだ 行儀のいゝ 彼女たちは
今日も 青い草原に赤い簪を投げて
果てしない イマアジュを追つてゐる。

2 空

灰色の常識は 今日の大阪の
奥附になつた。

ヴエルドコバルトの落ち着く所に
ナニワ は かすかに かすかに
息吹いてゐる。

バルンの黄ろい戀人たちは
神風が ヨーロッパで作りたての
コンパクトを撒いてくれた 喜びを
一ばんよく 知つてゐる。

航驗の 赤い羽撃《はばたき》も
この青は 秘めてゐる。

3 道路

流動する プラチナのベルト。
MIDOWSUJI。

黒い蠅が 一ぱい たかつてゐる。
或る日はパウリッチがこの黒に埋沒した。
若いハーゲンクロイツの腕章も。

聲なき 英靈のマーチは
街の鼓動を音なく止めた、
多感な私の泪を
この フレエムは知つてゐる。

二つとない
世紀のテレヴィ

め と みゝ と
あたま と こゝろ に

私の「窓」は生きてゐる。

一九三八・一二・七

（南海高島屋宣傳部）

42. 今竹七郎「窓」　「プレスアルト」第23号 1938年
詩にある「世紀のテレヴィ」は〝tele〟が「遠く離れた」、〝vision〟が「見るもの」を意味する。ブラウン管による電送・受像を世界で初めて成功させたのは大正15年(1926)、日本の高柳健次郎だった。

高島屋のデザイナー今竹七郎が難波の高島屋から北側を写したスケッチと詩。アクティヴで刺激的なデザイナーの日常が詩画に定着される。正面の建物は大丸、そして、そごう百貨店である。

〃粋《いき》〃ではなく〃粋《すい》〃の主張

オシャレ雑誌〃粋〃誕生

—21—

心ぶら考現學

久保田日出吉

—どちらへ？
—何處へ行くように見へます？
—心ぶらでせう。
—モチ　あなたもそうでせう。
どいつしよに參りませう。

× ×

阪急ビル地下銀東場での二人の若い婦人の對話です。二人とも言ひ合せたやうに斷髪で適當の、ウエイヴが施されてあります。洋裝も身に合つてゐて、持物の好みなども、先づ相當、どこに出してもシブク・ガールとして押しも押されもせぬでせう。

—身分—之れは彼女達に對して失禮で詮索など許されぬところですが、ダンサーでもレヴュー・ガールでもありません。私の推測ですが、阪急沿線あたりに住まはれる良家の娘御です—何故です？つて御覧になつたら御判りになるでせう。その態度に御しのコケテツシュがなく、そして彼女達のメーキャップからは純眞そのものが感受されますから。

× ×

娘御さん方の品定めで話がすこし横に逸れましたが結論さきほどの彼女達の會話中にあつた—心ぶら—に就いて、少しお話するのが此の稿の目的でした。

× ×

銀ぶらといへば銀座をぶらつく事だそうです。同じ意味で—心ぶらは心斎橋筋をぶらつく事—十四五年も前從者等心ぶらまんを以て自ら任ずる者共が言ひ振らし物に書いたのが濫觴—堅い文句ですが—です。

—心ぶら銀ぶらといふ言葉はどちらが先に出來たんか？ですつて？ ぶらつきの元祖爭ひなんかどうでも良いではないですか。現に角心ぶらにしろ、銀ぶらにしろ、各々ぶらつかぬと眠れぬ、ぶらまにあが數十萬か數百萬かあつて、ネオンサイン灯る宵からワンサと押しかける光景は、近代都會風景のはなでせう。

× ×

會く灯に集るといふのは蟲の世界に限られた習性ではない筈です。仕事を終へて家庭の人となり、一風呂浴びて飯にする。それから茶を飲みながら夕刊を讀む。序でに朝損様に讀んだ朝刊の再檢討、ETC。然しまだ八時だ、寢るには早すぎる。

—心ぶらだ用意をしなさい。

43．久保田日出吉「心ぶら考現学」
「粋」創刊号より

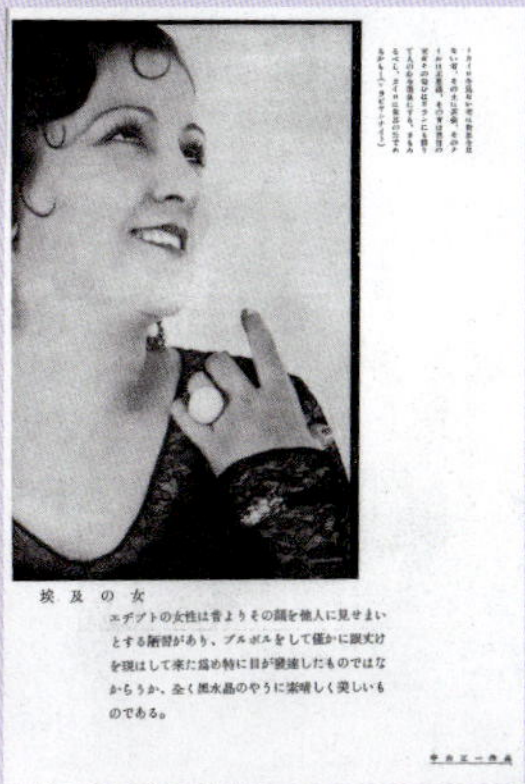

44．「埃及の女」　同
ここにもエジプト趣味が……。

45．雑誌「粋」創刊号　1936年

大阪は〃水都《すいと》〃ならぬ〃粋《すい》都《と》〃であった。昭和十一年（一九三六）に塩町の心斎橋ビルディングの「流行の粋社」から刊行されたオシャレなファッション雑誌。巻頭で洋画家・国枝金三《くにえだきんぞう》（一八八六〜一九四三）が東京の〃粋（いき）〃に対して大阪の〃粋（すい）〃を主張する。本誌は大丸、そごう、高島屋、三越、松坂屋など百貨店の流行ファッションに触れるほか、久保田日出吉（秀吉）の「心ぶら考現学」の一文がある。

山田耕筰の作曲講座

栄光の〈大阪開成館・三木楽器店〉

46. 三木ホールで「作曲講座」を行う山田耕筰　サインには1932年4月21日とある

48. 「はたをり虫」
野口雨情詩 藤井清水曲 1924年
大阪開成館発行
全10曲よりなる日本童謡集。

47. 三木ピアノオルガン
パンフレット

三木楽器店は文政八年（一八二五）、貸本屋として創業した。明治二十一年（一八八八）に楽器部を創設、二十五年（一八九二）からは楽譜、音楽書の出版を手掛けた。創立者の四代目三木佐助と山田耕筰は作品出版を通じて個人的に親しく、本社三階の三木ホールを舞台に「作曲講座」などの音楽普及活動を行った。楽譜「みなぞこの月・待宵草」は二曲とも大正八年（一九一九）九月十七日作曲、大正十年（一九二一）九月発行の歌曲。山田より三つ年下の作曲家・藤井清水は一九二〇年代前半を大阪で過ごし、三木楽器から二冊の童謡集を出版した。

49．ヴァイオリン音譜（二部）「安南王の行列」
小畠賢八郎作曲 甲賀夢仙編 1911年 関西音楽団発行
三木楽器店、前川書店、ハマヤ楽器店が発行所。
三軒とも心斎橋筋（舟場側）の店である。

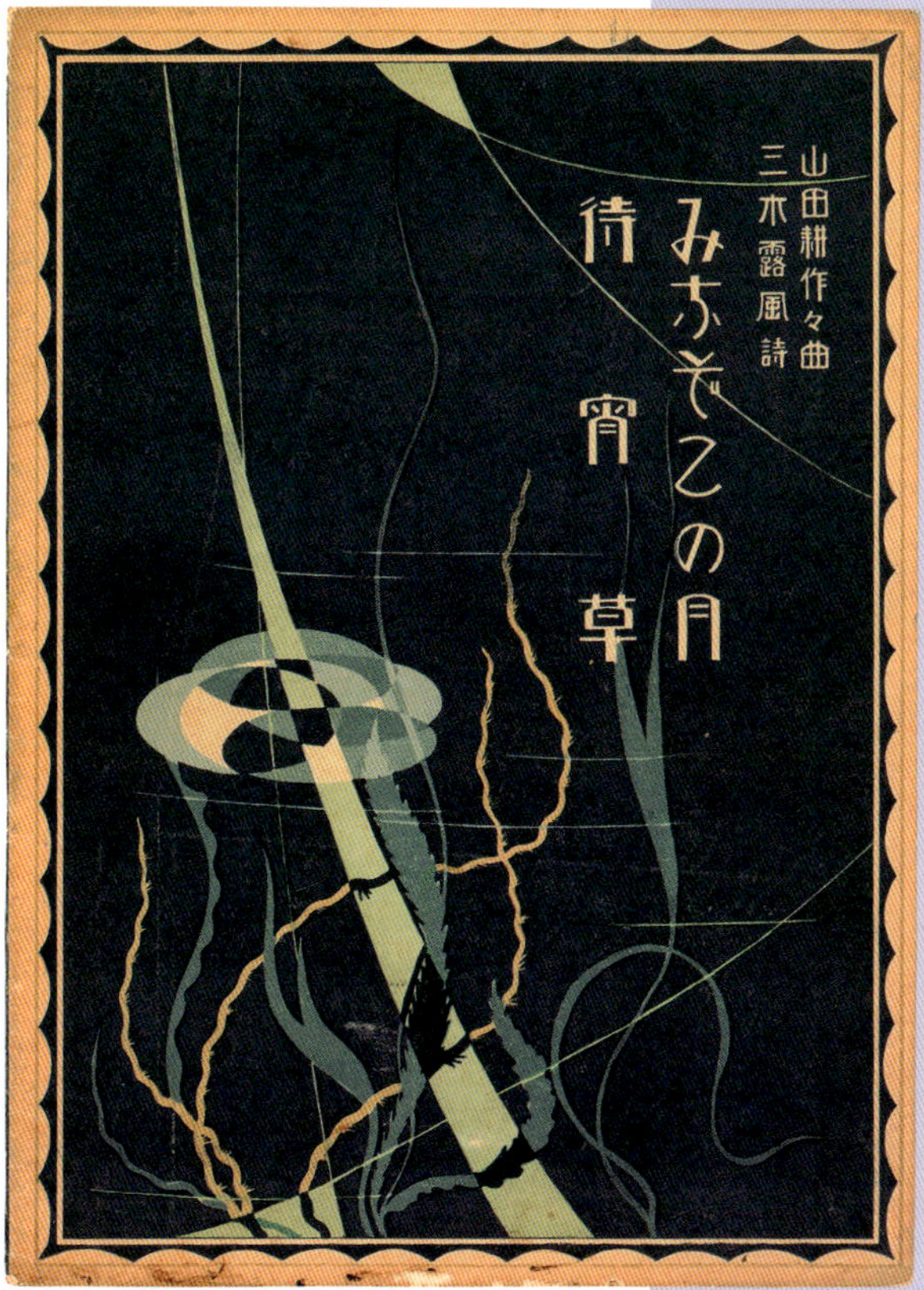

50．「みなぞこの月・待宵草」
山田耕筰作曲 三木露風詩 1921年 大阪開成館発行
三木楽器の出した楽譜の一つである。

51．家庭音楽「春雨・梅は咲いたか・たけす囃子」
山田耕筰作曲 1916年 三木楽器店発行
都々逸などをヴァイオリンとピアノ曲にしたもの。

52．三木佐助 ラベル

空飛ぶ蓄音機
〈酒井公声堂〉の投げ売り広告

54. 同 広告 「道頓堀」第5号 1919年7月

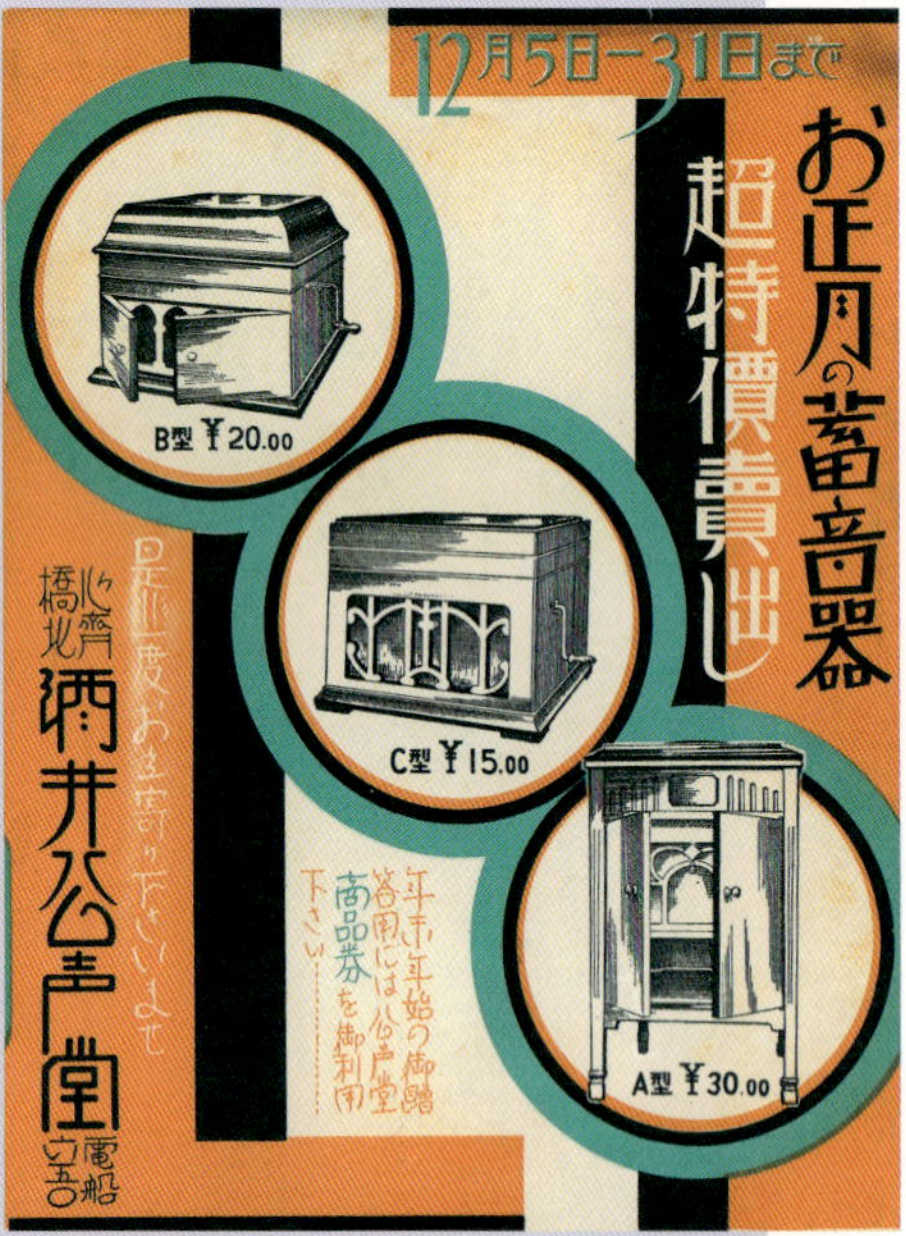

53. 酒井公声堂 チラシ

56. 同 広告 「道頓堀」第4号 1919年6月

55. マッチラベル

明治四十二年（一九〇九）創業の酒井公声堂は大阪でもっとも早く輸入洋楽レコードを販売した店。経営者の酒井欣三は天賞堂大阪支店の写声機部から独立してレコード事業に乗り出した男で、大正期に自社ブランド「バタフライレコード」でレコード界に参入した猛者である（写声機はディスク式蓄音機の異名）。

和も洋も音楽はひとつ

〈阪根楽器店〉

57. 阪根楽器店 チラシ 昭和初期
「文化三味線譜」は誰にでも弾けるように
大正時代にできた楽譜。

58.「日本名曲集」 1913年 富士楽譜発行 阪根楽器店発売
日本の曲をピアノ譜にしたもの。富士楽器店の住所は阪根吉蔵と同じである。

59. 同 広告 「道頓堀」第6号 1919年8月

阪根楽器店は楽器のみならずレコード販売、楽譜出版、音楽教室を行っていた志《こころざし》の高い楽器店である。昭和五十年代にはジャズやブルース、ロックの品揃えが豊富なことで知られた。心斎橋らしい進取の気性に富んだ店であったといえよう。

美しきメロディに美しき装釘
心斎橋は楽譜の産地

60．ヴァイオリン音譜 第11輯「箏曲 楓の花」
1907年 前川合資会社

61．ヴァイオリン音譜 第12輯「箏曲 新松竹梅」
1907年 前川合資会社

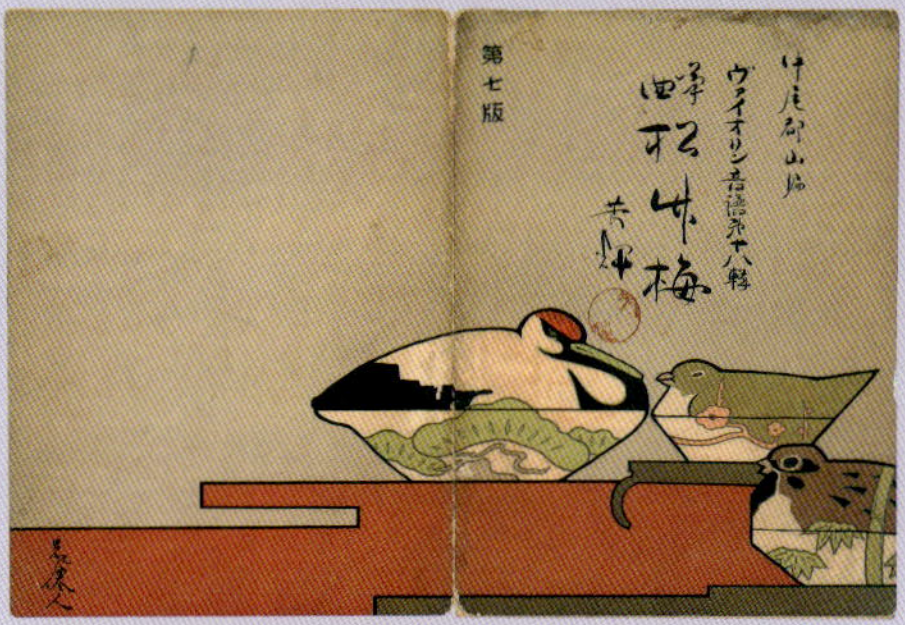

62．ヴァイオリン音譜 第18輯「箏曲 松竹梅」
1908年 前川合資会社

明治から昭和初期にかけて出版された楽譜にはデザイン性に富んだものが少なくない。前川楽譜発行のヴァイオリン楽譜三点はいずれも大阪洋画壇草創期の画家、山内愚僊のデザインで、和風な雰囲気の中にアール・ヌーヴォー様式を反映して洋画家らしい装飾性を示している。楽譜の裏表にまたがる大胆な構図も珍しく、展開してご紹介しよう。

「ジャズ大阪行進曲」のスワン楽譜や「ボルガの船唄・若き感激の歌」のヨシカワ楽譜は流行曲からセミクラシックまで幅広い曲種のハーモニカピースを多く手がけ、図版に見られるようにしばしばレコード新譜ともタイアップしていた。華美で楽しいデザインの表紙が多いので、コレクターズアイテムとして興趣が尽きない。

64.「ボルガの船唄・若き感激の歌」
1928年 ヨシカワ楽譜

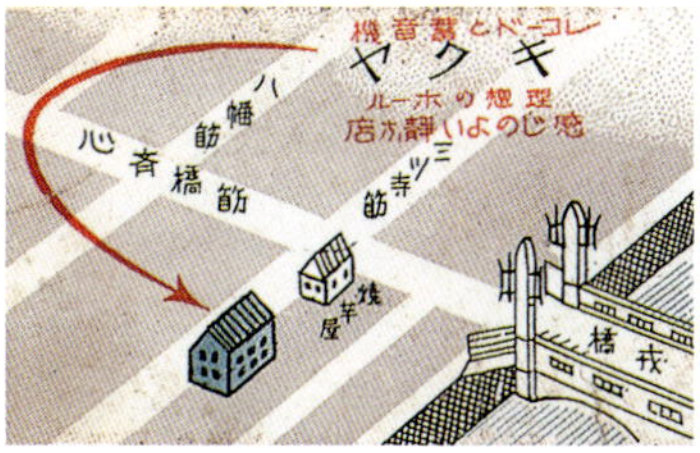

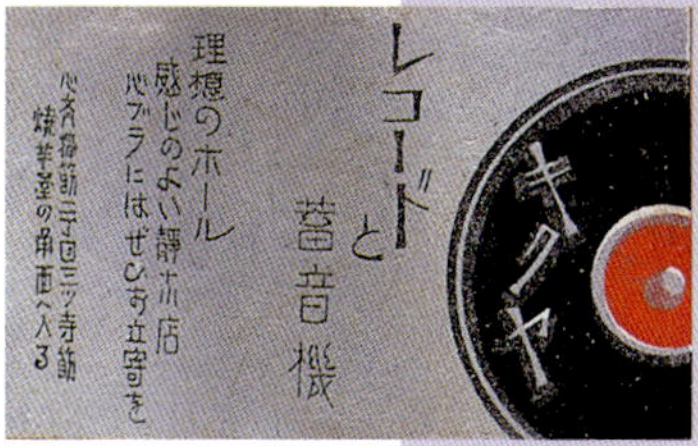

65. キクヤレコード マッチラベル

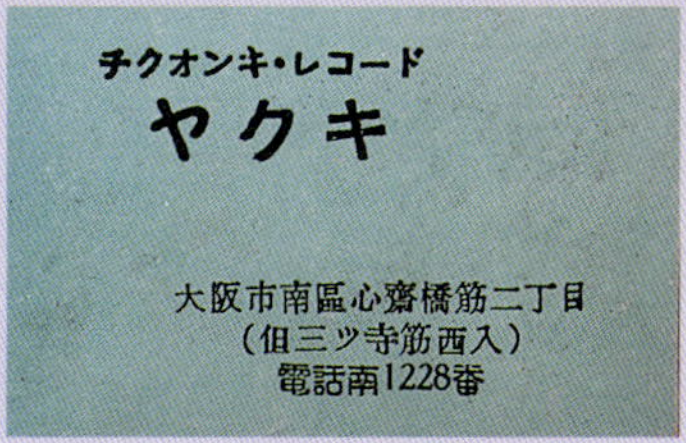

63.「ジャズ大阪行進曲」楽譜 1930年 スワン楽譜出版社

地元が作った心ブラ・ソング

〝ステップの足取りモボにモガ〟〝ジャズよ尖端よ心斎橋〟

御津《みつ》青年団心一（心斎橋筋一丁目）分団音楽部によって作られた小唄とフォックストロット。昭和初期の「道頓堀行進曲」や「浪花小唄」などの流行に触発されたと思われるが、作詞作曲の経緯は未詳である。「何の心斎橋」はプロ詩人の西口春雄が作詞をしている。歌詞、表紙デザインはいかにもモダニズムの産物らしく、青年団がこのような軟派な歌で気勢をあげて町を闊歩《かつぽ》していたと思うとほほえましい。あるいは心斎橋一丁目で街頭演奏されていた歌だろうか。

67.「小唄 何の心斎橋」西口春雄作 木村勝一作曲
表紙の「心」の字がトランプのダイヤにハート。「斎」の字はスカートはいて踊ってる？

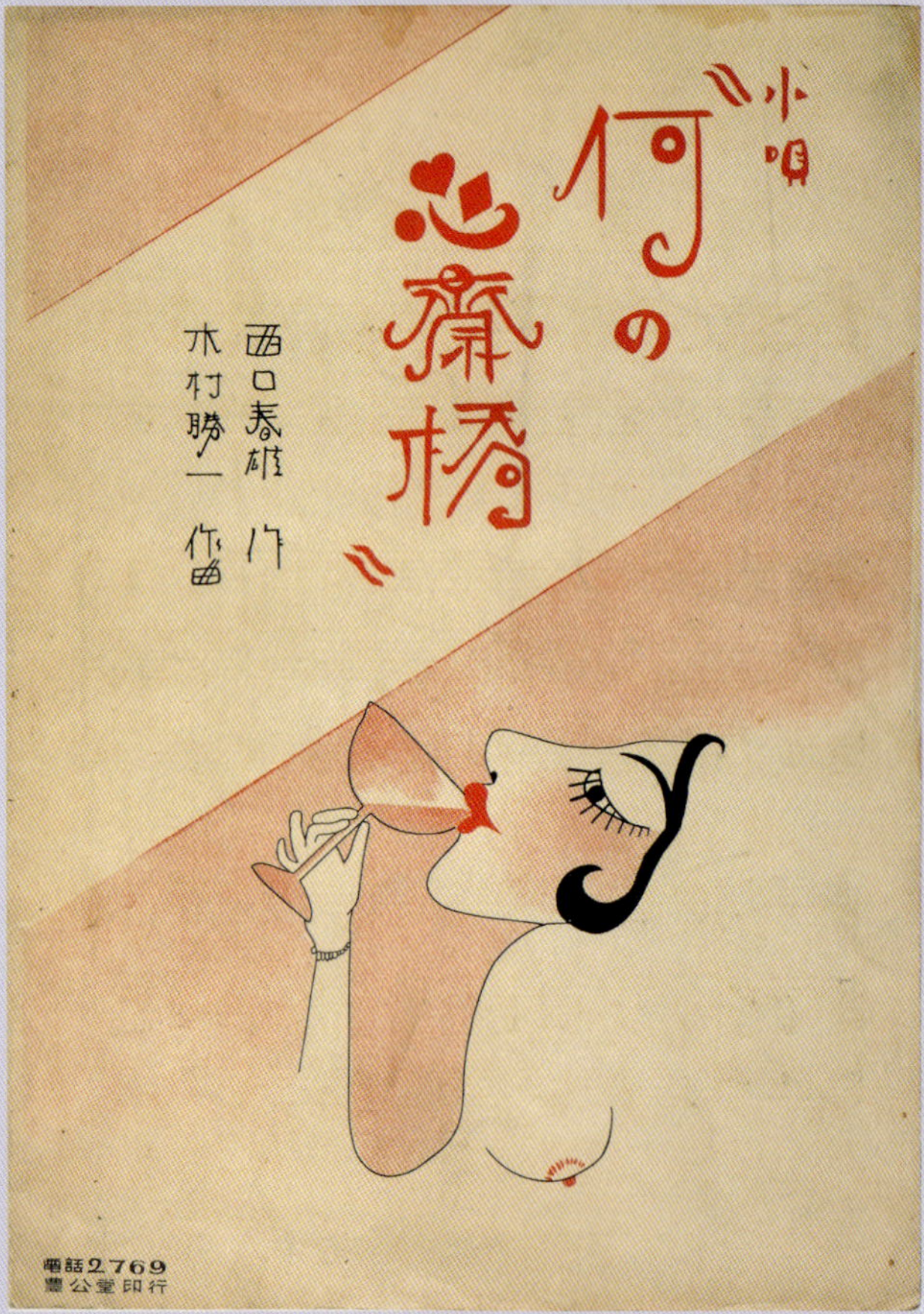

66. 同 歌詞

瓦斯燈がダイヤモンドのように輝く。

69. 同 歌詞

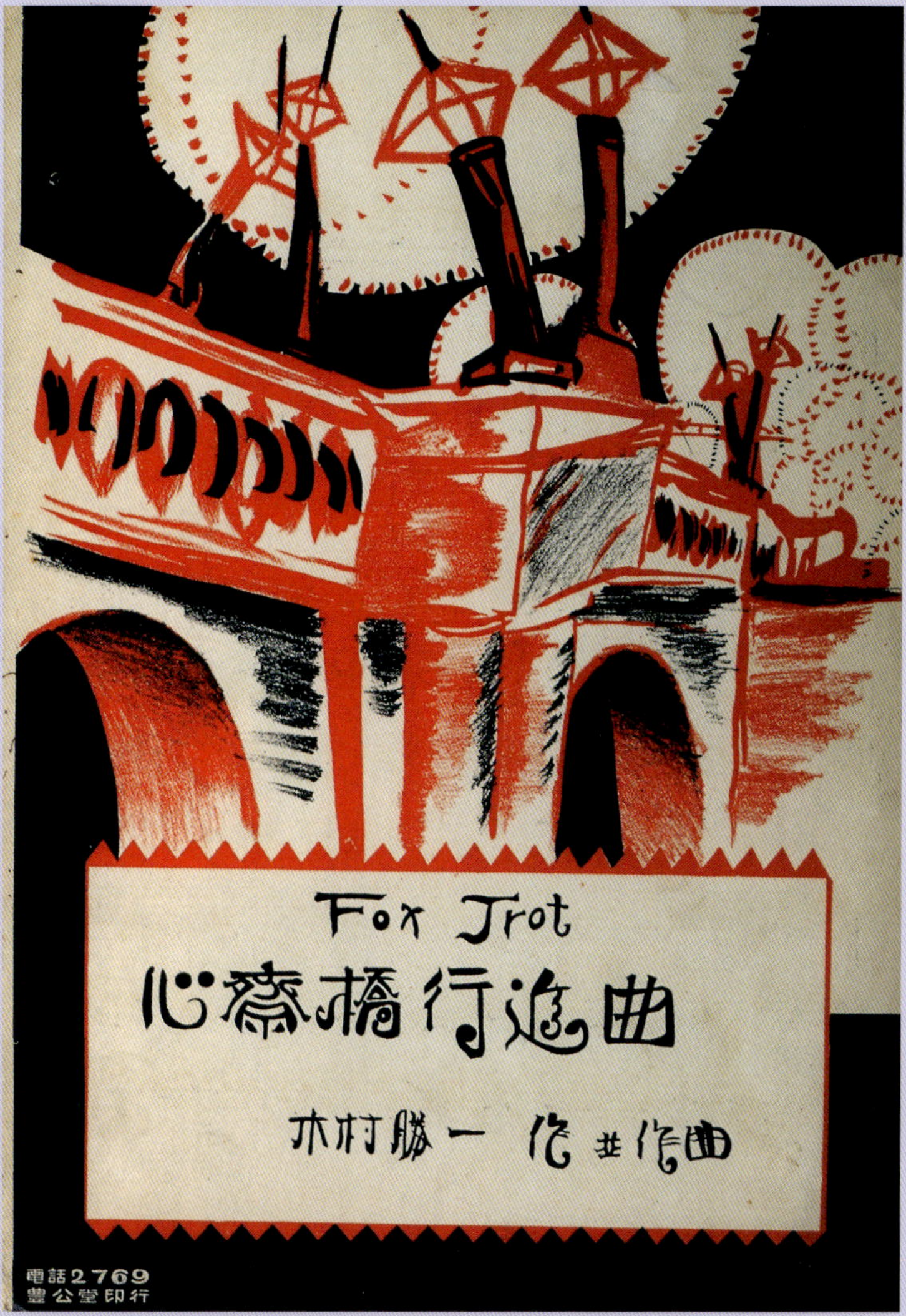

68.「Fox Trot 心斎橋行進曲」 木村勝一作・作曲

心斎橋に流れるマーラーの〝復活〟
でもグスターヴ・マーレルってだれ？

70. ポリドールレコード ラベル マーラー作曲「交響曲第2番」 1924年録音
下の「だいまる」の広告のレコード。

71. 瀧久雄「グスターヴ、マーレルの第二交響楽に就て」
PR誌「だいまる」第10巻5号 1925年より

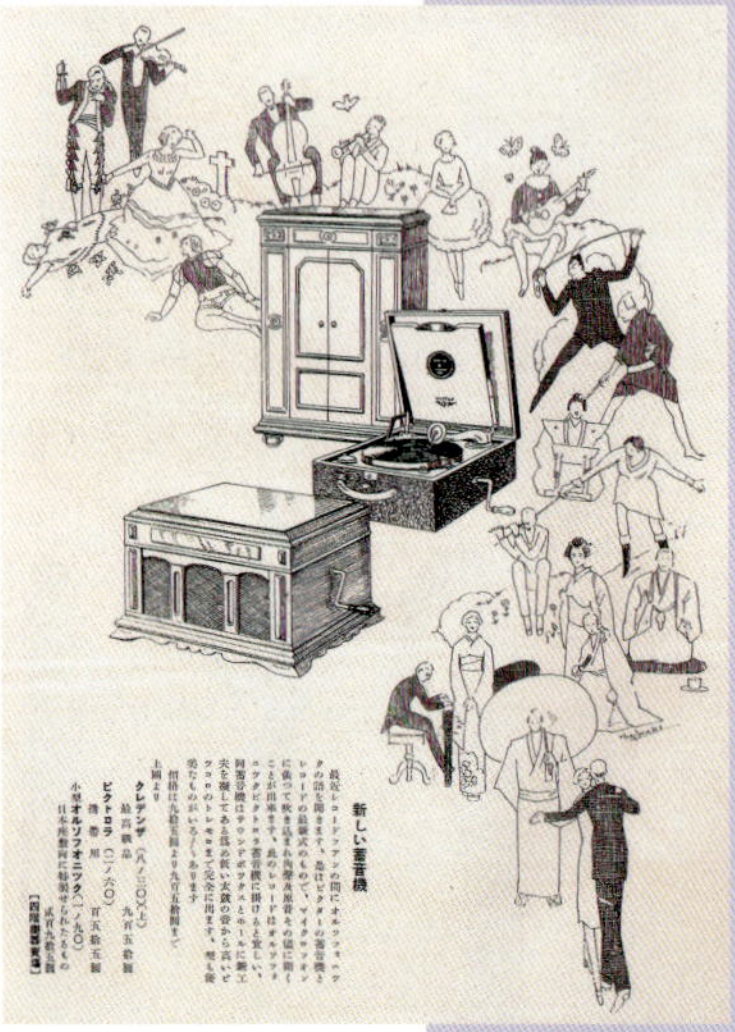

72. PR誌「だいまる」1928年4月号より

心斎橋で高級レコードを扱っている店というと、百貨店の楽器・レコード売り場と相場が決まっていた。PR誌「だいまる」で紹介されているレコードは一九二四年録音の〝マーレル〟ことグスタフ・マーラー作曲の「交響曲第二番 ハ短調 復活」。マーラーと親交があったオスカー・フリート指揮ベルリン国立歌劇場管弦楽団による十一枚組のレコードで、この曲の初の全曲録音。大正十五年に輸入されるや、当時の月給に肉薄する高額にもかかわらず忽ち百組売れたという逸話がある。大丸百貨店四階の売り場では大正末期から新入荷盤のコンサートが行われて好評だったが、このレコードを通しで試聴すると一時間三十分かかる。ちなみに原価は六十六マルク。

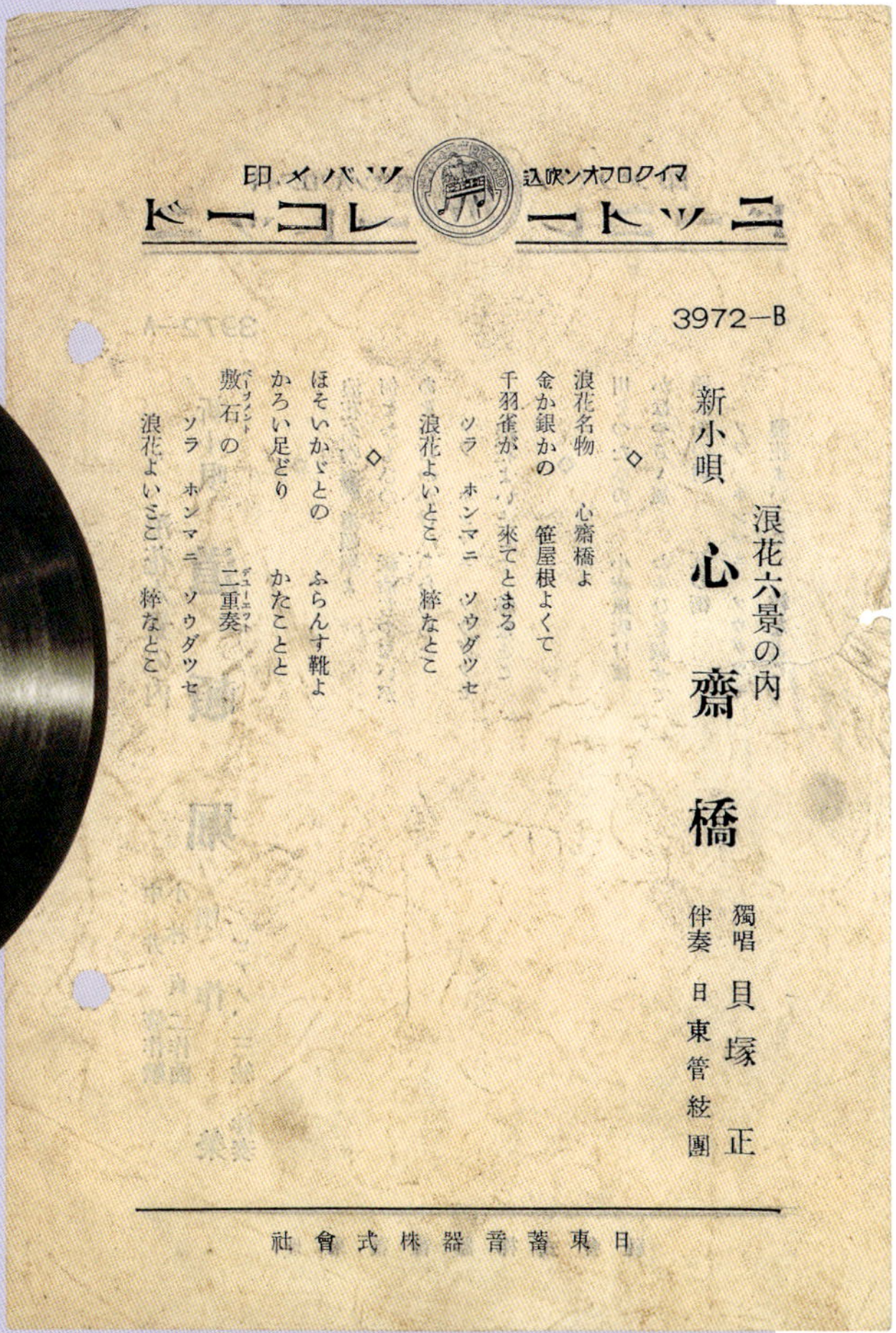
ニットーレコード
マイクロフォン吹込
ツバメ印
3972―B
新小唄 浪花六景の内
心齋橋
獨唱 貝塚正
伴奏 日東管絃團
◇
浪花名物 心齋橋よ
金か銀かの 笹屋根よくて
千羽雀が 来てとまる
ソラ ホンマニ ソウダツセ
浪花よいとこ 粋なとこ
◇
ほそいかゞとの ふらんす靴よ
かろい足どり かたことと
敷石《ペーブメント》の 二重奏《デユーエツト》
ソラ ホンマニ ソウダツセ
浪花よいとこ 粋なとこ
日東蓄音器株式會社

73.「新小唄 心斎橋」歌詞カード　ニットーレコード

74. ニットーレコード盤面　「新小唄 心斎橋」

75. ニットーレコード ラベル　同上

遂に見つけたSP珍盤
浪花六景の内――新小唄 心斎橋

心斎橋を歌った流行歌は、戦前戦後を俯瞰してみても実はあまり多くはない。「心ブラの唄」「心ブラ夜曲」、美空ひばりの「心ブラお嬢さん」のような〝心ブラもの〟を別とすれば、大大阪をテーマとした歌に名所の一つとして登場する程度である。そのものずばり「心斎橋」と銘打ったこのレコードも「浪花名所六景」というシリーズの一枚ではあるが、昭和初期の心斎橋の雰囲気をよく捉えている。「大阪セレナーデ」(Sブラ行進曲)とともに、実際に音を聴いて心ブラを体感して頂こう。

モダン時代の〝スウィング・ガールズ〟

河合ダンスの超絶技巧

76. まさにスウィング・ガールズ（右より）花枝 松豊 二三子 三千子 三子 せき子 ゆき栄 よし子 政栄
『大大阪画報』1928年 大大阪画報社より

77. シロフォンを演奏するせき子　同　付録CDに菊弥の演奏を収録。超絶技巧です。

河合ダンスは大正十一年（一九二二）創立。ローティーンからハイティーンの少女芸妓で組織されたダンス団で、ミナミ宗右衛門町のお茶屋「河合」が経営していたと聞くと浮ついた学芸会を思わせるが、厳しいロシアンバレエと音楽修行を経て定期公演をしていたというと、見る目も変わろうというもの。昭和五年（一九三〇）から清水町に本拠を移して定期公演、ラジオ出演、レコード録音を続けた。駒菊、松豊の二大スターを劈頭《へきとう》に、写真のような「スウィング・ガールズ」ばりのサキソフォンバンド、菊弥というタップスターまで擁《よう》していたから時代の尖端どころか一歩先を行っていたわけだ。

78.「瀕死の白鳥」 駒菊　同

79.「オリエンタルダンス」ゆき栄　同

80.「オリエンタルダンス」 駒菊とゆき栄　同

小学校の同窓生で大阪文芸を担う
〈金尾文淵堂〉

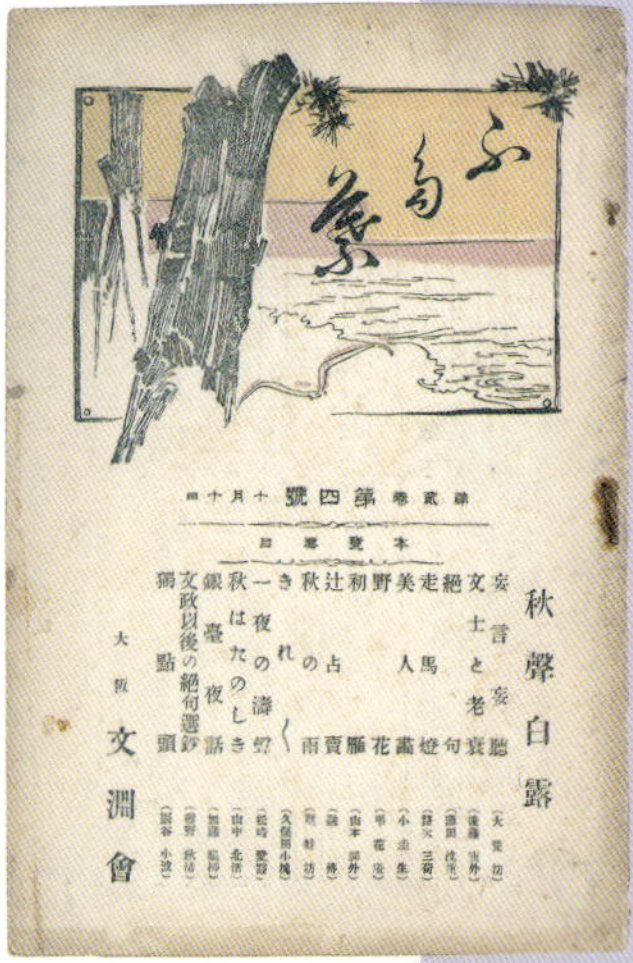

83

82

81

86

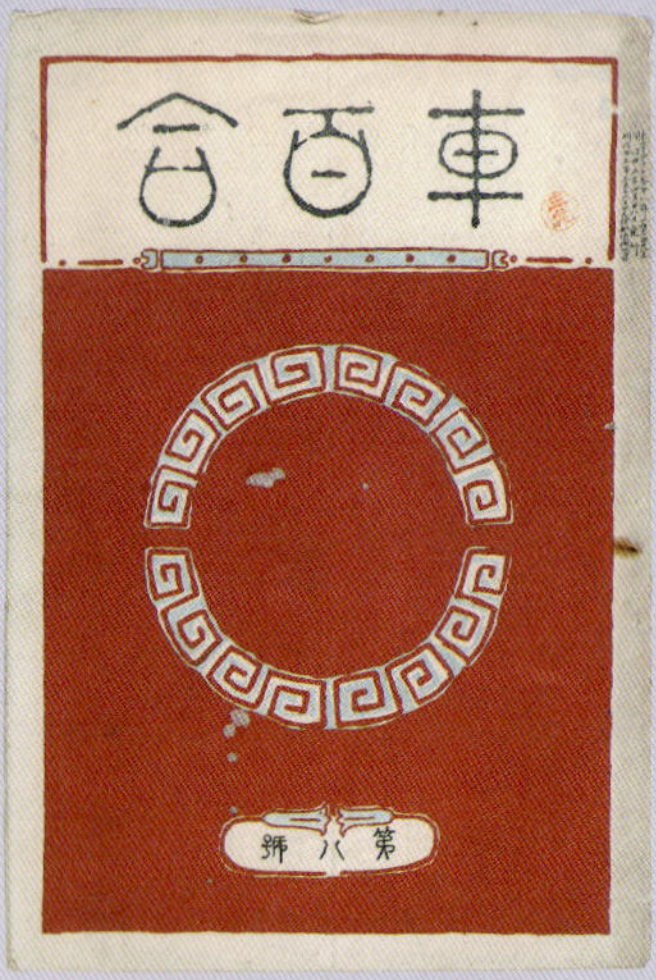

85

84

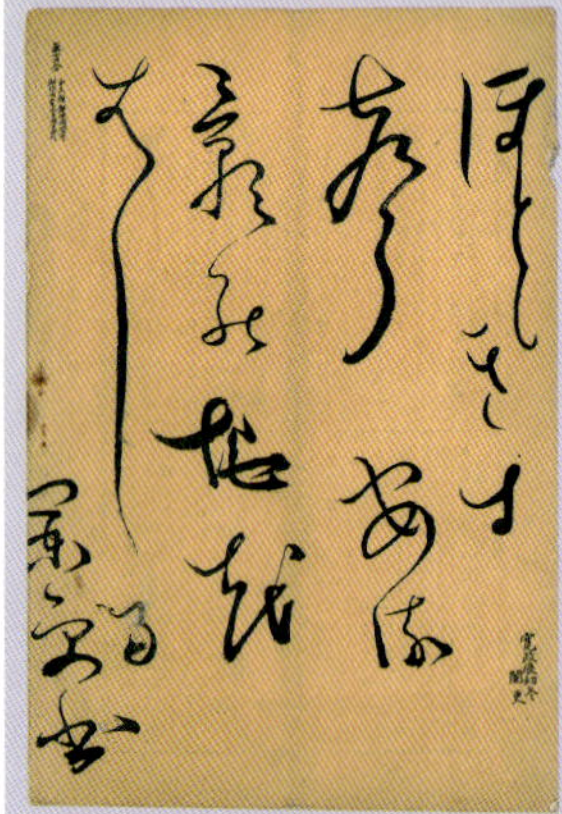

87

81. 「車百合」第3号
1900年1月
82. 「車百合」第7号
1900年8月
83. 「ふた葉」第2巻4号
1899年
84. 「車百合」第2巻5号
1902年1月
85. 「車百合」第2巻8号
1902年5月
86. 「車百合」第2巻9号
1902年6月
87. 「車百合」第2巻10号
1902年7月

「ふた葉」は南本町心斎橋筋角の金《かな》尾文淵堂《おぶんえんどう》が結成した文淵会の機関誌。小説や随筆、評論、新体詩、和歌、俳句、漢詩など投稿を募集した。文淵堂の金尾種次郎は、画家の赤松麟作、俳人の青木月斗、山中北渚ら久宝小学校の同窓で文化サークルを作る。明治三十二年（一八九九）に文淵堂が刊行した薄田泣菫《すすきだきゅうきん》の詩集『暮笛集』も、赤松麟作と丹羽黙仙人の表紙・挿絵。「車百合《くるまゆり》」は金尾文淵堂発行の月刊俳諧雑誌。青木月斗が編集する。金尾文淵堂は後に東京に拠点を移すが、心斎橋は近代大阪の文芸を担っていた。

(大)で見たひと
堂本印象の『いの字絵本』

89．堂本印象「(大)で見たひと」

88．堂本印象「心さいばし」

90．堂本印象
『いの字絵本──恋の都大阪の巻』
1912年 杉本梁江堂

91．同見返し・扉

日本画家・堂本印象（一八九一〜一九七五）にこんな本があったのか。青年時代のイラスト集。「心さいばし」「(大)《だいまる》で見たひと」「夕陽丘スタイル」「清水谷を出でて三とせのはる」などのタイトルに、明治末から大正の女子学生気分が満ちる。出版元の杉本梁江堂《りょうこうどう》は後に上本町で古書店を営み、大正十四年（一九二五）に『古典と錦絵目録』を刊行、昭和二年（一九二七）に心斎橋筋から八幡筋を東に入った玉屋町に移転する。店構えは「柳屋」考現《モデルノロヂオ》 の号の表紙にも描かれた。

夢二グッズ買うなら〈柳屋〉へ

南地の名物男・三好米吉

92. 竹久夢二筆 団扇

93. 柳屋 店先

94. 柳屋包装紙 富本憲吉図案

柳屋の店主・三好米吉(一八八一〜一九四三)こそ、大阪らしい反骨の文化人?趣味人?ジャーナリスト?だ。大阪にあった宮武外骨の滑稽新聞社に入社、第二九号から「自殺号」(第一七三号)までの発行編集人をつとめ、「滑稽新聞」終刊後の明治四十五年(一九一二)に船場の平野町に「柳屋書店」を開く。与謝野晶子の助言で錦絵や郷土玩具、短冊なども店にならべ、富本憲吉が暖簾《のれん》や法被《はっぴ》、包装紙をデザインした。大正十年(一九二一)に心斎橋筋の東の通り、畳屋町八幡筋の東南角に移り「柳屋画廊」となる。竹久夢二の「港屋」の版木を買って柳屋版で発行したり、千代紙、便箋など夢二グッズもそろえた。

販売目録の「柳屋」(「美術と文芸」改題)は表紙を、北野恒富《つねとみ》、菅楯彦《すがたてひこ》、岸田劉生《りゅうせい》、藤田嗣治《つぐはる》、普門暁《ぎょう》ら著名画家に依頼、製本に凝ったり、「蔵

97

96

95

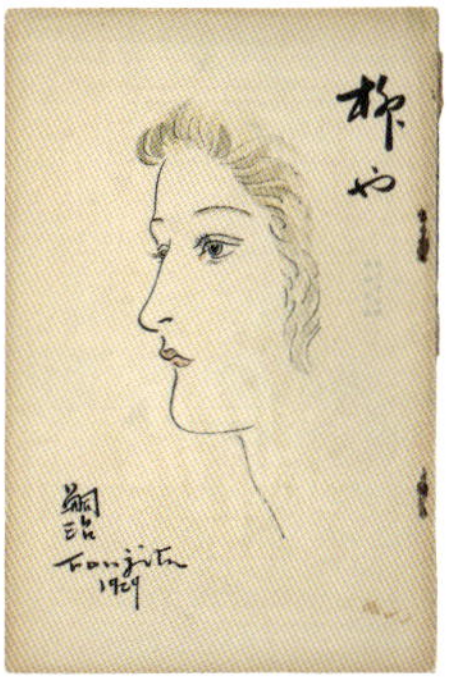

102

101

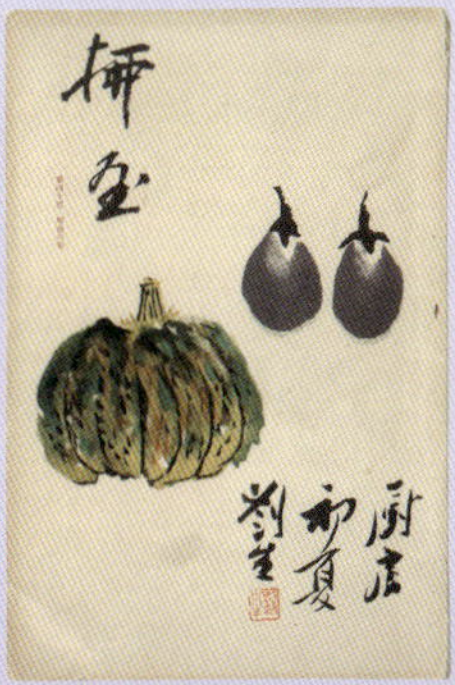

100

99

98

103

95. 柳屋のあった当時の八幡筋
96. 中田一男画「柳屋第二世淳雄宝船」
1934年節分 木版 (淳雄4歳)
97. 柳屋店主 三好米吉 朝日会館屋上
98. 「柳屋」第47号 (上方趣味の巻)
表紙：北野恒富 1932年
99. 同 第37号 (二十周年の巻)
表紙：江戸屋猫八 1929年
100. 同 第40号 (柳屋の巻)
表紙：岸田劉生 題字：田山花袋 1930年
101. 同 第36号 (萬歳の巻)
表紙：吉岡鳥平 1928年
102. 同 第39号 (小唄の巻)
表紙：藤田嗣治 1929年
103. 柳屋版のポチ袋

票の巻」「カフェ特集号」「考現《モデルノロヂオ》の号」など特集記事にも力を注いだ。心斎橋や道頓堀、そして大阪の文化を調べると、どこかで三好米吉に行きあたる。中之島の朝日会館の屋上での魚眼レンズの肖像写真に米吉の個性が強くあらわれている(背後は大阪朝日新聞本社と朝日ビルディング)。

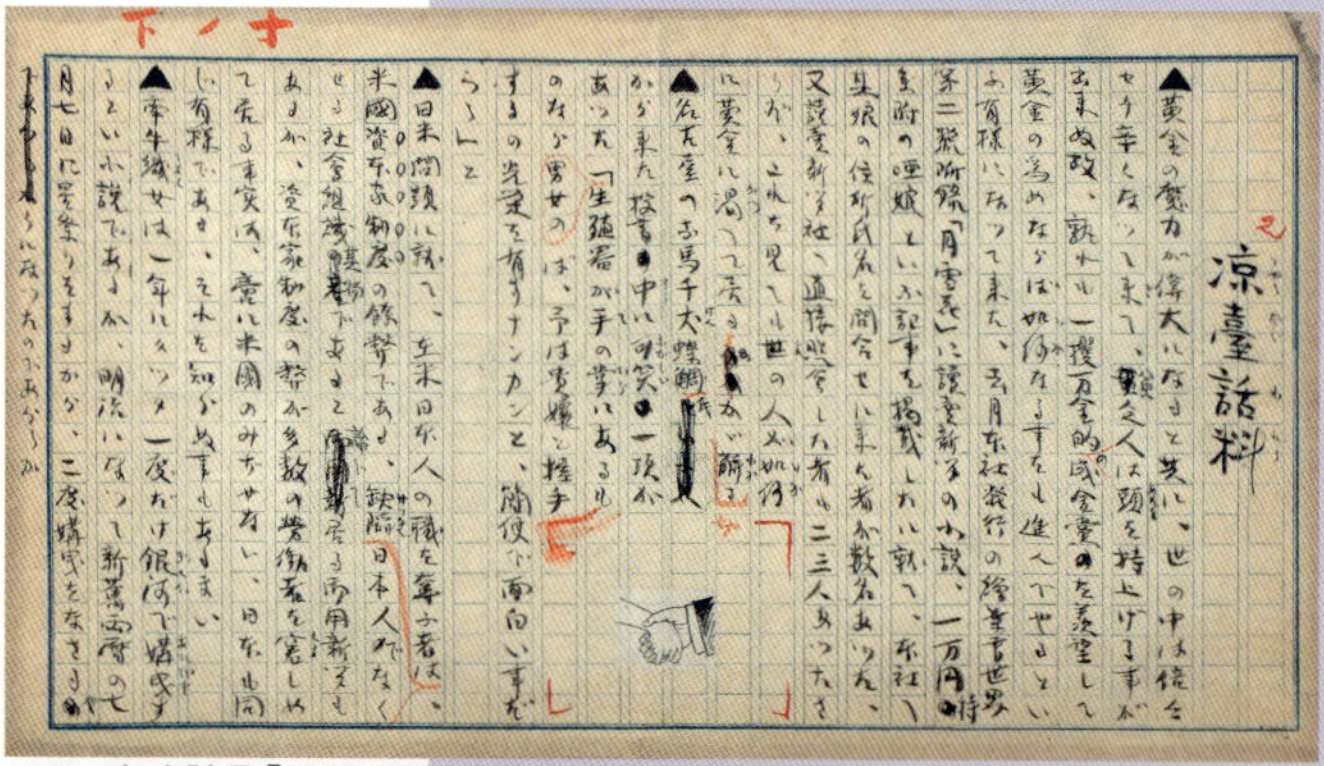

105．宮武骸骨「滑稽新聞」自筆原稿 同

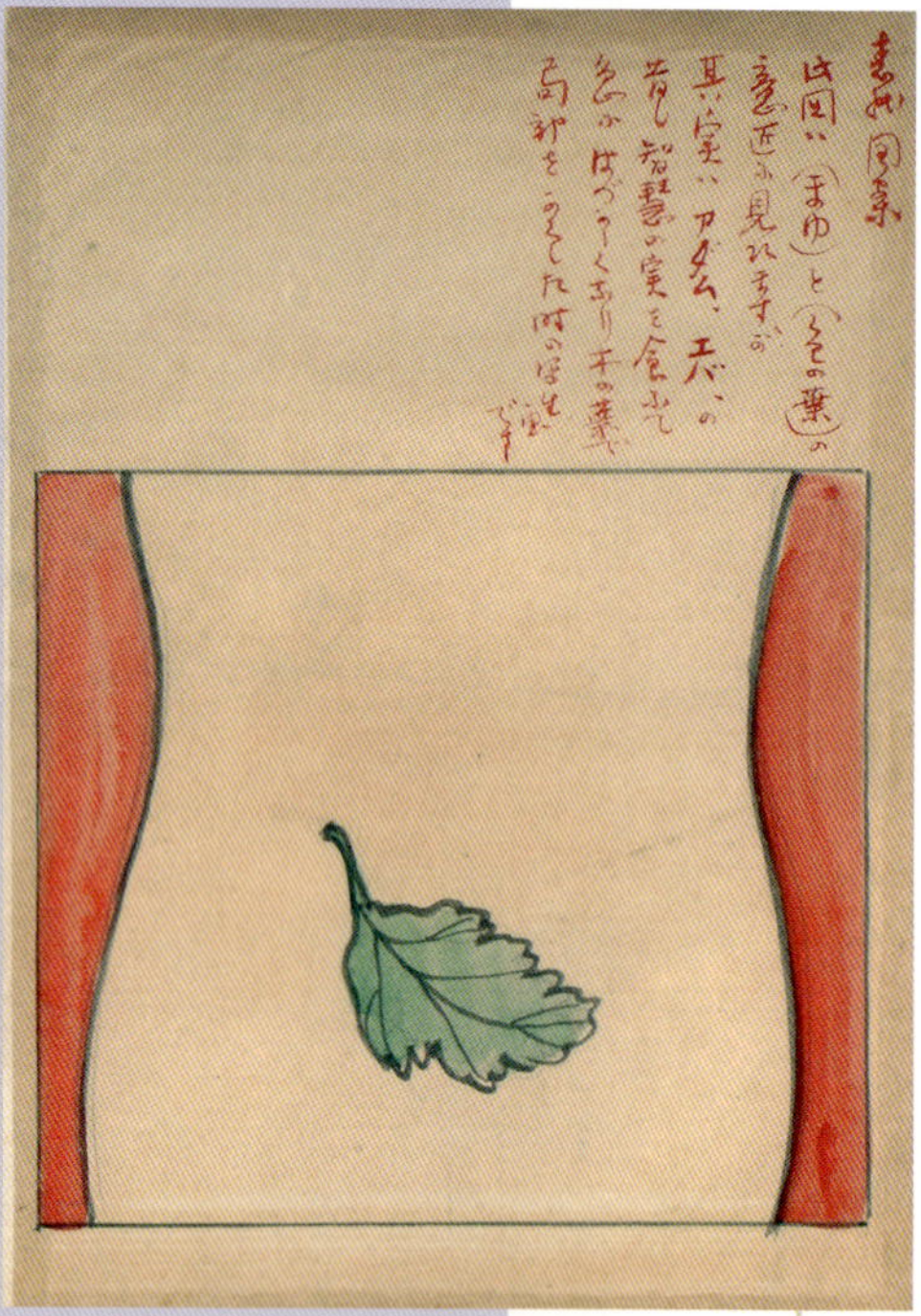

104．「滑稽新聞」第114号表紙（桑と繭）図案 原画
1906年 木村旦水のコレクション貼交帖「達磨帖」より

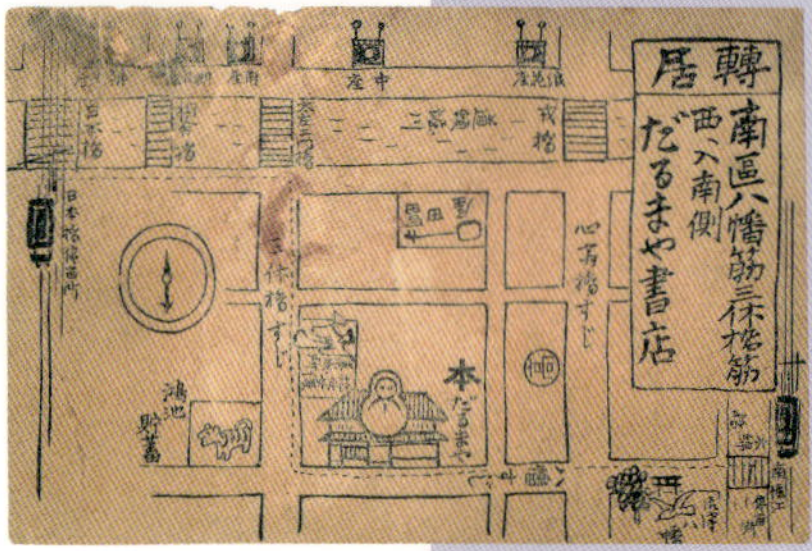

107．だるまや書店の地図入り転居通知

106．「難波津」表紙図案 同

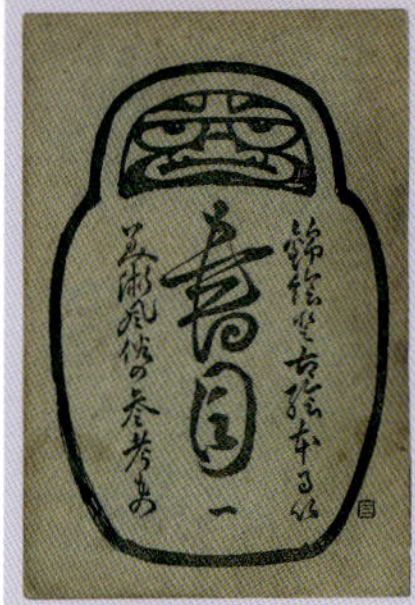

108．「だるまや書店目録 一」

店主が誰より一番の趣味人

〈だるまや書店〉

趣味人・木村旦水《たんすい》の書店。八幡筋三休橋筋にあり、後に炭屋町に移った。和本の復刻や美術書を扱う。交流した名家の肉筆を集めた「だるま帖」は貴重で、河竹黙阿弥の芝居番付の画稿、市川団十郎の契約書、宮武外骨「滑稽新聞」の表紙図案の原画、上田耕沖、稲野年恒の団扇絵原画、芳年の新聞小説挿絵原画、川上音次郎や幸田成友、渡辺霞亭の書簡、福地桜痴や江見水蔭の小説原稿、水落露石、岡田八千代の原稿、楠瀬日年のイラスト、菅楯彦と八千代の結婚の内祝の祝儀袋などなど、珍品を蒐めてマニア垂涎《すいぜん》のコレクションである。だるまや刊行の郷土研究誌「難波津」の表紙原画も収める。

〝心斎橋の一大奇観〟

〈荒木伊兵衛書店〉

109．店頭　「古本屋」第8号附録 銷夏読書奨励号
1929年7月

110．広告
「古本屋」第9号 1930年5月

111．「古本屋」1929年
第4号（店舗移転進出記念）

112．マッチラベル

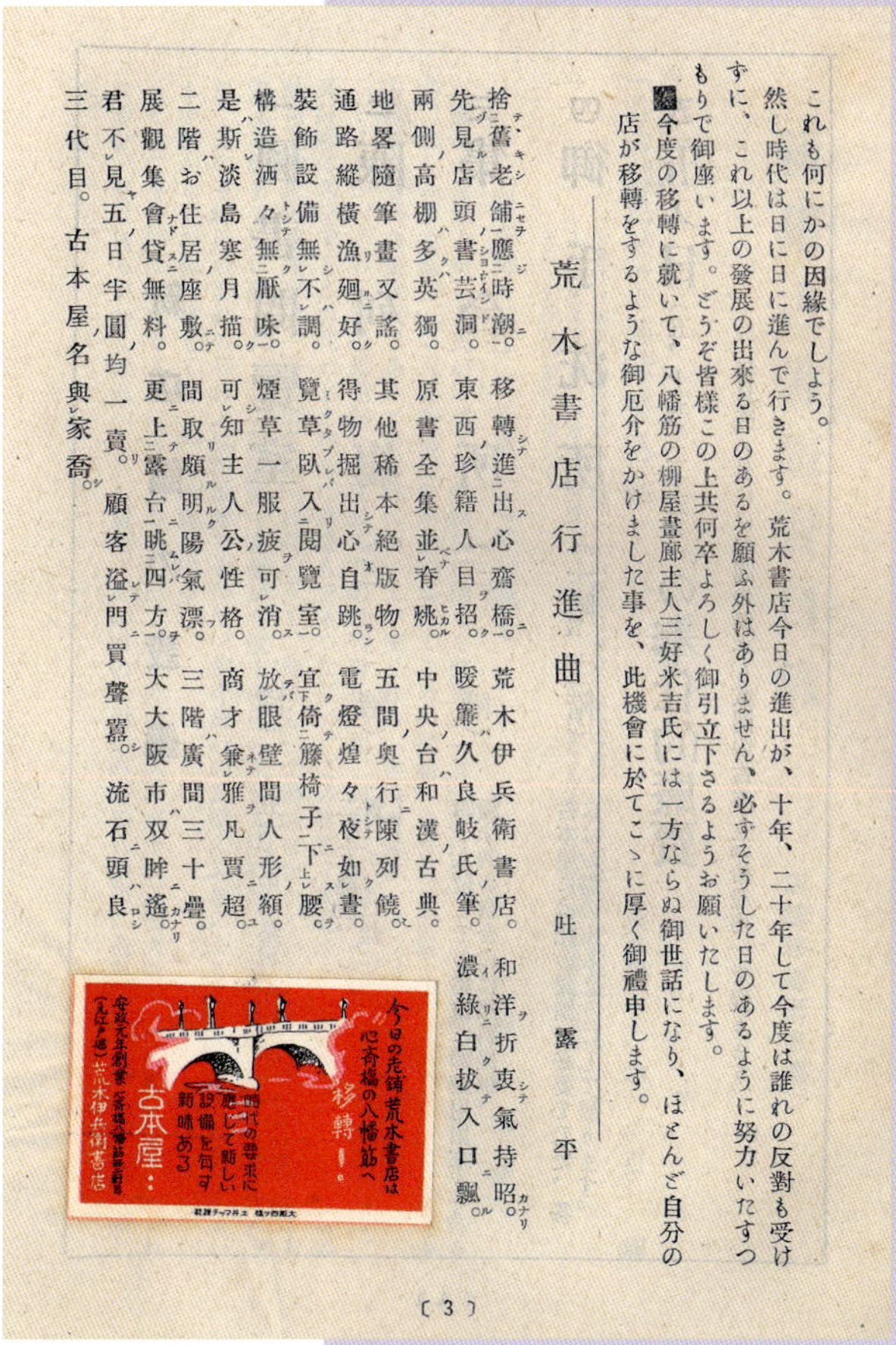

これも何にかの因縁でしよう。

然し時代は日に日に進んで行きます。荒木書店今日の進出が、十年、二十年して今度は誰れの反對も受けずに、これ以上の發展の出來る日のあるを願ふ外はありません、必ずそうした日のあるように努力いたすつもりで御座います。どうぞ皆様この上共何卒よろしく御引立下さるようお願いたします。

今度の移轉に就いて、八幡筋の柳屋畫廊主人三好米吉氏には一方ならぬ御世話になり、ほとんど自分の店が移轉をするような御厄介をかけました事を、此機會に於てこゝに厚く御禮申します。

荒木書店行進曲

吐露平

捨舊老舗應時潮。移轉進出心斎橋。荒木伊兵衛書店。和洋折衷氣持昭。
先見店頭書芸洞。東西珍籍人目招。暖簾久良岐氏筆。濃緑白拔入口飄。
兩側高棚多英獨。原書全集並脊桃。中央台和漢古典。
地畧隨筆書又謠。其他稀本絕版物。五間奥行陳列饒。
通路縦横漁廻好。得物掘出心自跳。電燈煌々夜如晝。
裝飾設備無不調。覽草臥入閲覽室。宜倚籐椅子下腰。
構造洒々無厭味。煙草一服疲可消。放眼壁間人形額。
是斯淡島寒月描。可知主人公性格。商才兼雅凡賈超。
二階お住居座敷。間取頗明陽氣漂。三階廣間三十疊。
展觀集會貸無料。更上露台眺四方。大大阪市双眸遙。
君不見五日半圓均一賣。顧客溢門買聲囂。流石頭良三代目。古本屋名與家喬。

〔3〕

113．吐露平「荒木書店行進曲」左上「古本屋」第4号より

〝大阪の中心地、心斎橋の一大奇観〟を標榜《ひょうぼう》した荒木伊兵衛書店。心斎橋筋・八幡筋を西入る二軒目にあり、〝大阪の名物、新味ある古本屋〟とも称した。西区江戸堀時代の昭和二年（一九二七）に創刊した「古本屋」は、文豪、学者が論文を寄稿した貴重な古書目録である。昭和四年に心斎橋へ移る。暖簾《のれん》の文字は川柳の阪井久良岐《くらき》。吐露平の狂詩「荒木書店行進曲」がある。

文士、心斎橋筋を歩く

大阪が生んだ直木三十五、藤澤桓夫

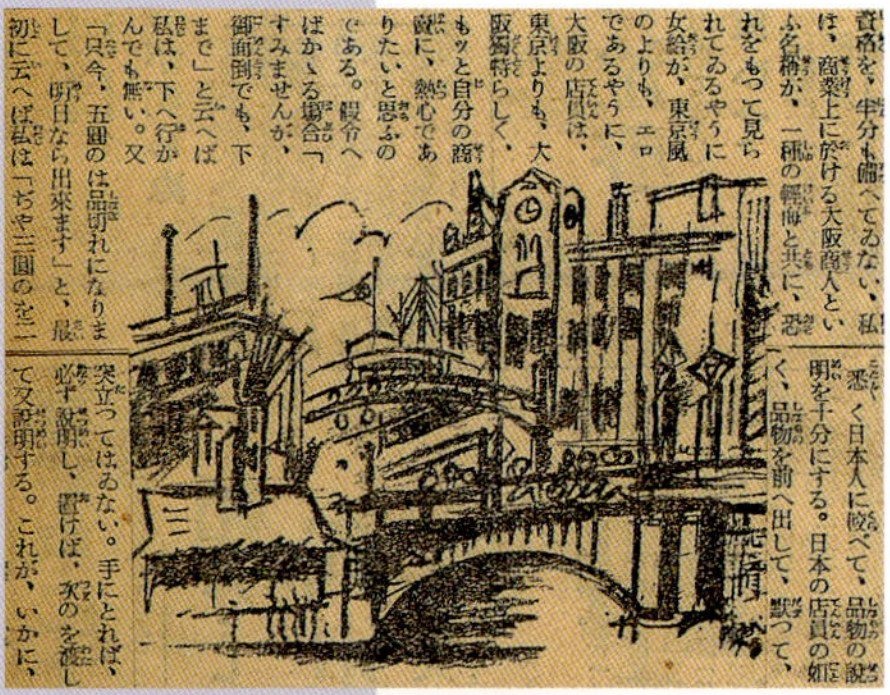

114．直木三十五著「続大阪を歩く」新聞切抜「夕刊大阪」1931年
描かれているのは心斎橋（小松均画）

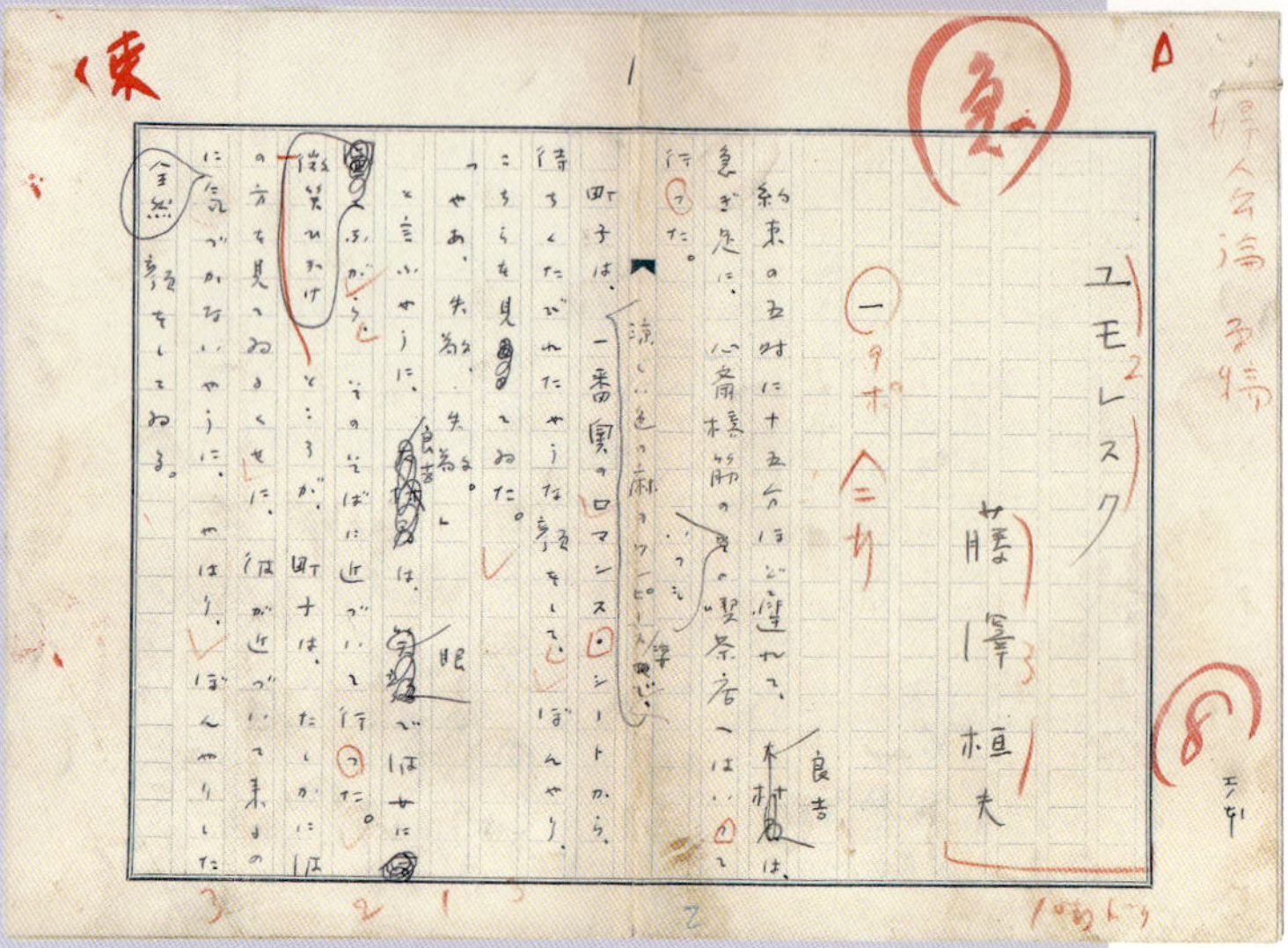

115．藤澤桓夫「ユモレスク」自筆原稿　「心斎橋筋のいつもの喫茶店」からはじまる。

直木賞で有名な直木三十五（一八九一〜一九三四）の随筆「続大阪を歩く」の新聞切り抜き。本名、植村宗一。「植」の字を偏と旁《つくり》に分けて「直木」とした。大阪市南区内安堂寺生まれ。町屋再生で最近人気の空堀界隈である。直木は大正八年（一九一九）に雑誌「主潮」を発行。大阪の画家・矢野橋村（一八九〇〜一九六五）と関係が深く、同じ年、橋村を中心とした主潮社美術展覧会も開催された。大正十三年（一九二四）、橋村らの大阪美術学校開校にも直木は参加する。「続大阪を歩く」の挿絵を描いた小松均も橋村と親しい画家。

藤澤桓夫《たけお》（一九〇四〜八九）は泊園書院の漢学者・藤澤黄坡を父に大阪市東区備後町に生まれ、南区竹屋町で育った。道仁小学校から府立今宮中学校、大阪高校に進む。大正十四年に大阪で神崎清らと同人雑誌「辻馬車」を創刊し、横光利一、川端康成ら新感覚派に激賞される。翌年、東京帝国大学に入学。プロレタリア文学の影響も受けた。「傷だらけの歌」がその時期の代表作である。昭和八年（一九三三）に帰阪し、都会的な明るい小説を得意とした。『新雪』

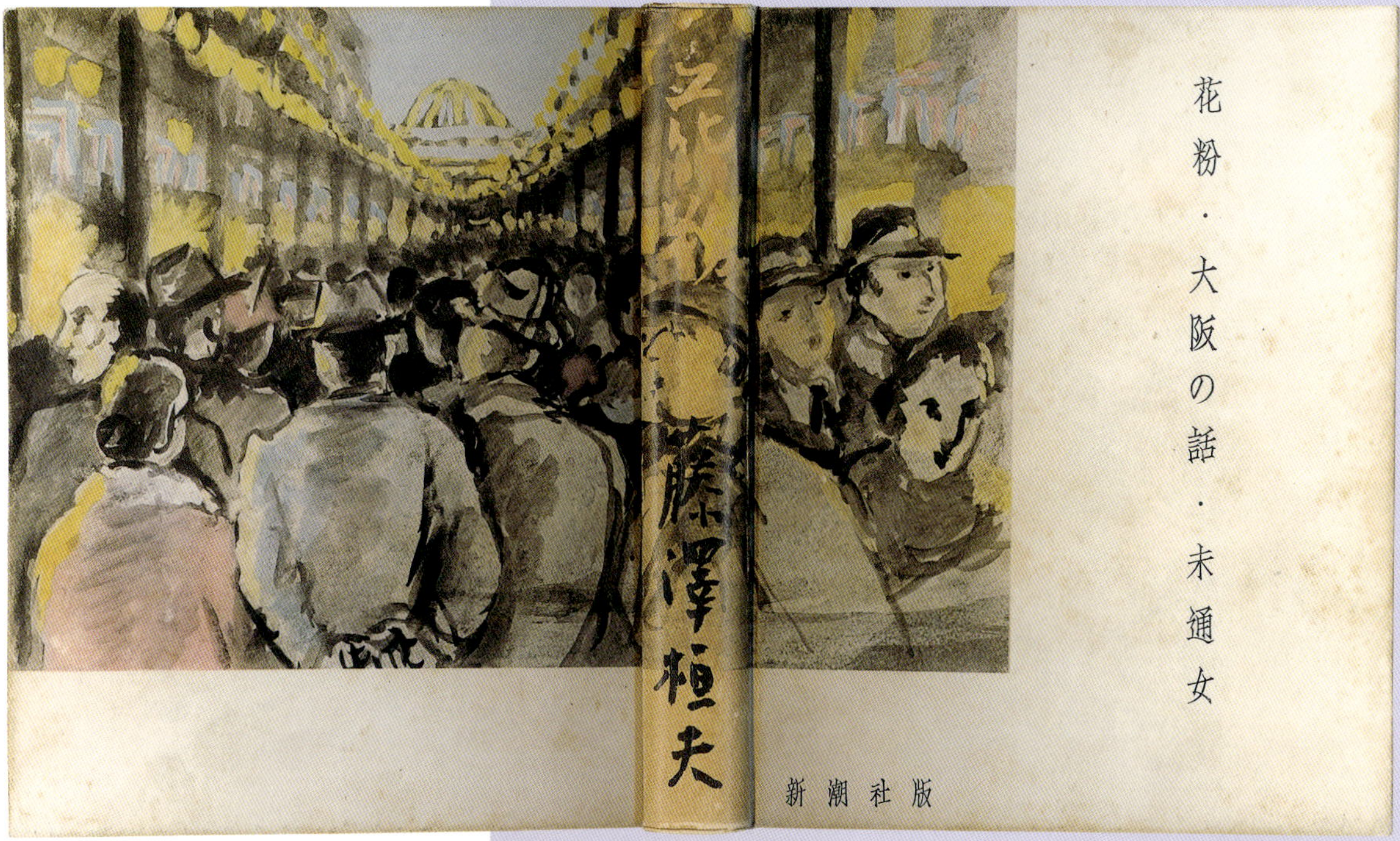

116．藤澤桓夫著『花粉』表紙　1937年 新潮社

117．同函

『飾りなき女』『大阪五人娘』などがある。

心斎橋を舞台とした『花粉』（昭和十二年）の表紙は、街路に「あやめ燈」が並ぶ商店街の賑わいを洋画家の林重義が描く。生原稿の「ユモレスク」は、心斎橋の喫茶店での待ち合わせからはじまる、軽いタッチの短編ロマンスである。

呉服店主は伝説の文筆家
岡田播陽はかく語った

118. 岡田播陽著『大衆経』 1930年 平凡社　暴れる大巨人!

119. 岡田播陽著『三都生活』 1917年 大同館書店
この本もひねった随筆が満載。

肩まで伸ばした総髪で心斎橋を歩き、道頓堀のカフェ・パウリスタで執筆に没頭する。その姿が人目をひいた岡田播陽《ばんよう》。心斎橋筋一丁目の播磨屋呉服店主で、大阪の町人学者の伝統につながる文筆家である。雑誌「中央美術」に「大阪人と絵」「大阪の書画屋の内幕」など評論を寄せ、大正六年(一九一七)の『三都生活』、昭和五年(一九三〇)の『大衆経《たいしゅうきょう》』の著作もある。〝大阪主義〟の意味で「大阪ニズム」に偏するには批判的であった。御子息の岡田誠三氏に播陽の伝記『自分人間』(昭和五十二年)がある。

左は『三都生活』。「獣の都、大阪」など辛辣な大阪論が載るところ播陽の面目躍如。北野恒富、島成園、土田麦僊、野田九浦、水島爾保布《におう》らの挿絵も付される。上の『大衆経』の表紙装釘は大阪の洋画家青木宏峰。宏峰は後に日本画家に転向し、青木大乗と号した。

心斎橋のムービーシアター

心斎橋松竹ニュース

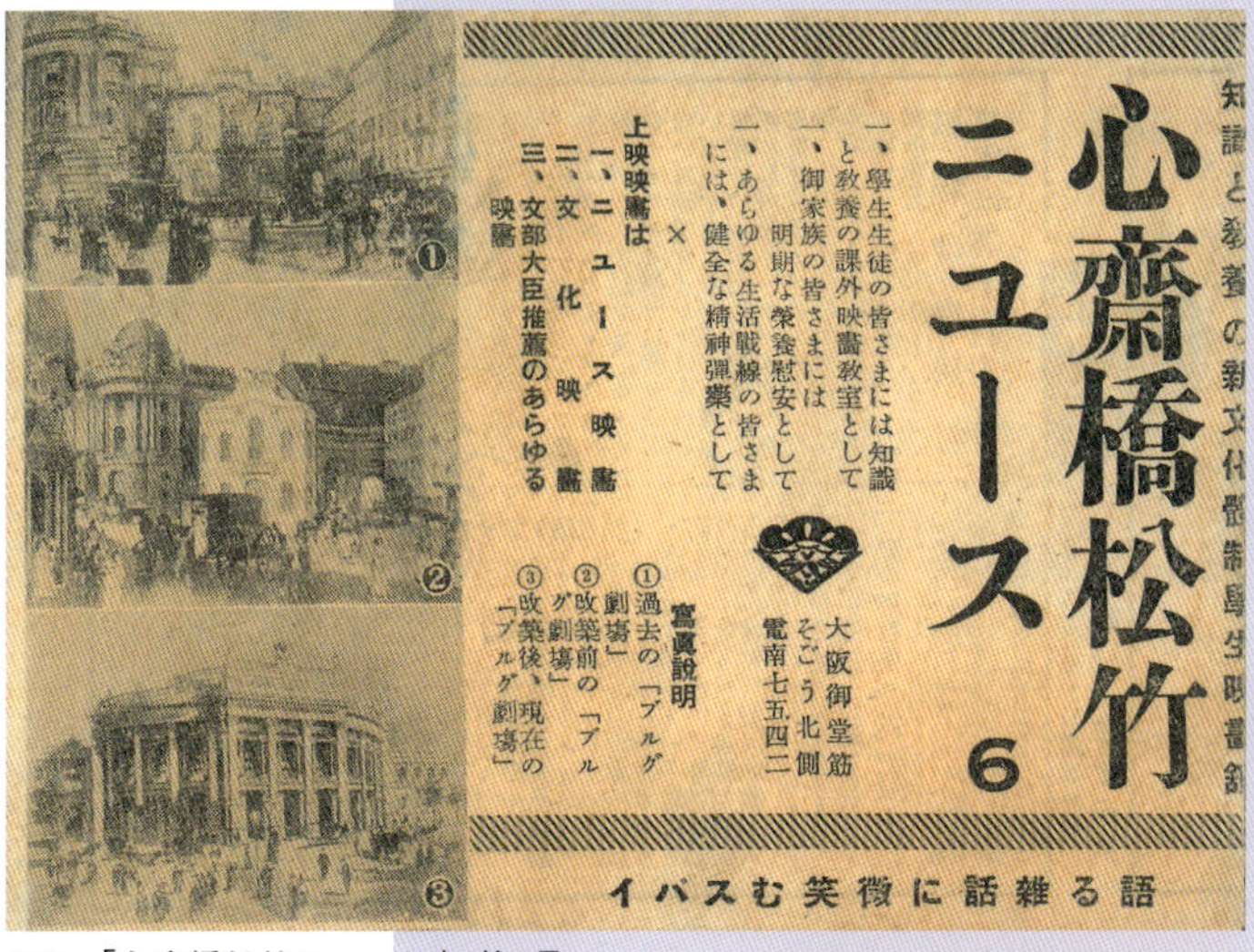
知識と教養の新文化殿堂學生映畫館

心齋橋松竹ニュース 6

一、學生生徒の皆さまには知識と教養の課外映畫教室として
一、御家族の皆さまには明朗な榮養慰安として
一、あらゆる生活戰線の皆さまには、健全な精神彈藥として

×

上映映畫は
一、ニュース映畫
二、文化映畫
三、文部大臣推薦のあらゆる映畫

大阪御堂筋
そごう北側
電南七五四二

寫眞説明
①過去の「プルグ劇場」
②改築前の「プルグ劇場」
③改築後、現在の「プルグ劇場」

語る雑話に微笑むスパイ

121.「心斎橋松竹ニュース」 第6号

120. 心斎橋松竹のあったビルの入口付近
『宮島久七作品集』1988年 私家版

122. 同 第29号

123. 同 第35号

松竹と云えば、大正十二年(一九二三)に日本初の洋式劇場として誕生し、松竹楽劇部(後のOSK)の本拠地で『春の踊り』で知られる道頓堀の松竹座が有名だが、心斎橋にも松竹の劇場があった。そごう百貨店と北側のビルにあり、スペースはそう広くはないがニュースや文化映画を上映する映画館で、中村鴈治《がんじ》郎《ろう》を主人公にした昭和十六年の溝口健二監督「芸道一代男」なども上映した。なおビルの御堂筋側入口には、宮島久七のデザインになるレリーフ装飾があり、近年まで残されていた。

124．大大阪の誇り 文楽座の人形浄瑠璃 パンフレット　1930年　右の「文楽座の御宴会」のサービスも現代的。

プレイガイドで何処へ行こう？
文楽座で郷土芸術の極彩色

名人上手をそろえた黄金時代の人形浄瑠璃・文楽の本拠地である。昭和五年（一九三〇）に建ち、四ツ橋の文楽座として親しまれた。鰻谷の御堂筋より一丁西側。「心斎橋の文楽座」とも呼べる位置である。写真家・入江泰吉は、昭和六年（一九三一）から鰻谷中之町で写真店「光芸社」営み、昭和十四年から文楽座に通って文楽の撮影に打ち込んで、昭和十六年の日本写真美術展（毎日新聞社主催）で文部大臣賞を受賞する。また、南堀江の家具店に生まれ、赤松洋画研究所にも通った現代美術家・河野芳夫は、幼少の時、燭台の明かりだけで上演される舞台をここで見たと語ってくれた。

125. プレイガイド
旅の平八社朝日ビル営業所 1937年3月

文楽を見た次はどこの劇場に行こう？「プレイガイド」の劇場案内で調べると、歌舞伎座の東京新派、大劇の「春のおどり」、朝日会館や道頓堀の五座、宝塚の少女歌劇は月組のグランドレヴューなど、くるくる紙を回して見るので目がまわりそうだ。「プレイガイド」は昭和八年(1933)頃、銀座でチケット販売会社が社名登録したのが始まりという。大阪は「大阪バス兼営」の「旅の平八社　朝日ビル営業所」にあったらしい。「プレイガイド観劇会」と名乗る会も会員を募集中だ。さあ、どこに行こうか！

大阪市立電気科学館

アジア初のプラネタリウム〃サザンクロス《南十字星》〃も投影

127. 電気科学館案内

126. 大阪の新名所 電気科学館案内

128. 電気科学館案内

129. 天象儀の話

昭和十二年(一九三七)、心斎橋のすぐ近く四ツ橋に開館した電気科学館には、ドイツ、カール・ツァイス社のプラネタリウム(電気応用天体運行照写装置)が導入された。費用は当時でなんと四十六万八千円。地球上のどの地点から見た、いつの時代の星空をも映し出せるカールツァイスⅡ型と呼ばれるモデルで、アジア最初のプラネタリウムであった。少年・手塚治虫(一九二八～八九)は、電気科学館でプラネタリウムを見て強い印象を受け、自宅で自作のプラネタリウムを作ったという。また電気科学館の外壁には巨大な電光掲示板があり、文字が動く姿は、同じ昭和十二年の観光映画「大大阪観光」に映し出されている。

130. プラネタリウムと映画 チラシ

131. プラネタリウム ポスター 「写真特報大阪毎日」第266号 1937年 これも機械美。

織田作之助「わが町」の主人公・他吉はこのプラネタリウムで南十字星を見ながら死んでいく。森繁久弥の芝居でも知られる。

モダン心斎橋空襲

夢は終わるか……

昭和十年(一九三五)に御堂筋で行われた防空演習。発煙筒のむこうに、そごう・大丸の建物が見える。この十年後、同じ付近が廃墟になるとは……。空襲の時、心斎橋駅では地下鉄が臨時に運行して多くの人命を助けた美談が残る。

左下は八幡筋畳屋町から心斎橋筋を見た付近の焼け跡。被災した、「をぐらやビルディング」や丹平ハウスを望んでいる。

132.「壮烈・阪神防空大演習」
「写真特報 大阪毎日」第68号 1935年　下は御堂筋。

133. 空襲による被災直後の御堂筋　大丸とそごう。

134. 被災後の心斎橋筋付近
畳屋町八幡筋から撮影。丹平ハウス、をぐらやビルディングが見える。残された蔵は小大丸。

エピローグ

夜空を覆う爆撃機の群、立ちのぼる黒煙。焼夷弾が街を焼き、華やかな心斎橋が燃えてくずれ落ちていく。夜が明けても付近一帯、炎がくすぶり、焦げた臭いがたちこめる。音と色彩を喪失した無惨な世界。壊滅した焼け野原の向こうに、見えるはずのない遠くの建物が見える。それさえも被災しているようだ。廃墟と化したこの光景から戦後がはじまった。

続く復興の時期。そして高度成長期。街の誇りであった運河は随所で埋められていく。一すじ二すじ、蒸発し土の中に消え去っていく水の流れ。古地図の上で大阪が栄光の〝ヴェネチア〟に比肩した歴史の埋葬がつづく。見る見る単純化していく市街地図。河は自動車の通り道となり、橋は横断歩道のペイントに変容した。船場と島之内を仕切る由緒ある長堀川も姿を消し、心斎橋の石橋さえも、歩道橋という形でのみ〝記念碑〟として残ることを許された。

運河の跡に出来た巨大な地下駐車場。そのさらに深い地底では、過去の大阪のすべての記憶が、凝固した灰と化し、観念の運河として静かに流れ続けているのだろう。

その後、EXPO'70で大阪はにぎわう。しかし祭りも終わり、経済も政治も文化も地盤沈下しつづけた大阪……二十世紀は沈下したまま停止して終わった。しかし、

Photo by Jun Ito

「久しぶりに心斎橋に出たらビックリした。
御堂筋の交差点に立ってみると、景観が激
変してるじゃないか。誰が集めたんだ？
あんな数の世界のブランド店を。むこうに
見える店は……」

ルイ・ヴィトン(LOUISVUITTON)
エルメス(HERMES)　ヴェルサーチ
(VERSACE)　マックスマーラ(MAX
MARA)　ベネトン(BENETTON)
ジョルジオ・ア

ルマーニ(Giorgio Armani)　カルティエ(Cartier)　ダンヒル(dunhill)　フェラガモ(Ferragamo)　ディオール(Dior)　ショーメ(CHAUMET)　フェンディ(FENDI)

この華やかさは現実だろうか。ふり返れば、復元された瓦斯燈が燈りはじめた。時代を超えて、過去を未来に映しだす映写機《プロジエクター》。モダニズム時代の感性と新しい美を現代へ投影しつづける映写機《プロジエクター》。モダン心斎橋の栄光は――また輝きはじめ……。

二十一世紀のオデュッセウスは再び旅に出るのだろうか。

Photo by Jun Ito　御堂筋・長堀通の交差点にて

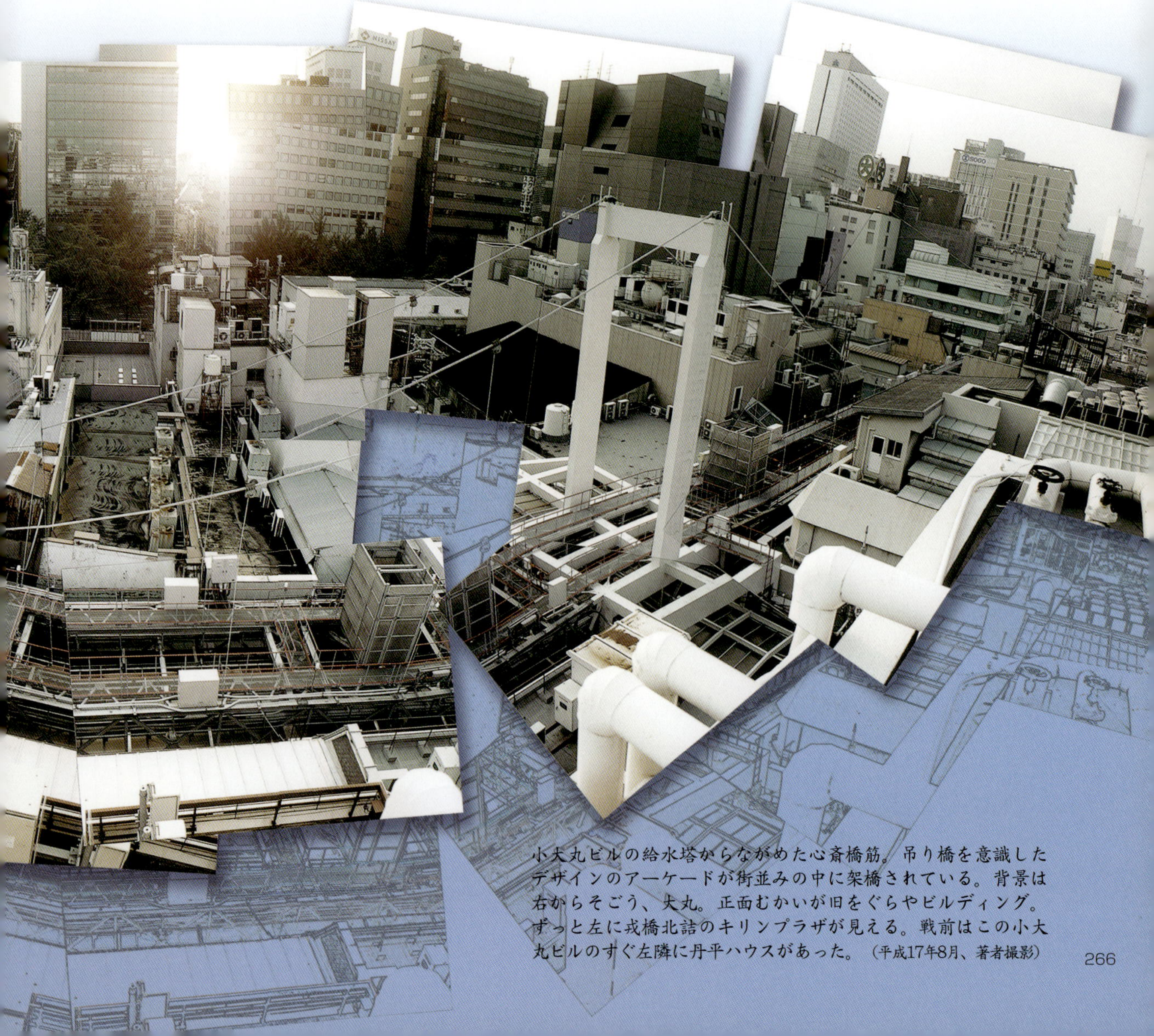

小大丸ビルの給水塔からながめた心斎橋筋。吊り橋を意識したデザインのアーケードが街並みの中に架橋されている。背景は右からそごう、大丸。正面むかいが旧そごうやビルディング。ずっと左に戎橋北詰のキリンプラザが見える。戦前はこの小大丸ビルのすぐ左隣に丹平ハウスがあった。（平成17年8月、著者撮影）

心斎橋近くの幼稚園に通った
昭和三十六年か七年。帰りは地区ごとに
家族が待つ場所へ園児は引率された。
ある日、別方向へ帰る班に私は間違って
混じった。列は家と反対方向に進みだす。
遂に階段を降り、心斎橋駅の改札に到着した。
迎えの親たち。解散する園児の集団。
誤りを言えなかった私には迎えがない。
園に連れ戻され、心配した母が弟と迎えにきた。
これが私の記憶に刻まれた最初の〝心斎橋〟であった。
終戦から十数年、戦前のモダニズムは街に残って
いたはずだが、モダン心斎橋との距離が最も近づいた
この瞬間、心細い感情が私を支配していた。

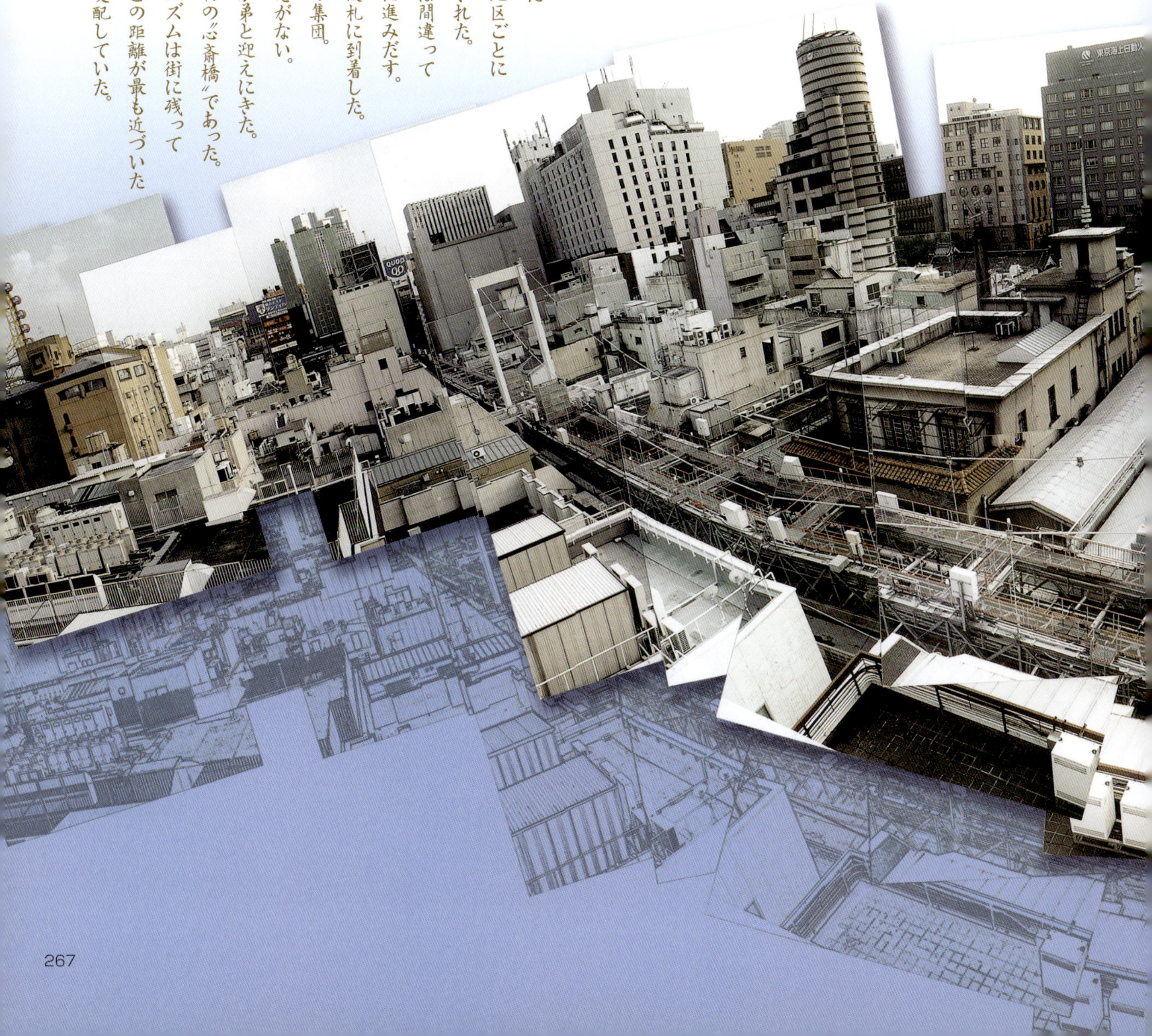

街の〝標本箱〟を閉じる

――心斎橋のイコノグラフィーへ――

橋爪 節也

戦前のモダン大阪はダイナミズムにあふれていた。大正十四年(一九二五)の〝大大阪《グレート・オオサカ》〟の成立。周辺地域の合併で人口は二百十万を超え、東京市を抜いて日本一、世界第六位のマンモス都市へと膨張する。御堂筋の建設、日本初の公営地下鉄《メトロ》開通が都市の骨格を鍛え、市民も新しいシティライフを享受する。大阪らしいモダンエキス濃縮一〇〇パーセントの都市生活と、街そのものがモダニズムを凝縮した地域の一つが、心斎橋とその界隈であった。

伝説となった石橋をはさんで様々なモノが展開した。大丸、そごうの豪華な建築、宣伝の華麗さ。江戸時代の面影を伝える老舗《しにせ》があるかと思えば、アールのある巨大なショーウィンドーや〝Fashion《ファッション》〟と英語で書かれたケースに呉服が飾られる。世界の宝飾・貴金属など高級品を眺めた後は、ソーダファウンテンやキャンデーストアで一服。モボ、モガが往来し、ライトアップされてにぎわう街角は雑踏、雑踏、雑踏……画家も行く、音楽家も行く、写真家も行く、小説家も行く、詩人も行く。

現代では心斎橋とその周辺、すなわち〝ミナミ〟と呼ばれる繁華街は〝大大阪《グレート・オオサカ》〟の時代より確実に巨大化している。どこからどこまでが〝ミナミ〟か。「北陽《キタ》」に対して云う「南地《ミナミ》」だが、歴史的な〝南地《なんち》五花街〟との兼ね合いもあって定義は難しい。今日では心斎橋筋、戎橋筋、道頓堀、宗右衛門町、難波、千日前の範疇で呼ばれ、周辺の南船場、堀江、日本橋筋が連結して、ショッピングに飲食、娯楽に関する広大な繁華街群が立ち現れている。

海原を漂流する瓶のように、人の流れのまま無窮《エンドレス》に遊歩する愉しみ。雨の日はアーケードや地下街を伝い、どこまでも傘なしで歩ける連続性。ヴァグナーの〝無限旋律〟、ブランクーシの彫刻《無限柱》に倣《なら》い無限繁華街、永久繁華街と呼びたくなる。その核をなすのが心斎橋であった。

大阪は徹して人工の都市である。地名も開発に携わった町人の名を記念に残す。特に〝ミナミ〟にはそうした地名が多く、心斎橋筋、道頓堀、宗右衛門町、久左衛門町、九郎右衛門町、橋には佐野屋橋、太左衛門橋、等々、近松の世界そのままの語感が息づく。他都市に、人の名が冠された地名がこれほど密集している繁華街が、どれほどあるだろうか。

街の名どおりヒューマンな空気が前面に出るのが〝ミナミ〟だ。それも岡田心斎にしろ安井道頓にしろ、「心」「道」の文字などがつき、いかにも堅い有徳の町人らしい道学臭の濃い名前である。それが現世を謳歌する盛り場の名と化すのが、逆縁的な祝福《ブレッシング》の構図、この都会らしい精神性《メンタリティー》だ。

いや裏を読めば、これらの町名も、放蕩息子に説教する大店《おおだな》の親旦那や隠居、大番頭じみた名前に見えてくる。落語では実は彼らの方が一枚上の遊び人であり、ひとかわ剥けた濃厚な色気をただよわすのである。

今年私は、この〝人間の土地(Terre des Hommes)〟大阪ミナミの繁華街への頌歌《オマージュ》とも言える書物を二冊、上梓する機会を得た。心斎橋をとりあげた本書と、道頓堀がテーマの『モダン道頓堀探検』(創元社)である。

心斎橋筋を南下すれば、道頓堀川に出る。戎橋を渡った道頓堀左岸は、芝居小屋を中心に発展して飲食店も多く、舞台の上のみならず、現実の人間ドラマ渦巻く〝物語性〟に充ちた街であった。役者や芸人を主人公にした小説や随想集、歌謡曲、ドラマや映画でも知られる。これと比べて心斎橋は、店棚《たな》の奥に人間ドラマを秘しながらも、通りに面しては着物服飾、貴金属など、高級店の美しく飾られたモノの輝きが街全体を覆った。

二つの繁華街は空間的に連続するが、その個性は、橋一つを隔て、リトマス試験紙のように鮮やかに反応して移り変わる。〝書物〟を一つの完結した〝小宇宙〟とすれば、心斎橋や道頓堀の近くで育った私にとって、慣れ親しんだ二つの繁華街をこの〝小宇宙〟に封印する試みは、両者の個性の違いをいかに表現し、定着させるかの方法が課題であった。

『モダン道頓堀探検』では大正時代の道頓堀のイラストを軸に、五人の執筆者がタイムトラベル風の紀行文で全体を構成した。「連句」のように連なる座の文芸。異なる文体、個性の集積が迷宮となる。かつての〝九龍城〟に踏み入ったような本と、ある学芸記者は呼んだ。

これに対して本書は、ヴィジュアルに訴える〝美術書《アートブック》〟を意識した。昭和初期のモダン心斎橋の特色は、視覚を歓ばす愉しみ、見る快感、美しいデザインや文化芸術に街が輝いていたことにある。店の由緒や商売の歴史は、論じるにふさわしい別の人物が著すことだろう。

心斎橋に氾濫していた様々なヴィジュアル、〝形象《イメージ》〟や〝形態《フォルム》〟こそ〝大大阪〟の華麗な産物である。それらを忘却の井戸から引き上げ、現代の光に照らしなおさねばならない。心斎橋の魅力の根源をなすモダニズムに迫るには、〝形象《イメージ》〟や〝形態《フォルム》〟を蒐集《しゅうしゅう》し、その潜在的パワーや意味を、カタログの形で昇華する必要があるのである。

幕末の心斎橋で出た上方絵や書籍、明治の引札、豪華な呉服に洒落た洋服、貴金属のディスプレー、大丸やそごうの建築やパンフレット、海外の芸術思潮に触発された美術や前衛写真に音楽……それらは、時に記憶の収蔵庫に眠る古いイメージを呼びさまし、時に戯れで図像学的《イコノロジー》な解釈も誘発する。ヴィジュアルが美しく並ぶだけで、モダン心斎橋とその時代は自然と浮かびあがってくるのだ。

本書の正方形に近い版型も、時空を越えて街を観察するための装置である。長方形から正方形にレンズのフレームを変えれば、見慣れた写真も新しい印象が生まれ、見えなかったモノが感度よく写りだす。意図が十分に達成されたか怪しいが、本書は、他にない手法で繁華街を探索し、表現する実験の場でもあった。

ついでながら述べると、本書と『モダン道頓堀探検』を執筆しながら、二冊の書物を区別する二種類のイメージが浮かんだ。

ひとつは強烈なヴィジュアル性を放射する密教の《両界曼荼羅《りょうがいまんだら》》である。両界とは「胎蔵《たいぞう》曼荼羅」「金剛界曼荼羅」の二つで、『モダン道頓堀探検』が〝DOUTONBORI〟という真言めいた響きある運河を中央に配する「胎蔵曼荼羅」とすれば、多彩な〝形象《イメージ》〟や〝形態《フォルム》〟が宇宙を形作る本書を、整然と画面を分割した「金剛界曼荼羅」に見立てたくなった。諸仏を密教法具で表象した金剛界の「三昧耶会《さんまやえ》」で法具がならぶ姿など、さながらショーウィンドーディスプレーである(因みに釈迦の真言は「ナマクサマンダボタナンバ」で最後に「難波《なんば》」が入っている、という冗談を知人の修験者に聞いたことがある……)。

もうひとつのイメージが、フランスの作曲家モーリス・ラヴェルの二曲のピアノ協奏曲である。ジャズも採り入れ、感情が爆発するデュオニソス的な《左手の協奏曲》と、古典的で精密、透明な抒情に深みを示すアポロン的な《ト長調の協奏曲》。双子座のカストル、ポルックスにも比される協奏曲だが、『モダン道頓堀探検』は前者、視覚的な本書は、古典的で精巧な《ト長調の協奏曲》をイメージした。

本書は一般的な意味での歴史書ではない。心斎橋に溢れたモダンなヴィジュアルを蒐集したカタログ、美しい図像の集成であり、そのままカタログ化された近代都市の姿でもある。

梶井基次郎の名作「檸檬」のラストシーン。丸善の美術書売場に積み上げた画集の城壁に、色彩がカーンと冴えかえった檸檬を置いて立ち去る。横積みにされた美術書の山の頂に私も本書を……こっそり置いて……心斎橋筋を下っていくことにしよう。

最後になりましたが、刊行に際して心斎橋の中尾書店をはじめ上方浮世絵館、肥田晧三、青木和子、三好淳雄、白井良司、沢田祐典の各氏、御所蔵家並びに地元・心斎橋の皆様、大丸、そごうはじめ、関係各社、各機関に深く御礼申し上げます。宮川享子、毛利眞人、小川知子、伊藤純、大里敏夫、廣田耕治の各氏、設計変更を重ねながら、複雑なパズルを猛烈な勢いで組み立てて完成させた編集の工藤宏路、デザイナーの梅田綾子両氏にも、暑い夏の不眠不休の仕事でお世話になりました。……おや、どこかからＳＰ盤の音楽が……。

心ブラ音景色

特別付録CD解説

毛利 眞人

【大大阪観光】

視覚で心ブラを堪能していただいた。次は耳の心ブラといこう。レコードは一種のタイムカプセルである。溝に刻まれた音が時の扉を開けひろげて、瞬時に私たちをその時代に連れていってくれる。

心ブラに臨《のぞ》んで筆者は三本の柱を立てた。大大阪の観光案内をしながら心斎橋に肉薄し、歌に織りこまれた心斎橋と、心斎橋から生まれた音楽を耳朶《じだ》に響かせようという趣向だ。

[1]「大阪行進曲」は、モダン都市大阪のテーマソングだと高言してよい。昭和五年（一九三〇）五月に西清水町のスワン楽譜から出版されたから、これは実は心斎橋の生んだ唄であるといえるかもしれない。一番で船場《せんば》、二番で道頓堀、続く三番で天六《てんろく》（天神橋筋六丁目）と淀川、四番で築港《ちっこう》が歌いこまれたこのジャズソングは「行進曲」と謳《うた》ってはいてもMarchではなく、ダンス音楽のホットなリズム、フォックストロットFox Trotである。松竹楽劇部（のちの松竹少女歌劇団）で声楽教師をし、しばしば舞台にも立っていた井上起久子《きくこ》のレコードが昭和四年七月にオリエントから発売され、九月には同じオリエントから南地の人気芸妓、金龍による小唄風の「大阪行進曲」も発売された。同じ九月、オリエントの親レーベルであるコロムビアからも植森たかを（奥田良三の変名）の歌唱によるレコードがリリースされて、この唄は大阪をテーマとした流行歌としては「道頓堀行進曲」と並んでもっとも早く全国区のヒット曲となったのである。ここでは水都大阪を強く意識した歌詞にふさわしく、甘美な声でねっとりと丁寧に歌いこまれた井上起久子版（三番は歌われていない）を収録した。トランペット、サックス、ヴァイオリン、バンジョー、ピアノ、打楽器という簡素な編成のジャズバンド伴奏も、昭和初期に心斎橋に点在したカフェー風景を彷彿《ほうふつ》とさせる。

大大阪時代の雰囲気を伝える音資料として興味深いのが、劇作家・長谷川幸延が脚色したスケッチ[2]「今昔浪花の夏（昭和時代）」である。昭和五年（一九三〇）当時、ＪＯＢＫのラジオドラマを手掛けていた長谷川幸延がここで切り取っているのは、古《いにしえ》の情緒が色濃く漂いながら変貌しつつあった大阪である。

冒頭から全国中等学校野球大会のラジオ中継が流れて驚かされるが、当時すでに野球が夏の風物詩となっていたことがこれで分かる。料亭とカフェー、芝居と活動写真、書生節とジャズ、という具合に今昔の風俗が混沌と入り交ざるさまには、ドラマスケッチの枠を超えた史料的な興味も寄せられる。たとえば擬音でポンポンポンと流れてゆくポンポン蒸気の巡航船は明治期から大正期にかけて庶民の手軽な交通機関であったが、市電の敷設にしたがって急速に廃れた。おなじように昭和初期の道頓堀には、ジャズに押されて衰退していた流しの書生節がまだ存在していたことも、「曽根崎心中」の流しの再現で教えてくれる。そのように回顧と転変に満ちた「今昔浪花の夏」の締めくくりは、なんと近未来の風景である。大正十五年（一九二六）に着工して当時は工事の真っ只中であった御堂筋の完成後が、つまり七年後が描かれるわけであるが（実際は昭和十二年に開通）、タクシーが疾駆する御堂筋の道路わきをラーメン屋台がチャルメラを鳴らして通るという音響描写はスピード感にあふれており、ラジオ作家だった長谷川幸延の面目躍如という場面だ。

地上に幅四十四メートル全長四キロの御堂筋を通す一方で、関一《はじめ》市長の都市構想は地下鉄御堂筋線の梅田―心斎橋間という形でも具現化した。昭和八年（一九三三）の御堂筋線開通を記念して制作されたのが、[3]「大大阪地下鉄行進曲」である。ツァイス製のプラネタリウムを大阪市立科学電気館に導入した大英断で知られる大阪電気局長・平塚米次郎の作詞、前衛性とアカデミズムを一身に併せ持った作曲家、橋本国彦の作曲でレコード化された。唱歌風の平易なメロディを持つこのPRソングはごく普通の流行歌として発売され、それは派手なヒットこそしなかったものの、地下駅に人波の吸い込まれるごとく大阪人の心に浸透したのである。空が見えない地下鉄なのに、一番～二番の間奏に「私の青空」"My Blue Heaven"のメロディがちょっと顔を出すのがおかしい。歌っているのはビクターの看板歌手、徳山璉《たまき》と小林千代子。裏面には同じ作者陣の「大大阪地下鉄小唄」（唄：筆香）が吹き込まれている。

地下鉄がせいぜい心斎橋と梅田をつなぐだけの新奇な交通機関であったころ、地上では民営の大阪乗合自動車株式会社（青バス）と市営バス（銀バス）が路線網を張り巡らせていた。当時、バスに付きものだった女性車掌は路線のアイドルであり、一般にウグイス嬢と呼ばれて親しまれていた。別府地獄温泉などの名所を走るバスでウグイス嬢が暗誦する名所案内はレコードにもなって、レコードカタログにカテゴライズされるほどだったのである。ここに収録したのは、大阪府豊能郡庄内村（現豊中市）に本社と工場を持っていたマイナーレーベル、コッカレコードから昭和十年（一九三五）に発売されたと思しい遊覧レコード[4]～[7]「大阪見物」である。青バスで実際に働いていた四名のウグイス嬢が、大阪駅から日本橋までの遊覧案内を務めている。残念ながら心斎橋（トラック⑦）は素通りしてしまうが、これは、昭和十二年の観光映画「大大阪観光」を音化したものと言ってもあながち間違いではないだろう。のんびりしたウグイス嬢の案内には室戸台風の災禍、初代中村鴈治郎《がんじろう》と初代桂春団治の死などニュース的な要素が盛り込まれ、細部の描写に史料性も認められるユニークな音声記録である。

【唄に歌われた心斎橋】

さて、「大阪見物」ではオミットされた心斎橋にいよいよ足を踏み込もう。⑧**「大阪セレナーデ」**（**Sブラ行進曲**）は、大阪時事新報社が船場一帯の振興を図るべく開催していた「浪花夜市」のためのキャンペーンソングである。ジャズソングのスターであった二村定一と天野喜久代が息の合ったデュエットを聴かせてくれる。

Sブラとは何ぞや。決してSカップのブラではない。新聞社の提唱した「浪花夜市」は堺筋、船場、心斎橋を基点として、最終的には島之内一帯、難波にまで広げるのが目標だった。SブラのSは堺筋、島之内のSなのである。更にそれは、心ブラを有する心斎橋との差別化を計った呼称でもあった。昭和五年（一九三〇）六月、キャンペーンソングの歌詞が懸賞募集された。集まった六千通の中から選ばれたのは沢田初太郎の「Sブラ行進曲」と、大阪出身のダダ詩人、多田文三の「浪花夜市」の作。そこに「浪花小唄」や「祇園小唄」で関西でも知名度の高い佐々紅華《ささこうか》が曲をつけた。普遍性を考えてのことだろう、当選作は披露時にそれぞれ「大阪セレナーデ」「浪花シャンソン」と改題された。しかし皮肉にも「Sブラ」は実質的には、大阪の風物詩として定着していた「心ブラ」にほかならない。たとえば「浪花シャンソン」（浪花夜市）には丹平ハウスのショーウィンドーが登場するし、「大阪セレナーデ」に散見される銀の燈、デパート、サロンなどの単語は紛れもなく心斎橋の記号なのである。そうして浪花夜市のキャンペーン自体、わずか二年足らずで忘れ去られてしまった。一方、心斎橋筋では江戸時代に始まった夜市が現在でも「花金夜市」として存続している。

⑨**「心斎橋」**は「浪花六景」なる企画レコード三枚のうちの一面で、同趣向の新小唄「道頓堀」とカップリングされている。昭和初期、音楽で描かれる大阪は仁徳天皇が高津宮から民草を眺める構図を想起させる、大らかで幽玄な響きによって表現されることが多かった。「六大都市行進曲――大阪」や「浪花六景」シリーズはその典型といってよく、スピードとモダニズムが溢れる「大阪セレナーデ」「大阪行進曲」などとは好一対である。とはいっても、この「心斎橋」も「細い踵のフランス靴よ　軽い足どりカタコトと　ペーヴメントのデュエット　ソラ　ホンマニ　ソウダッセ」と洒落《しゃれ》た心ブラ情緒が織り込まれて、戦前の心斎橋の上品なのどかさを体感させてくれる。歌手の貝塚正は、日本音楽学校本科声楽部の出身で昭和五年から八年頃にかけてニットーの主力歌手であったが、三十八歳で早世した。

⑩**「船場小唄」**もまた、心斎橋の歌にカウントしてよいだろう。船場を舞台にスズラン燈、カフェー、ネオンなど昭和初期の風景に恋がほどよくあしらわれている。のちに楠木繁夫として大成する歌手、黒田進が白石照夫という変名で吹き込んでいる。楠木繁夫は昭和五年に東京音楽学校を中退後、昭和九年から十年にかけてテイチクで古賀政男の作品を歌って成功するまで、五十以上もの変名を用いて多くのレーベルに吹き込みを行っていた。昭和五、六年頃は東成区に居住して独唱会を開くなど、声楽家としても活躍していた。大阪人の知っている黒田進は、山田耕筰の歌曲やイタリア民謡をレパートリーとする一方で「大阪行進曲」（コロムビア）、「大阪夏祭風景」（オリエント）、「大阪音頭」「大阪甚句」（タイヘイ）、「浪花音頭」「浪花小唄」（ニットー）、「大阪港の唄」「大都大阪の唄」「水都大阪」（テイチク）など大阪の唄を数多く歌う大衆音楽家だったのである。

【心斎橋と洋楽】

心斎橋に欠けているのはエンターテインメントであった。心斎橋にはレヴュー団も芝居小屋もない。しかし、清水町には「河合ダンス」の練習場があった。南地宗右衛門町のお茶屋の主人、河合幸七郎が大正十一年（一九二二）に創設したのが芸妓の少女ダンス団「河合ダンス」である。全盛期に二十七名の団員を擁《よう》したロシアンバレエ式のレヴューは道頓堀で好評を博し、昭和五年から心斎橋に本拠を移した。音楽面では十歳から十六歳の芸妓にそれぞれ木琴、ピアノ、鈴などの楽器を習得させ、達者な演奏で識者を驚かせた。人気スター菊弥の木琴独奏⑪**「アメリカンパトロール」**を聴いてほしい。録音時十七歳の菊弥は今日の耳で聴いてもうきうきするような、音楽的な演奏を聴かせてくれる。河合ダンス団が単に気まぐれな旦那芸ではなかったことを教えてくれるのだ。少女たちは時代を先取りする。菊弥は天性のリズム感を活かしてタップダンサーのさきがけとなった。

大正末期、いち早くジャズの隆盛を見て取った河合は、ジャズバンドのリーダー杉田良造を招聘《しょうへい》してスウィングガールズを編成した。河合ダンスのページに掲載されているサキソフォンバンドがそれで、二面のレコードをビクターに残している。ここでは大正期から昭和初期に大流行したダンス曲、ルボミルスキーの⑫**「オリエンタルダンス」**を収録した。テナーサックスとアルトサックス数本にドラムスという簡素な編成で演奏されている。

　心斎橋と音楽は一見したところ関わりが薄そうであるが、実は心斎橋こそが大阪の洋楽のグラウンドだ！と豪語できるほど深いつながりがある。

　明治期、洋楽器といえば国産品ではなく輸入品の時代であった。輸入品を扱う洋品店、時計店や貴金属店が楽器を店に置き始めたのは文明開化の時代の趨勢《すうせい》、自然な流れであったことだろう。明治二十年代、大阪でもっとも初期にオルガンなどの楽器を商いはじめたのは、心斎橋筋の南久宝寺町に本店を持つ石原時計店であったといわれる。続いて前川楽器店、三木楽器店が洋楽器の専門店として名乗りをあげた。ピアノやオルガン、ヴァイオリンを購入するには心斎橋へ、というのが明治期の常識だったのである。

　心斎橋から南船場につながるあたりは江戸時代から大阪の出版の中心地で、前川善兵衛の前川合名会社に代表されるように書籍商から楽譜・音楽書出版に特化する業者が多かった。心斎橋北詰に明治期からバブル時代まで長命を誇った阪根楽器店も昭和期まで楽譜出版を続けた。これら大阪の古い楽譜出版社はさかんに長唄や俗曲、邦楽の古曲を五線譜に採譜した。邦楽にも洋楽にも通じていた白山善五郎（清太郎）が編纂した阪根楽譜の「日本名曲集」は大正二年（一九一三）に出版され、昭和期まで版を重ねたロングセラーだ。当時のヴァイオリン教授もまた邦楽曲をテキストに用いることが多かったが、このような試みからは、既存の邦楽曲の五線譜化から西洋音楽を普及してゆこうと考えていた様子が窺われる。かたや情報面では、石原時計店が専任の編集者を置いて音楽雑誌「音楽月刊」を発行するなど西洋音楽普及の覇気は高かった。

　音楽啓蒙でもっとも成功したのは、貸本屋から楽器店に転身して音楽出版を手掛けるようになった三木佐助の三木楽器店であろう。三木開成館はヴァイオリン独習用や学校向けのすぐれた教科書を次々に出版し、中でも永井幸次（一八七四～一九六五）と田中銀之助の共編による「女子学校教科書」は全国の女子学校で用いられるベストセラーとなった。またミュンヘンの版元から翻刻許可を得て出版した「コールユーブンゲン」は、今日まで版を重ねて音楽教育の現場で愛用されている。教育唱歌の発行も三木の専売の観があり、地理教育を目的とした「鉄道唱歌」は音楽教材の枠を超えて大ヒットした。このように楽譜出版にせよ音楽書出版にせよ、明治期に心斎橋で音楽出版を始めた人々は大きな使命感を持って数々の啓蒙書を世に送り出していたのである。

　三木楽器店からそんなに遠くない塩町には前述の前川合名会社があり、さらに大正四年（一九一五）から十一年までの七年間、永井幸次が創立したばかりの大阪音楽学校があった。当時はまだ私塾に毛が生えたような規模であった。その当時を偲ばせるレコードが、13「修養団歌　白百合の賦」である。修養団は明治三十九年（一九〇六）に創立した社会事業団で、永井の作曲した「修養団歌集」から数曲がレコード化されている。長男の妻、八重子のソプラノ独唱にピアノ伴奏をつけているのは永井幸次自身である。合唱を指揮したり永井自身が歌唱した録音もあるが、ピアノよりもオルガンを好んでいた永井のピアノ伴奏が残されているのは珍しい。

　大阪音楽学校からちょっと角を曲がると四階建ての阪根楽器店がある。その三階にはピアニスト沢田柳吉（一八八六～一九三六）の主宰する大阪洋楽研究所があり、ピアノのほか声楽や楽典を教授していた。のちに南久宝寺町三丁目に移ったが、南船場の一帯が音楽学校の町でもあったことが偲《しの》ばれるのである。沢田柳吉は東京音楽学校出身のピアニストで、大正期には日本随一のベートーヴェン弾き、ショパン弾きと称された。ベートーヴェンの14～16「月光の曲」（ピアノソナタ　第14番　嬰ハ短調）は沢田がもっとも得意としたレパートリーであった。関東大震災を機に関西に移住し、後半生を音楽教育に尽くした。レコードは昭和六年（一九三一）五月新譜で、沢田の最後のソロ録音。

　大正十四年（一九二五）、三木楽器店は創業百年を記念して本社社屋を新築した。その三階には二百人収容のホールが設けられ、サロン的な音楽会がしばしば行われた。三木ホールの開場間もない大正十四年五月十七日、大阪出身の音楽家、貴志康一（一九〇九～三七）がここで提琴家デビューを飾っている。甲南高校一年生であった貴志は三木ホールでのデビューをひとつの契機として音楽家となることを決意し、翌年、十七歳で単身スイス国立音楽学校に留学した。最初はヴァイオリニストを目指したものの、三度の渡欧を通じてベルリンで作曲と指揮の才能を開花させ、昭和九年（一九三四）十一月十八日には世界最高峰のオーケストラであるベルリン・フィルハーモニー管弦楽団を指揮して成功を手にした。

　一九三五年三月二十七日にベルリンのベートーヴェン・ザールで録音された17「市場」は、ベルリン・フィルへの客演時に発表された「大管弦楽のための日本スケッチ」の第一曲である。貴志の祖父は明治初期、安土町三丁目心斎橋筋東北角に洋反物商の店を構えており、折りに触れ祖父から成功譚を聞かされていた貴志にとっても心斎橋は親しみ深い土地であった。この曲のタイトルをドイツ語では「ある日本の街の市場の賑わい」というのだが、筆者は心斎橋の活気こそ、彼の「市場」の心象風景だったのではないかと想像する。帰国後、病を得て二十八歳で夭逝《ようせい》した貴志康一の輝かしい放射がオーケストラに反映して、活き活きとした素晴らしい演奏を引き出している。嚠喨《りゅうりょう》たる色あざやかな音の洪水は、なんと心ブラのプレリュードに似つかわしいことだろう！

所蔵先一覧

本書刊行にあたり、下記の方々より作品・資料ならびに写真をご提供いただきました。

お名前を記すことを控えさせていただきました個人の方々も含め、ここに心からの感謝の意を表します。

※ローマ数字は章（ただしPはプロローグ）、アラビア数字はキャプション番号を示す。

相原美津枝　Ⅵ－59、61、62
芦屋市立美術博物館　Ⅷ－18～20
伊勢谷　圭　Ⅶ－19
大阪市交通局　Ⅲ－24、26
大阪市立近代美術館（仮称）建設準備室　Ⅳ－70　Ⅶ－20、29、30、47　Ⅷ－1、7、9、24、25、29、31、37～42、104～106
大阪市立すまいのミュージアム　Ⅴ－7、8
大阪市立中央図書館　Ⅳ－63、64、73、74　Ⅴ－32、39、90、91、96、97、106、115、116、124　Ⅵ－32、45　Ⅷ－26、27、54、56、59
大阪市立美術館　Ⅳ－71　Ⅶ－21、22
財団法人大阪都市協会　Ⅲ－4、10、11、13、14、16、18、19、38、42、46　Ⅴ－51
大阪府立中之島図書館　Ⅰ－6、7
大阪歴史博物館　Ⅲ－1　Ⅴ－24
上方浮世絵館　P－2
河内俊男　Ⅷ－3～5
北川　久　Ⅷ－30
株式会社そごう　Ⅳ－48～58、60～62
株式会社大丸　Ⅳ－1、2、31～36、40
高島屋史料館　Ⅳ－66～68
竹屋町　羽雀塗艸　P－5、8　Ⅱ－16　Ⅲ－2、3、6～8、15、20、23　Ⅳ－27、28　Ⅴ－15、33、37、38、75、76、100～103、105、107、111～114、117、119～123、125～127、133～139　Ⅵ－4、5、27、29、54～56、60、63～65、68～73　Ⅶ－7～11、13～16、35　Ⅷ－33～35、43～45、47～51、53、57、58、60～62、64、114～119、121～133　マッチラベル（部分）『写真心斎橋』
丹平製薬株式会社　Ⅶ－6
奈良県立美術館　Ⅷ－16
西田彩子　Ⅳ－25
西宮市大谷記念美術館　Ⅶ－23
肥田晧三　Ⅳ－7、13～21、24　Ⅵ－6、10、41、42　Ⅷ－71、72、81～87、107～111、113
兵庫県立美術館　Ⅷ－22、23、28
古川武志　Ⅲ－25
星野画廊　Ⅷ－21
本福寿司　Ⅵ－67
三好淳雄　Ⅷ－12～15、46、92～103、134
毛利眞人　Ⅷ－63、70、73～75
森　隆太　Ⅶ－24、25
個人　P－1～3、9～13　Ⅰ－1～5、8～17、19　Ⅱ－1～14、20、24　Ⅲ－5、9、17、21、22　Ⅳ－4～6、9～12、22、23、29、30、37、39、41、43～45、47、65、69、72　Ⅴ－9、12、20、29～31、34、40～42、104、130、131、140　Ⅵ－19、44、51　Ⅶ－1、3、4、36、39～43、45、46、48　Ⅷ－2、8、10、11、32、52、66～69、88～91　マッチラベル
個人　Ⅴ－59
個人　Ⅶ－17
個人　Ⅶ－26～28

（五十音順・敬称略）

掲載図版中、関係者のご連絡先が不明のものがありました。もしご存知の方がございましたら、小社編集部までご一報いただきますようお願い申し上げます。

橋爪節也（はしづめ せつや）

一九五八年、大阪市生まれ。心斎橋や道頓堀に近い同市中央区島之内に育つ。家の前をまっすぐ西に歩けば、大阪市中心標のあった大丸前に出た。東京芸術大学美術学部芸術学科卒業。同大学院修了後、同大学美術学部附属古美術研究施設助手を経て、現在、大阪市立近代美術館（仮称）建設準備室・主任学芸員。専攻は美術史。著述として木村兼葭堂、北野恒富の展覧会カタログの他、著書に『モダン道頓堀探検——大正、昭和初期の大大阪を歩く』（二〇〇五年、創元社）がある。

宮川享子（みやがわ ゆきこ）

一九七二年、大阪生まれ。四歳より舞台・テレビ・CM等で子役として活躍。学校の勉強よりも、茶道華道などのお稽古事が好きな子どもとして育つ。一九九九年から月刊誌『大阪人』（財団法人大阪都市協会発行）の編集部員。現在、産経新聞連載「心ブラしましょ」に寄稿中。

毛利眞人（もうり まさと）

一九七二年、岐阜県生まれ。音楽ライター。日本洋楽史について新聞雑誌に寄稿するかたわら、SPレコード蒐集家としてNHKラジオ深夜便に担当コーナーを持ち、覆刻CDの原盤提供、データ監修を行う。著述に『モダン道頓堀探検』（共著）、「鏡・春」（NFC第62号 国立近代美術館フィルムセンター）などがある。

モダン心斎橋《しんさいばし》コレクション

メトロポリスの時代《じだい》と記憶《きおく》

2005年8月22日　初版第1刷印刷
2005年9月7日　初版第1刷発行

著　者　**橋爪節也**（はしづめ　せつや）

発行者　**佐藤今朝夫**
発行所　株式会社**国書刊行会**
東京都板橋区志村1-13-15
〒174-0056
Tel:03-5970-7421
Fax:03-5970-7427
URL:http://www.kokusho.co.jp
E-mail:info@kokusho.co.jp

造本装釘　**梅田綾子**
印刷製版　株式会社**ショーエーグラフィックス**
製本所　合資会社**村上製本所**

ISBN4-336-04726-X

落丁本・乱丁本は送料小社負担でお取替え致します。

『モダン心斎橋コレクション』特別付録ＣＤ

（監修：毛利眞人）

◆表記はタイトル、演奏時間、作詞・作曲、演奏者、レコード会社、レコードナンバー、〔マトリックス番号〕、新譜年月、の順です。

1 **大阪行進曲** 2:50
松本英一：作詞 近藤十九二：作曲・編曲
井上起久子：唄 日蓄ジャズバンド：伴奏 オリエント 60002A〔60109-2〕（1929年7月新譜）

2 **今昔浪花の夏**（昭和時代） 2:53
長谷川幸延：脚色
長谷川卓雄：指揮 日東音楽描写団：演 ニットー 4092A（1930年発売）

3 **大大阪地下鉄行進曲** 3:17
平塚米次郎：作詞 橋本国彦：作曲
徳山璉・小林千代子：唄 日本ビクター管弦楽団：伴奏 ビクター 52722A〔5232〕（1933年5月新譜）

「大阪見物」 大阪乗合自動車株式会社遊覧係：作 コッカ 10055/56（1935年発売）

4 **①大大阪の概略，大阪駅－曽根崎** 3:11
芝澄江：声

5 **②大阪城** 3:20
藤森ぎんの：声

6 **③四天王寺** 3:07
植平玉子：声

7 **④築港―道頓堀―日本橋** 3:16
笹野ミツエ：声

8 **大阪セレナーデ** 3:25
大阪時事新報懸賞当選歌（沢田初太郎）作詞 佐々紅華：作曲
二村定一・天野喜久代：唄 コロムビアオーケストラ／伴奏 コロムビア 26024A〔NE34021-1〕（1930年11月新譜）

9 **心斎橋** 3:13
中井修：作詞 小林貞二：作曲
貝塚正：唄 日東管弦団：伴奏 ニットー 3972B（1930年1月新譜）

10 **船場小唄** 3:22
黒川晃：作詞 水谷ひろし：作曲
白石照夫：唄 ニットーオーケストラ：伴奏 ニットー 6295B（1934年1月新譜）

11 **アメリカンパトロール** "American Patrol" 3:11
フランク W. ミーチャム Frank W. Meacham：作曲
河合ダンス団 菊弥：木琴独奏 ビクター 50588A（1929年2月新譜）

12 **オリエンタルダンス** "Dense Orientale" 3:00
ルボミルスキー G. Lubomirsky：作曲
杉田良造：指揮 河合サキソフォーンバンド：演奏 ビクター 50587B（1929年2月新譜）

13 **白百合の賦** 2:49
修養団：作詞 永井幸次：作曲
永井八重子：唄 永井幸次：ピアノ伴奏 コッカ EK1002A（1931年頃）

「月光の曲」 Sonate für Klavier Nr.14 Cis-moll, Op27-2 "Mondschein"
ルートヴィヒ V. ベートーヴェン L. Van Beethoven：作曲
沢田柳吉：ピアノ独奏 ニットー 10031/32（1931年5月新譜）

14 **①第一楽章** Adagio sostenuto 3:29

15 **②第二楽章** Allegretto 2:03

16 **③第三楽章** Presto agitato 5:53

17 **市場**（「日本スケッチ」より）
"Ichiba-Markttrubel in einer japanischen stadt"（Japanische Skizzen für groβes Orchester） 6:50
貴志康一：作曲・指揮
ベルリン・フィルハーモニー管弦楽団：演奏 日本テレフンケン 20625〔20698/99〕（1938年2月新譜）

収録曲中、作詞・作曲者等の関係者のご連絡先が不明の作品がありました。もしご存知の方がございましたら、小社編集部までご一報いただきますようお願い申し上げます。

ＣＤを制作するに当たりましては、大西秀紀氏、仲辻秀綱氏から原盤をご提供いただきました。また大西氏には覆刻の技術面において全面的なご協力を賜りました。ここに篤く御礼申し上げます。

当ＣＤを著作権法で認められている権利者の許諾を得ずに、1.賃貸業に使用すること 2.個人的な範囲を超える使用目的で複製すること 3.ネットワーク等を通じてこのＣＤに収録された音を送信できる状態にすることを禁じます。

音質重視の考えから、当ＣＤはＳＰ盤特有のサーフェイズノイズを完全には取り去っておりません。そのため録音時の条件や音溝の経年変化に起因するノイズがお耳障りの点もございますが、なにとぞご了承下さい。